A ma mère, au ciel...

AVANT PROPOS

Ils n'avaient aucune chance. Et puis quelque chose d'exceptionnel est arrivé... Le doigt de Dieu... le Destin... la Chance... Nul ne peut dire, sauf qu'ils ne sont pas morts.

L'hôtesse de l'air qui est tombée de 10 000 mètres... le parachutiste accroché dans la queue d'un avion... le pilote suspendu à une ligne haute tension... les passagers de cet avion de ligne dont les deux réacteurs sont tombés en panne au même moment. Ceux-là n'auraient jamais dû survivre... Ils ont cru que leur dernière heure était arrivée...

Et ils sont toujours parmi nous...

Quelle que soit la raison de leur survie, leur histoire mérite d'être racontée.

LE FUSELAGE DU BOEING SE DÉCHIRE

(Photo de couverture)

28 avril 1988.
Iles Hawaii, USA.

L'avion est un Boeing 737-297 appartenant à la compagnie *Aloha Airlines*. Il effectue le trajet de Hilo à Honolulu dans le Pacifique.

C'est une rotation banale, semblable à toutes celles qu'effectue cette petite compagnie aérienne dont le champ d'action se situe principalement dans un rayon de 600 kilomètres autour d'Hawaii. La plupart des vols sont donc très courts par rapport aux possibilités du 737.

L'appareil porte le numéro de série 20209/152.

Il est immatriculé N 73711.

C'est un avion qui date de 1969. Il est donc vieux de près de 19 ans au moment des faits qui sont décrits ci-après.

Depuis sa sortie d'usine, il totalise 36 000 heures de vol, ce qui n'a rien d'anormal pour un avion de ligne puisque certains appareils atteignent sans problèmes 100 000 heures... Par contre, le Boeing 737 a effectué près de... 90 000 atterrissages et décollages, ce qui est absolument énorme pour si peu d'heures de fonctionnement. Cela représente en effet une durée de moyenne de... 24 minutes par vol. C'est exceptionnellement court. Dans la vie du Boeing, les décollages et les atterrissages se sont succédés à un rythme très rapide pour des rotations sur de très faibles distances. Un facteur rarissime qui est évidemment une source importante de fatigue pour la cellule. Ce n'est pas la seule et nous y reviendrons...

Pour ce vol vers Honolulu, le 737 porte l'indicatif AQ 243. A bord, il y a 90 passagers et 5 membres d'équipage. Dans le poste de pilotage se trouve Robert Schornstheimer dont c'est un des tout premiers vols en tant que commandant de bord. Quant au copilote, c'est une jeune femme de 37 ans : Madeline Tompkins. Elle totalise un peu plus de 8000 heures de vol au sein de la compagnie.

Aujourd'hui, la météo est très bonne sur cette partie du Pacifique. Ciel bleu, petite couche de cumulus épars et océan d'un bleu profond. Un paysage typique de carte postale qui attire chaque année des milliers de touristes et de surfers de toutes les nationalités.

L'avion a décollé de Hilo à 13 heures 25 locales.

Aussitôt après le décollage, il a pris un cap au nord-ouest pour monter vers le niveau de vol 240 (24 000 pieds). Cette altitude peu élevée s'explique par le fait qu'une fois de plus, la durée du trajet entre Hilo et Honolulu est très courte. A peine une demi-heure de vol. Il ne servirait à rien de chercher à monter très haut. L'avion n'aurait pas le temps d'atteindre les niveaux de croisière habituels (qui se situent aux environs du 330). Il serait à peine stabilisé qu'il lui faudrait déjà commencer la descente : consommation inutile de carburant et augmentation du temps de vol.

Aucun intérêt...

Pour les deux pilotes, ces trajets à travers les îles du Pacifique sont de la routine. Les navigants connaissent la route sur le bout des doigts pour l'avoir déjà parcourue des centaines de fois. Il faut dire que les quatre grandes îles hawaiiennes sont pratiquement les seules destinations des avions de la compagnie *Aloha.*

Ce 28 avril 1988, c'est Madeline Tompkins qui est aux commandes. Le commandant de bord est PNF[1], c'est donc lui qui gère les communications radio avec le contrôle aérien.

A 13 heures 43, l'avion atteint le niveau de vol 240... Jusqu'ici, c'est un vol comme les autres. Il n'y a aucune turbulence et les passagers sont calmes... Madeline Tompkins stabilise doucement l'appareil et le laisse accélérer sur son cap. Contrairement à ce qui se fait souvent en ligne, la jeune femme n'utilise pas le pilote automatique, elle préfère contrôler l'avion "à la main".

---

[1] Pilote Non en Fonction. Bien que conservant l'entière responsabilité du vol, le commandant de bord laisse les commandes au copilote qui se trouve alors PF (pilote en Fonction). Les deux fonctions sont systématiquement permutées à chaque escale, ce qui permet aux deux membres d'équipage de travailler à part égale et de garder le même niveau d'entraînement.

En cabine, tout va bien... Les passagers sont bien installés dans le confort douillet de leur siège. Ils savent déjà qu'un rafraîchissement leur sera servi mais qu'ils n'auront pas droit à un repas car le vol est beaucoup trop court.

A cet instant, ils ont toujours leur ceinture attachée. En effet, comme l'équipage n'a pas encore effectué la check-list de mise en palier, les consignes lumineuses sont encore allumées au plafond. Cela pourrait sembler être un détail, ce n'est pas le cas... S'il n'y avait pas eu les ceintures de sécurité ce jour-là, le nombre de victimes aurait été très important.

C'est dans la cabine des premières classes, au niveau du rang numéro 5, que tout commence...

L'hôtesse Clarabelle Lansing est debout dans l'allée centrale en train de proposer un journal à un passager lorsqu'un violent craquement retentit soudain vers le plafond. Machinalement, la jeune femme lève la tête... Dans ses yeux, on peut lire une lueur de crainte mêlée de stupéfaction.

Ca vient du côté gauche. Le bruit est sourd. On dirait du carton épais que l'on déchire. Puis le craquement se transforme en sifflement strident. C'est un étrange bruit de succion. Comme le souffle d'un aspirateur géant... Brusquement, la pressurisation chute à l'intérieur du fuselage.

Dans la même seconde, tous les passagers portent les mains à leurs oreilles. Leurs tympans se gonflent douloureusement.

Les événements s'enchaînent alors avec une rapidité incroyable... Le revêtement de plastique moulé qui recouvre l'intérieur de la cabine se met à vibrer étrangement.

Le bruit devient insupportable. Au premier rang, une dame âgée ne peut retenir un gémissement tant ses tympans lui font mal.

Dans la même seconde, la passagère assise sur le siège 5A pousse un cri de stupéfaction... Juste sous ses yeux, le plexiglas de son hublot est en train de se fissurer. C'est une étrange lézarde qui zigzague à la vitesse d'un éclair. Puis soudain, la fissure s'élargit. Elle se met à suivre les contours de l'ouverture avec des crépitements secs à chaque fois qu'elle change de direction.

- Hé... Regardez ça, crie-t-elle en direction de l'hôtesse.

Mais le bruit de la dépressurisation est trop fort... Clarabelle Lansing n'entend pas l'appel de la passagère. Elle fait demi-tour vers le poste de pilotage, certainement pour aller avertir les pilotes. L'hôtesse n'aura pas le temps d'y arriver... Le craquement dans la cabine devient plus fort encore... Les passagers lèvent la tête. Le plastique moulé se fissure comme une terre trop sèche. Juste derrière, on aperçoit l'aluminium vert clair[2] du fuselage. Le métal est en train de céder. La cassure mesure un centimètre de large et on aperçoit le ciel bleu à travers. Les douleurs dans les oreilles se font de plus en plus violentes... Tous les papiers se mettent à voler en tous sens. Ils tournoient et viennent se plaquer dans la brèche.

---

[2] Dans la plupart des avions, l'aluminium est recouvert d'une peinture anticorrosion de couleur verte.

- L'avion est cassé, lance une voix perdue dans la tourmente. Les passagers appellent au secours mais leurs cris sont couverts par le ululement de l'air. Le sifflement devient plus profond. Les mains se plaquent de toutes leurs forces sur les oreilles... Ca n'empêche pas d'avoir très mal. Les trappes des masques à oxygène s'ouvrent avec des claquements secs.

Avec des gestes nerveux, certains passagers tendent la main vers ces étranges sacs de plastique translucides qui vont leur permettre de respirer. Mais ils n'ont pas le temps de les saisir car c'est soudain la tourmente qui s'abat dans la cabine.

Le plafond tout entier s'ouvre en une longue déchirure. Comme si une énorme lame de scie découpait le fuselage de droite à gauche.

Les gens hurlent de plus belle....

Le vent dans la cabine devient insupportable. Au milieu de l'allée, Clarabelle Lansing a du mal à garder son équilibre. Elle tente de s'accrocher à l'appui-tête du siège 5C mais elle n'y parvient pas.

L'apocalypse se déchaîne...

Dans une tornade infernale, tout le revêtement du fuselage des premières classes est arraché sur plusieurs mètres. C'est une véritable explosion... Les passagers ont l'impression que l'avion disparaît autour d'eux : plus de masques à oxygène, plus de plafond, plus de coffres à bagages. Même plus de cloisons à coté des sièges...

Plus rien...

Les malchanceux situés près des hublots réalisent avec horreur qu'ils sont carrément assis au bord du vide.

Ils se retrouvent en plein air cherchant à aspirer un air brusquement raréfié... Leurs poumons sont dilatés au maximum. Les cris s'étouffent sur des bouches béantes. Le ululement est devenu un cyclone de 850 kilomètres à l'heure qui balaye tout sur son passage.

Des milliers de débris métalliques frappent les passagers au visage. Instinctivement, ceux-ci tentent de se cacher derrière le dossier qui les précède mais la protection de mousse est dérisoire.

Toujours debout au milieu de l'allée centrale, Clarabelle Lansing est la seule à ne pas être attachée... Elle est littéralement aspirée dans le vide. Elle s'agrippe désespérément aux dossiers des sièges mais la dépression est d'une puissance terrible. Des mains se tendent vers elle sans l'atteindre. La jeune femme ne peut tenir plus de 5 secondes... Son cri se perd dans la tourmente.

Elle tombe de 8 000 mètres dans le Pacifique...[3]

A cet instant, la situation est véritablement dramatique... Il manque 6 mètres de fuselage. L'avion est complètement dépressurisé et tous les passagers des premières classes sont en plein vent à plus de 850 kilomètres à l'heure. L'air qu'ils tentent de respirer est raréfié... La température extérieure est de - 40 degrés. Le froid et le manque d'oxygène vont agir très rapidement.

---

[3] Malgré les recherches rapides mettant en oeuvre des bateaux et des hélicoptères, on ne retrouvera jamais son corps.

Si l'avion reste à cette altitude, dans quelques secondes, ils seront tous morts.

Aux commandes du 737, les deux pilotes ont été surpris par la rapidité de la dépressurisation. Au moment de l'explosion, la porte du poste de pilotage a été carrément arrachée de ses gonds et soufflée vers l'arrière. Dans la même seconde, les cartes de navigation se sont envolées par dizaines autour d'eux. L'endroit a immédiatement été envahi par un épais nuage de condensation.

Madeline Tompkins s'est retournée pour chercher à comprendre ce qui arrivait. Ce qu'elle a vu l'a terrorisée. Dans l'encadrement de la porte détruite, elle a pu voir... du ciel bleu. Comme si la cabine des premières classes avait disparu... Les dégâts semblent épouvantables.

Et pourtant l'avion vole toujours...

La jeune femme n'a aucune idée de ce qui a pu provoquer de tels dommages mais elle comprend immédiatement qu'ils sont victimes d'une dépressurisation explosive. Il faut quitter d'urgence l'altitude de croisière où ils se trouvent sinon les passagers vont mourir asphyxiés.

La première réaction des pilotes est de saisir leur masque à oxygène. Leur vie est évidemment ce qui compte le plus à cet instant. Ils doivent rester conscients s'ils veulent sauver l'avion et ses passagers.

Puis dans la seconde qui suit, le commandant ordonne une descente d'urgence vers 10 000 pieds. Dans le vacarme épouvantable qui règne dans le poste, il doit hurler pour se faire comprendre.

- *Descente en emergency !*[4]

Madeline comprend les gestes de Robert Schornstheimer plus qu'elle n'entend le son de sa voix.

L'équipage applique aussitôt la procédure de descente d'urgence : réduction des gaz, sortie des aérofreins et piqué à près de 300 nœuds[5] vers le sol. Il est vital d'agir très vite car il va falloir compter près de 3 minutes 30 secondes pour atteindre une altitude où l'air sera respirable pour les passagers.

Pour les malheureux qui sont situés dans la zone sinistrée, cette descente en piqué est un véritable calvaire. Malgré le ciel bleu qui règne autour d'eux, ils sont gelés par le blizzard qui les assaille. La plupart ne portent que des chemises légères ou des tee-shirts. Le tissu de leurs vêtements claque sur leur peau comme un drapeau dans la tempête. Ca fait très mal... Les cheveux sont tirés en arrière par la vitesse. La peau du visage est déformée. Pour se protéger du froid et du vent, les passagers n'ont d'autre solution que de se recroqueviller encore plus derrière le dossier du siège qui se trouve juste devant eux. Quant à ceux qui sont assis à côté des hublots, ils se couchent vers l'inté-

[4] Comme pour tous les autres récits de cet ouvrage, les dialogues imprimés en italiques sont les retranscriptions exactes des paroles prononcées par les différents intervenants. Elles ont été enregistrées par le Cockpit Voice Recorder du Boeing.

[5] 540 kilomètres à l'heure.

rieur de peur d'être aspirés par le vide. En quelques secondes, leur vue se trouble.. Ils ont l'impression d'être très fatigués. Ne disposant pas de masque à oxygène, (puisque ceux-ci sont normalement situés dans le plafond), ils sentent leurs forces les abandonner.

Jane Satotomita, une autre hôtesse est également en train de perdre connaissance. Elle se trouvait dans le galley avant au moment de l'explosion. L'employée a été percutée par la porte du poste de pilotage lorsque celle-ci a été arrachée. Elle a reçu des débris métalliques acérés sur le visage et sur la tête. Malgré ses blessures, elle a réussi à ramper pour trouver un coin abrité tout contre la cloison du poste de pilotage. Maintenant, elle ne bouge plus. Elle sait qu'elle risque de subir le même sort que sa collègue.

A 13 heures 47 minutes, l'avion est toujours en piqué. Cela fait déjà 2 minutes que le fuselage a explosé.

Dans le poste de pilotage, les deux navigants ont immédiatement inversé les rôles qu'ils tenaient avant le drame. Robert Schornstheimer a repris les commandes pour maintenir le Boeing 737 en piqué prolongé et la copilote Madeleine Tompkins s'occupe des communications radio. Elle branche le code 7700 sur le transponder. Grâce à cet instrument, les contrôleurs au sol vont immédiatement voir sur leur écran radar que l'avion est en détresse. Puis la jeune femme tente de contacter la tour de contrôle de Mauï sur la radio VHF.

Avec le terrible hurlement du vent, le contrôleur

a du mal à l'entendre. Elle doit crier de toutes ses forces dans le micro. En fait, le dialogue entre l'avion et le sol va tourner rapidement à l'ubuesque.

- Mauï, ici Aloha 243, est-ce que vous me recevez ?

La fréquence reste un instant silencieuse. On devine la stupéfaction du contrôleur qui croit deviner une voix perdue dans un brouhaha épouvantable.

Au bout d'un moment, l'homme finit par répondre.

- Avion appelant la tour de Mauï, répétez votre message...

Aussitôt, Madeline Tompkins hurle de plus belle.

- La tour de Mauï, ici Aloha 243, C'est une emergency. Nous avons une dépressurisation rapide. Nous descendons en urgence. Nous sommes en train de passer 13 000 pieds.

Nouveau temps de silence comme si l'homme se demandait s'il ne s'agit pas d'une farce de gamin jouant avec une radio portable.

Puis il redemande :

- Est-ce que c'est Aloha 244 qui est en détresse ?

La copilote sent l'énervement monter en elle. L'indicatif de l'avion en difficulté n'est pas le facteur primordial des communications. D'ailleurs, il suffirait que l'homme jette un coup d'oeil à son écran radar, il verrait le spot correspondant à l'avion en train de clignoter avec son indicatif : en détresse.

Mais l'homme est un fonctionnaire zélé. Alors il insiste lourdement pour avoir des précisions :

- Aloha 246 ?

Cette fois, Madeline s'égosille dans le micro.

- Aloha 243... Deux... Quatre... Trois.

Il y a quelques secondes de silence, puis le contrôleur finit par acquiescer et demande d'une voix suspicieuse

- Aloha... 243, quelle votre position ?

- Nous sommes à l'Est du point Makena. Nous approchons 11 000 pieds. On demande un atterrissage d'urgence à Mauï... Et on demande les secours au bord de la piste.

Nouvelle hésitation de 10 secondes (ça peut paraître très long quand vous appelez au secours !).

Le contrôleur de Mauï réplique.

- OK, les secours sont sur le terrain... Enfin, ils sont en route...

A cet instant du récit, il faut signaler un fait incroyable : le contrôleur va téléphoner immédiatement aux pompiers sur leur ligne directe mais ceux-ci ne jugeront pas utile de se mettre en positon au bord de la piste. Pourtant c'est la procédure utilisée dans tous les aéroports du monde chaque fois qu'un avion demande la mise en place des secours... On croit rêver mais les véhicules d'incendie resteront tranquillement dans leur parc de stationnement pour attendre l'atterrissage en catastrophe du Boeing.

Pire, et c'est presque impensable dans le pays le plus développé du monde... Personne ne songe à prévenir une ambulance pour soigner les éventuels blessés...

L'avion atteint enfin 10 000 pieds. Le piqué se termine. A cette altitude, les choses vont un peu mieux. Pour les passagers en plein air, la température est à présent de 7 degrés. C'est moins pénible, d'autant que le commandant de bord réduit progressivement la vitesse à 250 nœuds[6] puis à 200 nœuds[7].Surtout, il y a maintenant suffisamment d'oxygène pour leur permettre de respirer normalement.

Dans le poste de pilotage, la réduction de la vitesse diminue les bruits aérodynamiques, ce qui permet à l'équipage de communiquer autrement que par geste.

Au moment de la rupture du toit, l'avion se trouvait à une centaine de kilomètres au Sud-est de l'aéroport de Kahului. C'est évidemment là que le pilote décide de se dérouter en catastrophe. Il sait qu'il doit garder le cap 300 pendant environ 3minutes puis contourner l'île de Mauï par le Sud. Il fera ensuite un virage à droite pour se présenter en très longue finale sur la piste 02.

Comme il fait beau, il va pouvoir faire toute l'approche à vue.

13 heures 50 minutes... Il y a maintenant près de 5 minutes que le fuselage a explosé. Le Boeing passe 8 000 pieds. Il poursuit sa descente, mais son taux de chute n'est plus que de 1 000 pieds par minute. Malgré les conditions extrêmes, l'équipage s'applique pour maintenir l'avion sur la trajectoire qui l'amènera dans l'axe de la piste. Pas très facile

---

[6] 450 kilomètres à l'heure.

[7] 360 kilomètres à 'heure.

car la machine a des réactions inhabituelles. Le commandant sait que son avion est très endommagé mais il est loin d'imaginer la gravité de la situation. Il a compris qu'il avait un trou dans le plafond des premières classes. Il ne se doute pas qu'il a perdu près de *6 mètres de fuselage.*

Au sol, on ne semble pas vraiment prendre la cas du Boeing très au sérieux. Au lieu de guider l'avion pour lui dégager une route directe vers la piste, le contrôleur de Mauï continue à perturber l'équipage avec des détails totalement inutiles :

- Aloha, juste pour vérifier une nouvelle fois... Votre indicatif est bien Aloha 244... C'est bien ça ou alors c'est 243 ?

On peut aisément imaginer la rage qui saisit la jeune copilote devant l'insistance incongrue du contrôleur.

Pour toute réponse, Madeline vocifère dans le micro.

- 243... DEUX... QUATRE... TROIS...

D'une voix étrangement absente, le contrôleur, réplique alors :

- Aloha 242 (ça ne s'invente pas...), les secours sont en route. Envisagez une finale pour la piste 02. Je vous informerai si le vent change.

Comme si cela ne suffisait pas de troubler l'équipage pour des banalités, le contrôleur va maintenant commettre une faute que les enquêteurs du NTSB[8] ne manqueront pas de souligner lorsqu'ils

[8] National Transportation Safety Board.

écouteront les enregistrements :

- Aloha 242... Est-ce que vous pourriez changer de fréquence sur 119.5.

Cette demande est tout à fait mal venue car elle représente une charge de travail supplémentaire pour les pilotes. En général, lorsqu'un avion déclare une emergency, les contrôleurs essaient au maximum de lui faciliter la tâche. Quand c'est possible (et c'était le cas à Mauï) toutes les procédures radio pour l'approche et l'atterrissage se font sur la même fréquence.

Apparemment le gars n'y pense pas... Il applique stupidement la procédure standard comme s'il s'agissait d'un avion de ligne ordinaire.

Trois minutes plus tard, la tour appelle une nouvelle fois... Cette fois, c'est pour poser une question saugrenue qui n'est pas faite pour remonter le moral de l'équipage.

- Aloha 243, est-ce que vous êtes encore en vol ?

Sans se démonter, le commandant de bord répond immédiatement d'une voix calme pour rassurer le contrôleur.

- Affirmatif.

Malheureusement, la tour ne reçoit pas le message car la radio du commandant est hors service. Le contrôleur croit d'abord que l'avion est détruit puis il change d'avis car le spot est toujours bien présent sur l'écran radar.

Pendant ce temps, dans la cabine endommagée, les conditions sont de plus en plus dures à supporter pour les passagers en plein vent. Ceux qui ont été blessés au visage souffrent le martyre. Ils voudraient bien se réfugier vers l'arrière, là où le plafond est encore en place. Là-bas, le vent et le froid sont moins intenses... Mais tous ont vu l'hôtesse emportée dans le vide comme une poupée de chiffon. Ils ont bien conscience qu'il est terriblement dangereux de déboucler sa ceinture et encore plus de tenter de se déplacer dans l'allée centrale.

Malgré l'inconfort de la situation, les malheureux restent donc à leur place, en espérant que leurs sièges sont solidement vissés au plancher.

Il y a maintenant 8 minutes que le fuselage a explosé. L'avion approche de l'aéroport de Kahului. Il passe 5 000 pieds en descente. Le commandant fait un rapide calcul mental. A la vitesse à laquelle il évolue, il lui faudra environ 6 minutes pour arriver à destination. Il croise les doigts... Pourvu que la cellule veuille bien tenir le coup jusque là.

A ses côtés, Madeline Tompkins continue de gérer les contacts à la radio avec le contrôle aérien. Elle est la seule à pouvoir le faire car apparemment, les VHF ne fonctionnent plus du côté gauche.

La jeune femme garde tout son calme même si elle est obligée de crier lorsqu'elle veut communiquer. A 15 heures 52 minutes et 50 secondes, elle demande des instructions au pilote :

- Vous voulez le train ?

Malheureusement Robert Schornstheimer ne comprend pas la question. La jeune femme doit mettre ses mains en porte-voix pour répéter:

- Vous voulez que je sorte le train ?

- *Quoi ?*

Dialogue de sourd... Madeline hurle alors de toutes ses forces en se penchant vers la place de gauche.

- *Est-ce que vous voulez que je sorte le train d'atterrissage ?*

Malgré cela le commandant ne comprend toujours pas la demande. Il réplique en hurlant lui-même :

- *On va se poser avec 15 degrés de volets.*

On l'aura compris, une des difficultés qui se présente aux pilotes du vol 243 est de pouvoir communiquer, que ce soit entre eux ou avec le sol. A bord, les communications avec le personnel de cabine sont totalement impossibles. Plus rien ne fonctionne. Même le *Public Adress,* cet interphone de bord qui permet au pilote de donner des informations aux passagers, est hors service. En fait, tous les câbles électriques ont été arrachés avec le toit du 737. Ce qui fait que le commandant et le copilote n'ont toujours aucune idée de ce qui se passe vraiment derrière eux. Ils sont loin d'imaginer que l'engin qu'ils pilotent n'a plus grand chose à voir avec un avion digne de ce nom. Ce n'est plus qu'un incroyable appareil "décapotable" comme on n'en a jamais vu auparavant.

Comme Robert Schornstheimer ne parvient toujours pas à faire fonctionner sa radio[9], il transmet ses instructions à Madeline pour qu'elle en

[9] En fait, le commandant a la réception mais pas d'émission. Il peut entendre le contrôleur de la tour mais ce dernier ne le reçoit pas.

informe le contrôle de Mauï.

- *Dites à la tour qu'on ne peut pas communiquer avec les hôtesses. Demandez-leur de préparer des ambulances et des secours pour les passagers.*

Madeline Tompkins s'exécute aussitôt et le contrôleur promet qu'il va faire le nécessaire pour préparer l'assistance des passagers.

A mesure que l'avion perd de l'altitude et que sa vitesse diminue, les commandes deviennent plus lourdes et semblent par moments réagir à l'envers. L'équipage sort 5 degrés de volets pour préparer l'atterrissage, mais cela provoque un phénomène étrange sur la stabilité de l'appareil.

- *On dirait que nous avons une inversion de commandes,* lance le commandant de bord en bougeant doucement le manche pour voir ce qui se passe réellement.

- *Qu'est-ce que vous dites,* interroge Madeline qui ne touche pas au manche et ne peut donc pas sentir exactement les réactions.

- *Les gouvernes semblent inversées par moments...*

Sans se retourner, la jeune femme pointe un doigt vers l'encadrement de la porte derrière elle.

- *C'est sûrement ce trou qui nous pose des problèmes...*

Elle a parfaitement raison. A mesure que la vitesse diminue, l'avion devient instable. L'énorme trou dans le fuselage provoque de violentes turbulences aérodynamiques dans l'écoulement des filets d'air. Plus l'angle d'incidence augmente et plus ces turbulences génèrent des réactions imprévisibles sur les commandes.

Ce que Madeline Tompkins ne sait pas, c'est que le poste de pilotage n'est plus vraiment dans l'axe longitudinal du fuselage. Du fait de la disparition du toit, la cellule du 737 a perdu sa rigidité longitudinale et l'avant de l'avion "pend" vers le sol avec un angle de près de 3 degrés. A chaque variation d'assiette, le poste "oscille" de haut en bas... Même si le phénomène n'est pas visible extérieurement, il a évidemment de l'influence sur les caractéristiques aérodynamiques de l'appareil.

Dans ce qui reste de la cabine avant, les choses vont de plus en plus mal pour les passagers. Une vieille dame de plus de 80 ans souffre d'une fracture du crâne. Elle a reçu un fragment de fuselage sur la tête et a perdu connaissance. Malgré la proximité des autres passagers, elle est totalement isolée. Personne ne peut se porter à son secours dans la tourmente.

Ceux qui l'entourent sont moins gravement blessés mais la plupart ont le visage en sang et des contusions multiples. Tous ont très mal aux tympans. Certains passagers endurent un véritable martyre : ceux en particulier situés au niveau du montant du cadre avant sont fouettés en permanence par des restes de câblages électriques qui claquent dans le vent. Un des passagers se protège la tête derrière un morceau de panneau métallique mais ses avant-bras sont zébrés de sang.

Derrière la cloison du poste de pilotage, l'hôtesse Jane Satotomita est toujours allongée à plat ventre sur le plancher. Malgré sa blessure à la tête, la jeune femme a repris conscience. Elle n'ose toujours pas bouger de peur d'être aspirée dans le vide comme Clarabelle Lansing. D'autant que depuis que l'avion a diminué sa vitesse, son assiette a augmenté. Il vole plus cabré. Jane a donc tendance à glisser en permanence vers l'arrière et elle doit s'agripper au montant de la porte des toilettes pour ne pas aller plus loin.

L'avion arrive maintenant à 3 500 pieds. Au loin devant le pare-brise, l'équipage commence à apercevoir la longue bande de ciment de la piste 02 à l'ouest de l'île. Le commandant de bord désigne la grosse manette située juste devant Madeline Tompkins.

- On va essayer de sortir le train d'atterrissage...

Sans hésiter la jeune femme saisit le levier et le place en position DOWN...

- D'accord, vous l'avez.

Le plancher vibre imperceptiblement sous le poste d'équipage. Puis il y a un claquement sec qui semble indiquer que les roues sont sorties et verrouillées. Malheureusement, sur le tableau de bord, il n'y a que deux lampes sur les trois qui s'allument vertes[10].

Nouvelle tentative. Rentrée du train... Sortie. Ca ne marche pas... La lumière qui correspond à la roulette de nez reste obstinément éteinte.

Le copilote utilise alors le système manuel de

[10] Le pilote peut vérifier que le train d'atterrissage est correctement sorti grâce à trois lampes vertes situées à côté de la manette du train. Chaque lampe correspond à une jambe.

sortie du train situé sur le plancher du poste. Pas vraiment aisé de manier cette grosse poignée rouge qui agit directement sur les vérins du système. Surtout dans de telles conditions.

Malgré les efforts de Madeline, cela ne donne pas davantage de résultats. Il n'y a que deux lampes sur trois... D'après les indications du tableau de bord, seules les roues principales sont correctement sorties.

L'équipage est de plus en plus inquiet... Il se peut que ce soit une fausse indication de l'instrument mais si ce n'est pas le cas, le train avant va s'affaisser au moment de l'atterrissage et l'avion va immanquablement finir sur le nez...

Pas vraiment le meilleur moyen pour ramener des passagers sains et saufs au sol.

Quoi qu'il en soit, le temps presse, il faut faire vite. Que la roulette de nez soit ou non sortie, il faut se poser tout de suite.

A 15 heures 54, l'avion n'est plus qu'à 15 miles nautiques de la piste. Cela représente environ 4 minutes de vol... C'est le moment précis que choisit le contrôleur de Mauï pour redevenir un employé plein de zèle.

Des fois qu'on l'aurait oublié celui-là...

- *Aloha 243, c'est juste pour une vérification... Vous avez vraiment besoin d'une ambulance, hein ?*

Le commandant Schornstheimer serre les poings. Il donnerait cher pour que son interlocuteur soit à bord avec lui. L'homme réagirait certainement plus rapidement et il mettrait plus d'empressement à demander la mise en place de secours sans faire répéter plusieurs fois la même chose.

Le *Cockpit Voice Recorder*[11] du Boeing enregistre cette remarque amère de la part de Madeline Tompkins pour son commandant de bord :

- *Ils ne comprennent vraiment rien...*

Puis à l'intention du contrôleur, elle réplique d'une voix agacée.

- *Affirmatif...* (nous avons besoin d'une ambulance).

Comme si ça ne suffisait toujours pas, le contrôleur reprend d'une voix presque suspicieuse :

- *Combien de blessés pensez-vous avoir à bord ?*

- *Nous n'avons aucune idée. On n'arrive pas à communiquer avec les hôtesses.*

Alors comme à regret, le contrôleur finit par lâcher :

- *Nous allons demander les ambulances...*

Madeline Tompkins n'insiste pas. Elle préfère passer à des choses encore plus importantes pour la sécurité de l'avion.

- *Il y a un risque que notre train avant ne soit pas sorti...*

Pour éviter toutes nouvelles palabres stériles, le commandant précise aussitôt :

- *Dis-lui que quoi qu'il en soit, nous allons atterrir... Même sans le train avant. Mais il faut qu'ils sachent qu'on n'a pas les trois lumières vertes pour la sortie du train...*

Le copilote s'exécute immédiatement.

---

[11] Boîte noire enregistrant les conversations des pilotes dans le poste de pilotage.

- On vous avise que nous atterrissons sans la roulette de nez... Je répète que nous atterrissons sans la roulette de nez.

- OK, si vous avez besoin d'assistance, dites-le.

Madeline retient une moue de dépit. Quelle question pertinente !

- Nous aurons besoin de tous les équipements de secours dont vous disposez...

L'avion est maintenant en longue finale pour la piste 02. Encore deux minutes et il sera au sol... Le Boeing oscille imperceptiblement de l'avant vers l'arrière et le commandant doit faire des corrections constantes pour le maintenir sur le plan de descente correct. Plus tard dans le rapport d'enquête, il décrira les réactions de l'avion comme étrangement "élastiques". Un phénomène provoqué par le "jeu" qui intervient entre l'avant et l'arrière de l'appareil.

Maintenant que la vitesse évolue aux alentours de 170 nœuds, il y a moins de bruit dans le poste et les communications deviennent plus claires.

Madeline pose la main sur la palette des volets et annonce d'une voix forte.

- Les volets 15 degrés.

Puis elle presse sur l'interrupteur. Mais à mesure que les dispositifs hypersustentateurs sortent de leur logement, l'avion devient plus instable sur sa trajectoire.

Madeline le remarque aussitôt et lance d'une voix inquiète :

- Il est plus facile à contrôler avec les volets rentrés ?

Schornstheimer hoche de la tête.

- Oui, remettez-le à 5 degrés.

Ce que le copilote s'empresse de faire immédiatement. Et aussitôt, le 737 redevient plus sain...

Le problème, c'est que les volets ont pour fonction d'approcher en finale avec une vitesse faible. Comme apparemment, il n'est pas possible de les utiliser, il va falloir se présenter sur la piste beaucoup plus vite que normale. Avec un avion en très mauvais état, ce n'est pas gagné.

Le commandant de bord demande donc à la jeune femme de chercher la meilleure vitesse d'approche en fonction de cette nouvelle configuration.

- Trouvez-moi la vitesse pour un atterrissage avec 5 degrés de volets.

A toute vitesse, la jeune femme consulte le manuel de référence de l'avion. Cette fois, il faut agir très vite. La piste est juste devant eux. Elle approche rapidement. Pas question de remettre les gaz, on doit atterrir coûte que coûte.

Madeline a du mal à maintenir les feuilles du manuel qui battent sous le puissant courant d'air. Malgré cela, elle accomplit un véritable exploit en trouvant la réponse en une minute et 12 secondes... Presque joyeuse, elle lit le manuel de vol :

- Vitesse de référence pour 40 degrés de volets à laquelle on ajoute 30 nœuds pour les volets de 1 à 15 degrés.

- Ca nous fait combien ça, demande aussitôt le commandant.

La jeune femme fouille de nouveau dans le manuel de vol pour avoir la vitesse pour 40 degrés de volets. Elle calcule vite. L'avion n'est plus qu'à 40 secondes du toucher des roues.

- Voilà... V ref 40 c'est 122 nœuds. Ca nous fait 152 nœuds.

- D'accord.

Aussitôt, le pilote réduit imperceptiblement la poussée des réacteurs. Il augmente l'assiette et la vitesse commence à diminuer. Mais quelque chose ne marche pas... Dès que l'avion descend en dessous de 170 nœuds, il est agité de mouvements de tangage inquiétants. Le nez monte et descend sur l'horizon sans que le pilote puisse contrôler ces mouvements parasites. C'est très malsain. Impossible de le poser dans ces conditions.

Il décide de reprendre de la vitesse. Tant pis si c'est trop vite... Et tant pis si la roulette de nez n'est pas sortie. Mieux vaut arriver trop vite que de décrocher à quelques mètres du sol. Si par malheur ça se produit, leurs chances de s'en sortir sont totalement nulles...

Tout à coup, alors que le Boeing se trouve pratiquement en finale pour la piste, le moteur gauche s'arrête brusquement. Il a vraisemblablement ingéré des débris du fuselage par les entrées d'air.

Instinctivement, le commandant tente un réallumage rapide mais ça ne marche pas. Plus tard, l'enquête montrera que les ailettes du compresseur sont très endommagées et que les câbles de contrôle d'arrivée de carburant sont coupés.

En désespoir de cause, le pilote augmente la puissance sur le moteur droit pour tirer l'avion jusqu'à la piste.

Ca va vite... La vitesse est supérieure à 300 kilomètres à l'heure. Il va falloir être prudent car la piste 02 ne mesure que 2 100 mètres de longueur.

Par chance, le vent au sol dépasse les 20 nœuds de face.

Madeline Tompkins propose de sortir les pleins volets en très courte finale. Elle pense que ce sera un bon moyen de freiner l'avion.

- Vous voulez que je sorte 40 degrés de volets ? Ca vous aiderait...

La réponse du commandant est instantanée.

- Non, seulement quand on sera au sol...

Le pilote a parfaitement raison d'agir ainsi. Il en a fait l'expérience quelques instants plus tôt. L'extension des "flaps" risquerait de lui faire perdre le contrôle de l'appareil au ras du sol. Le vent de face est suffisamment fort pour l'aider à freiner. Inutile de prendre des risques supplémentaires.

Alors qu'il n'est plus qu'à 500 pieds, le contrôleur de la tour l'appelle :

- *Aloha 243* (ouf... il a enfin retenu l'indicatif du vol!), *d'après ce que nous voyons, le train semble correctement sorti.*

Madeline Tompkins murmure un vague "*Roger*" pour confirmer qu'elle a reçu le message puis elle se concentre sur chacun de ses gestes pour être prête à assister son patron...

Le moment crucial approche... Le fait que le contrôleur puisse apercevoir les roues ne veut rien dire... D'abord, les hommes de Mauï ont déjà montré qu'ils n'étaient pas vraiment fiables, et puis il est possible que la roulette de nez soit sortie sans être pour autant verrouillée. Si c'est le cas, elle va s'affaisser au moment où elle touchera le sol.

A 13 heures 58 minutes et 59 secondes, les roues

principales du Boeing 737 touchent le ciment de la piste 02. La vitesse est forte, pourtant le contact avec le sol se fait en douceur. Un véritable Kiss Landing... Au moment du toucher, les pneus dégagent deux épais nuages de fumée bleue qui se diluent dans les tourbillons de l'avion puis disparaissent.

Pendant une seconde, Schornstheimer garde le nez du 737 pointé vers le ciel. Il sait que si la roulette n'est pas verrouillée, le cockpit de l'avion va plonger sur le ciment. Dans ce cas, ça va cogner très fort. En prévision, il a serré et bloqué ses harnais d'épaules. Tout doucement, il diminue l'assiette.

Le diabolo avant touche le sol...

Ca tient... Ce n'était qu'une mauvaise indication sur le tableau de bord. Certainement des fils électriques arrachés ou un mauvais contact au niveau des switchs. Le commandant passe la *reverse*[12] sur le moteur droit puisque c'est le seul qui fonctionne encore.

Sans attendre, Madeline braque les aérofreins à fond. Puis elle presse la manette des volets pour appliquer 40 degrés.

L'avion vibre de toute sa structure.

A mesure que la machine ralentit, l'équipage sent un immense soulagement l'envahir. L'extrémité de la piste arrive. Tout va bien.

A 13 heures 59 minutes et 22 secondes, le Boeing

[12] Système qui inverse le flux des réacteurs en sortant deux demi coquilles à l'arrière de la tuyère.

s'arrête enfin au milieu de la bande de ciment...

Ils sont sauvés.

- *On arrête tout ici,* ordonne Schornstheimer en coupant l'arrivée du carburant des deux réacteurs.

Lorsque c'est fait, Madeline déboucle son harnais de sécurité. Puis, sans attendre, elle se lève pour franchir ce qui reste de l'encadrement de la porte. En pénétrant dans le capharnaüm de la cabine, elle a un coup au coeur. Jamais elle n'aurait imaginé que le "trou" dans le fuselage soit aussi gigantesque. C'est épouvantable... Comment les malheureux passagers ont-ils pu résister au vent et au froid?

C'est un spectacle de désolation totale qui s'offre à elle. La plupart de ceux qui sont dans les premiers rangs ont le visage en sang. Beaucoup sont inconscients et les autres n'ont pas la force de bouger. Visiblement, ils ont du mal à réaliser que le cauchemar est terminé. On entend un peu partout des gémissements de douleur. Beaucoup se tiennent les oreilles.

Mais ils sont tous vivants...

Juste derrière la cloison du poste, Jane Satotomita est toujours allongée sur le plancher. L'hôtesse est à bout de forces. Elle voudrait se lever pour aider les pilotes lorsqu'ils se portent au secours des blessés mais elle n'y arrive pas.

Madeline Tompkins se précipite vers la porte avant gauche. Celle-ci est encore en état de fonctionner. Sans hésiter, elle déclenche l'ouverture du toboggan gonflable (on peut apercevoir distinctement la jeune femme sur la photo de couverture de cet ouvrage qui a été prise quelques secondes après l'arrêt de l'appareil).

Les passagers situés dans la zone non détruite sont évacués par les portes arrière. Ils reçoivent des boissons chaudes puis ils sont dirigés vers les hôpitaux de Mauï.

Incroyable... Parmi les passagers situés à l'arrière de l'appareil, 30 n'ont même pas une égratignure...

Comme toujours lorsqu'un avion est accidenté, un des premiers réflexes de la compagnie aérienne est d'envoyer des... peintres pour recouvrir le logo d'*Aloha Airlines* sur la queue du Boeing sinistré[13]. Il faut à tout prix éviter que des clichés associant les couleurs d'*Aloha* à un crash aérien ne soient diffusés dans la presse. Sinon, même inconsciemment, les clients choisiront une autre compagnie aérienne...

Marketing, marketing...

Ca n'empêchera pas le public et la presse de se demander comment un tel accident a pu se produire ?

Dès le lendemain, beaucoup de journaux américains font leurs gros titres du miracle en soulignant que c'est la première fois qu'un avion perd ainsi une partie du fuselage...

Ils ont tort... Ce n'était pas la première fois...

Le 22 août 1981, un Boeing 737 appartenant à la compagnie Taïwanaise *Far Eastern Air Transport* avait explosé en vol suite à une rupture du fuselage tout à fait semblable. Malheureusement, les

---

[13] A Mauï, les peintres sont arrivés pratiquement en même temps que les ambulances...

110 occupants de l'appareil avaient eu moins de chance que ceux du vol *Aloha* 243. Ils avaient tous péri dans le crash...

Étrangement, l'appareil incriminé datait également de 1969...

Dans les deux cas, les Boeing 737 étaient très anciens mais l'âge ne peut en aucun cas expliquer la catastrophe. De nombreux avions de ligne ont aujourd'hui plus de 25 ans et ils volent encore, aussi sûrement que s'ils étaient neufs.

Une telle rupture de fuselage est évidemment due à un très mauvais entretien de l'appareil.

Sur ce point, les enquêteurs établirent rapidement que la responsabilité de la compagnie *Aloha* Airlines était écrasante... Il faut se rappeler que l'appareil opérait en permanence sur des distances très courtes, à basse altitude, dans un milieu chaud, humide et saturé en sel (tout comme d'ailleurs le Boeing Taïwanais de la FEAT qui opérait d'île en île à travers le Sud-Est asiatique).

Des conditions extrêmes favorisant évidemment le développement de la corrosion sur les cellules...

De tels éléments d'exploitation auraient exigé une maintenance exemplaire. Or, c'était loin d'être le cas... Les enquêteurs constatèrent avec effroi que l'avion d'*Aloha* était dans un état de délabrement absolument inacceptable dans une compagnie aérienne digne de ce nom. Corrosion très étendue due à des négligences de toutes sortes, personnel mécanicien non qualifié, révisions bâclées, matériel d'entretien vétuste et inadapté.

Le laisser-aller général dans l'entretien était tel

que la corrosion constatée jour après jour sur les avions était devenue un phénomène presque normal aux yeux du personnel de la compagnie.

Chacun savait que les avions étaient complètement "rouillés" mais puisqu'ils continuaient à voler, pourquoi s'inquiéter?

Avec le temps, on finit par s'habituer au pire.

En fait, le crash était prévisible... Une banale inspection de l'appareil aurait d'ailleurs pu l'éviter. La preuve en est qu'au moment de l'embarquement du vol 243, une passagère néophyte avait remarqué une fissure anormale sur le fuselage. Cette étrange cassure tout près de la porte avait attiré son attention. Elle avait failli en faire la remarque à un membre de l'équipage, mais de peur de paraître ridicule, elle avait préféré se taire. Les enquêteurs du NTSB étudièrent la rupture du fuselage sur ordinateur... Ils découvrirent que c'est exactement à l'endroit montré par la passagère que se trouve l'origine de la rupture.

Si pendant l'inspection quotidienne du matin, les mécaniciens avaient porté un peu plus d'attention à l'avion, ils auraient pu découvrir, eux aussi, l'amorce de la fracture...

Le bilan définitif fourni par le National Transportation Safety Board fait état de 94 rescapés sur les 95 personnes se trouvant à bord[14].

Quand on examine la photo de l'épave du Boeing

---

[14] Bilan 1 mort, 7 blessés graves, 57 blessés légers et 30 passagers absolument sains et saufs. Parmi les blessures constatées, on dénombre de nombreuses lésions aux tympans dues à la dépressurisation explosive.

737, on ne peut que s'émerveiller d'un bilan aussi léger. En toute logique, une telle rupture aurait dû se terminer par la mort de tous les occupants de l'appareil.

On ne peut terminer le récit de ce miracle exceptionnel sans saluer le professionnalisme extrême dont ont fait preuve Robert Schornstheimer et Madeline Tompkins. Ils ont été excellents sur presque tous les points et peuvent se flatter d'avoir réussi à ramener au sol l'avion le plus abîmé de toute l'histoire de l'aviation.

Difficile de porter un jugement aussi flatteur sur le contrôle aérien...

Quant au Boeing 737, il a bien évidemment été mis à la ferraille. Vu son état de corrosion, on n'a pas dû récupérer beaucoup d'aluminium sain sur sa cellule !

LE 747 PERD UN RÉACTEUR

Le 4 octobre 1992, un Boeing 747 de la compagnie EL AL perd deux réacteurs en vol. Cette avarie très grave cause d'énormes dégâts au bord d'attaque de l'aile et aux volets. Malgré une lutte de plusieurs minutes, l'équipage ne parvient pas à contrôler l'appareil qui s'écrase sur un immeuble de la banlieue d'Amsterdam[1]. Le bâtiment est entièrement détruit et il y a de nombreuses victimes au sol.

Tous les occupants de l'avion sont tués.

Cinq mois plus tard, un autre Boeing 747 est victime d'un problème tout à fait semblable. Par chance, les choses se passent très différemment.

31 Mars 1993. Anchorage, Alaska.

L'avion est un Boeing 747 série 121 qui se rend à Chicago. Il est utilisé par la compagnie Japan Air Lines sous le numéro de vol JAL 46 Echo (dans les conversations radio enregistrées qui suivent, il sera

[1] Crash raconté dans "CATASTROPHES AERIENNES : les passagers ont le droit de savoir du même auteur (Éditions ALTIPRESSE).

appelé : Japan Air Jumbo 46 Echo). Contrairement à ce que l'on pourrait croire, l'appareil n'appartient pas à la compagnie aérienne japonaise. Il est loué, avec son équipage, à la société américaine *Evergreen* et de ce fait, il est enregistré aux Etats-Unis sous l'immatriculation N 473 EV.

C'est un cargo, il n'y a donc pas de passagers[2]. Seuls deux employés de la compagnie sont à bord. Ils sont dans le cockpit en compagnie des trois hommes d'équipage qui sont : le commandant de bord, le copilote et le mécanicien navigant. Tous les acteurs présents à bord sont de nationalité américaine.

Il ne fait pas très beau sur l'Alaska en ce mois de mars 1993... En passant au bureau des opérations, le commandant de bord a reçu un épais dossier météo dans lequel on lui a signalé des risques de turbulences violentes sur le début du trajet, et particulièrement au départ d'Anchorage. Avec les vents qui soufflent des Chugach Mountains, les tourbillons aériens sont fréquents dans cette région. De nombreux avions de ligne viennent d'ailleurs d'informer la tour de contrôle qu'ils avaient été brutalement secoués. Leurs passagers en ont tremblé de frayeur pendant toute l'approche...

Par sécurité, le pilote a fait vérifier une dernière fois que le fret qu'il emporte à Chicago est bien

[2] Etrange coïncidence, le vol d'EL AL qui s'était écrasé sur Amsterdam quelques mois plus tôt était également un 747 cargo.

arrimé sur ses palettes. Il sait que le moindre déplacement de la charge dans la soute pourrait avoir des conséquences dramatiques sur la sécurité du vol[3].

Puis à 12 heures 21 minutes et 18 secondes, il reçoit du contrôleur au sol, l'autorisation de rouler vers la piste en service.

Les dialogues qui suivent, sont écrits en italique. Ce sont les retranscriptions exactes des paroles prononcées par les différents intervenants. Pour des raisons évidentes de compréhension, certaines lectures de check-list trop techniques ont simplement été résumées.

12 heures 21 minutes et 18 secondes : (contrôleur au sol) : *Jumbo 46 Echo, vous pouvez rouler pour la piste 06 droite. Utilisez le taxiway Mike Roméo Kilo. Rappelez pour traverser la piste 32. Vous contacterez la tour à ce moment-là.*

12 heures 21 : 21 (copilote) : *Reçu, on roule par MRK et on maintient en arrivant à la piste 32. On appellera la tour à ce moment-là.*

Le commandant de bord lâche alors les freins et les 350 tonnes du mastodonte s'ébranlent lentement pour rejoindre le premier point d'attente.

Dans le poste de pilotage, les trois hommes discutent de l'heure à laquelle ils estiment pouvoir

[3] Lire "Péril sur Miami" dans CATASTROPHES AÉRIENNES (Éditions ALTIPRESSE).

décoller. Ils ont pris du retard et, de ce fait, un des deux employés présents à bord va certainement manquer sa correspondance à Chicago.

Les conversations sont interrompues par un contact radio du vol coréen KAL 084 qui vient tout juste de décoller.

12 heures 23 : 01 (KAL 084) *: Korean 084, nous venons de subir un cisaillement d'environ 10 nœuds à 1 500 pieds.*

Le commandant du 747 note soigneusement l'information. Un cisaillement de vent se traduit toujours par une violente turbulence. Dans ce cas précis, le phénomène a dû provoquer une perte d'altitude notable pour le Coréen puisque sa vitesse s'est écroulée de près de 20 kilomètres à l'heure. Là-haut, ça doit sacrément secouer... Le contrôleur au sol fait immédiatement répéter le message pour que tous les autres avions l'entendent et soient prévenus.

12 heures 23 : 06 (contrôleur au sol) : *Cisaillement de 10 nœuds à 1 500 pieds, c'est bien çà ?*

12 heures 23 : 07 (Korean 084) : *Yeah... 10 nœuds aux environs de 1 500 pieds.*

12 heures 23 : 08 (contrôleur au sol) : *OK, merci beaucoup.*

Bien que personne ne fasse de commentaires, l'équipage du Boeing 747 a bien pris note qu'il allait falloir être très prudent en approchant l'altitude de 1 500 pieds. La meilleure parade est d'augmenter sensiblement la vitesse. Au moment où l'avion arrive dans le cisaillement, il suffit d'augmenter légèrement l'assiette[4]. Cela évite la chute de portance brutale. Tout en roulant, les trois hommes effectuent la check-list "avant décollage". Ils vérifient successivement, les positions des compensateurs à 6.2, le braquage des volets à 10 degrés, les gouvernes, l'amortisseur de lacet, les témoins des jauges carburant et la centrale inertielle. Lorsque c'est terminé, l'avion arrive tout juste à l'intersection de la piste 14/32. Il lui est évidemment interdit de traverser une piste sans l'autorisation du contrôle. Comme c'est à cet endroit qu'on leur a demandé de changer de fréquence, le copilote bascule immédiatement avec la tour.

12 heures 25 : 10 (copilote) : *Rebonjour, Anchorage Tour. Ici Jumbo 46 Echo, on voudrait traverser la piste 32 pour rejoindre le taxiway de la 06 droite.*

12 heures 25 : 12 (Tour de contrôle) : *Jumbo 46 Echo, d'accord... traversez la piste 32 et continuez sur le taxiway.*

En jetant malgré tout un coup d'œil à droite et à gauche pour vérifier qu'aucun appareil ne se présente à l'atterrissage ou au décollage, le commandant de bord engage son Jumbo sur la piste.

---

[4] Cabrer l'avion.

Un peu plus loin, sur la piste 06, un autre Boeing 747 est en train de s'aligner. Hasard des rencontres... L'autre appareil est parfaitement semblable. Même compagnie *Evergreen*, mêmes couleurs, jusqu'au numéro de vol qui est presque le même puisque c'est le JAL 042 Echo. Les deux avions ne sont pas très éloignés l'un de l'autre.

Bien entendu, le mécanicien navigant ne manque pas de remarquer la similitude des deux machines.

12 heures 25 : 18 (mécanicien navigant) : *C'est le 42... Ca fait un sacré beau tableau (de voir les deux Jumbo Jet semblables côte à côte).*

Les trois hommes ne quittent pas l'autre 747 des yeux. Le "collègue" s'apprête à s'aligner sur la 06 et à décoller. C'est un peu comme s'ils assistaient à leur propre décollage. Ils ont beau être habitués, aucun d'eux n'est vraiment blasé de voir ces énormes machines s'envoler... 350 tonnes de métal qui s'élèvent dans les cieux ne seront jamais un spectacle banal...

Du coup, le mécanicien navigant a une idée...

12 heures 25 : 20 (mécanicien) : *Ce serait l'occasion de faire une photo !*

En fait, l'homme voudrait immortaliser leur frère jumeau au moment où il quitte le sol, tout en ayant une vue d'ensemble du poste de pilotage de leur propre avion. Ce serait un superbe souvenir.

Fébrilement, le mécanicien fouille dans sa sacoche de vol et en sort un petit appareil photo automatique. Il sait qu'il va lui falloir faire très vite car les événements se précipitent. Dans les haut-parleurs, on entend le contrôleur d'Anchorage qui appelle le premier jumbo Jet...

12 heures 25 : 27 (tour de contrôle) : *Jumbo 42 Echo, vous êtes autorisé au décollage.*

12 heures 25 : 30 (Jumbo 42 Echo) : *Reçu, on est autorisé à décoller, Jumbo 42 Echo.*

A toute vitesse, le mécanicien quitte sa place et se déplace dans le poste de pilotage. Il veut absolument cadrer l'envol du 747 tout en ayant la tête de son commandant de bord sur la photo. Mais pour obtenir le cliché souhaité, il faut que leur propre avion soit placé sous un bon angle. Autrement, les montants du pare-brise vont gêner la vision vers l'extérieur.

12 heures 25 : 32 (mécanicien) : *Essaye de t'arrêter, après que tu auras passé la ligne rouge. D'accord ? Enfin si ça ne pose pas de problèmes...*

12 heures 25 : 40 (commandant) : *Oui, d'accord.*

Tel un paparazzi en mal d'images sensationnelles, le mécanicien se déplace alors dans le poste pour avoir à la fois la tête du commandant de bord et le 747 qui se prépare à décoller. Pour faciliter la prise de la photo, le pilote a stoppé le roulage sur le taxiway. Ca ne pose aucun problème, car il n'y a pas d'avion qui suit derrière.

***12 heures 25 : 53 (mécanicien) :** .... Mots incompréhensibles.... Ce sera la meilleure. Vas-y.*

***12 heures 26 : 19 (copilote) :** Tu les as tous les deux sur le même cliché (y compris le 747 qui décolle en arrière plan).*

12 heures 26 : 21 : La bande du *Cockpit Voice Recorder* enregistre une série d'éclats de rire. L'ambiance est particulièrement détendue.

Tout à coup, l'autre 747 d'*Evergreen* se trouve exactement cadré dans le fond du viseur avec le visage du commandant de bord en premier plan.

***12 heures 26 : 24 (commandant) :** Vas-y fais-la.*

***12 heures 26 : 25 (mécanicien) :** Oh oui... Je l'ai juste.*

Nouvel éclat de rire général dans le poste...

Ca va très vite... Le photographe amateur appuie sur le déclencheur à plusieurs reprises. Le 747 "jumeau" est en train de quitter le sol. Il prend majestueusement de l'altitude. Puis, il disparaît en arrière du pare-brise.

C'est fini...

Satisfait, le mécano referme alors la sacoche de son appareil photo.

***12 heures 26 : 29 (mécanicien) :** Je l'ai eu deux fois. C'est cool... J'ai même pas compris ce que tu disais... Dommage, j'aurai pas la rotation (le moment précis* *où le 747 à levé le nez) mais ça fera des photos super. En fait, j'ai eu mieux ce mec que notre poste mais c'est sympa comme comparaison...*

Comme l'avion est toujours arrêté au milieu du taxiway, quelqu'un à la tour commence à se poser des questions sur les intentions du commandant de bord. On peut supposer que le type dans sa cage de verre a compris que l'équipage du 747 venait de faire une photo souvenir car une voix ricane sur la fréquence :

12 heures 26 : 45 (voix inconnue) : *On s'amuse bien, hein ?*

L'équipage ne répond pas. Inutile de donner des détails sur ce qu'ils viennent de faire car toutes les conversations sont enregistrées...[5] Le 747 reprend alors le roulage sur le taxiway en direction du point d'attente de la 06.

12 heures 26 : 48 (commandant) : *Et si on s'occupait des priorités maintenant.*

12 heures 26 : 49 (mécanicien reprenant la check-list, un peu embarrassé) : *OK, heu...Voyons où on en était. On a fait... heu... les compensateurs, on a fait les centrales INS. Et les réchauffages pitot ?*

12 heures 26 : 56 (copilote) : *Branchés...*

---

[5] Elles ne sont écoutées qu'en cas de problèmes.

Oubliant le moment de détente, l'équipage s'est remis instantanément au travail pour terminer la check-list en cours. Pendant ce temps, à la radio, on entend la tour qui prend congé avec le 747 "jumeau". Celui-ci est en train de s'éloigner rapidement d'Anchorage.

12 heures 26 : 57 (contrôleur de la tour) : *Jumbo Japan Air 42, contactez le départ. Au revoir, messieurs.*

12 heures 26 : 58 (JA 42) : *Reçu 42, salut...*

Pendant une minute et 10 secondes, l'équipage poursuit la longue litanie des points techniques qui doivent être vérifiés dans l'avion : harnais, routes de départ, instruments de vol, etc.

Lorsque c'est terminé, le mécanicien navigant ne peut s'empêcher de reparler des clichés qu'il vient de faire.

12 heures 27 : 26 (mécanicien) : *C'était une photo cool... Tu sais que je n'ai pas vraiment vu l'autre type arriver parce que tout ce que je voyais, c'était à travers le viseur. Et puis tout à coup, je l'ai eu dans le champ. J'ai eu de la chance parce que juste devant il y a eu une merde de C 141 ou un C5... l'un des deux.*

Le mécanicien explique qu'au moment où il a fait la première photo, un troisième avion roulant au sol s'est interposé entre les deux 747. Il n'a pas eu le temps de voir vraiment de quel type de machine il s'agissait. Il a seulement vu que c'était un ancien cargo militaire : un C 141 ou un C

5 Galaxy. De toute évidence, l'homme semble bien connaître ces appareils démodés. Vu le qualificatif injurieux qu'il leur attribue, il ne semble pas leur porter une grosse estime.

Le commandant demande aussitôt :

***12 heures 28 : 22 (commandant)** : Tu voles encore là-dessus ?*

***12 heures 28 : 25 (mécanicien)** : Ouais et je déteste.*

Il faut préciser qu'en plus de ses Boeing 747, la compagnie *Evergreen* utilise d'autres types d'avions cargo rachetés à l'armée de l'air américaine. Parmi ces appareils se trouvent des C 141 dont le mécanicien possède la qualification.

***12 heures 28 : 26 (commandant)** : C'est des "Skylifter"[6].*

En fait le pilote se trompe, le C 141 n'est pas un Skylifter mais un Starlifter... Le mécanicien ne relève pas l'erreur de son patron mais il ne peut s'empêcher d'expliquer pourquoi, il déteste tellement cet autre avion sur lequel la compagnie l'oblige encore à voler.

***12 heures 28 : 28 (mécanicien)** : C'est brut, C'est*

[6] Les constructeurs américains d'avions cargo ont coutume de donner un nom à leurs appareils en plus du code militaire : C 141 est le Skylifter. Le C5 est le Galaxy.

dégueulasse. Tout le système de climatisation pue. Quand tu descends de l'avion après le vol, tu empestes le C 141. Voila ce que c'est...

Alors que le mécanicien poursuit ses explications imagées sur les difficultés du travail à bord du C 141 Starlifter, le Boeing 747 arrive au bord de la piste 06 droite. Pendant qu'ils stationnent au point d'attente, plusieurs gros porteurs décollent et atterrissent devant eux. Il y a beaucoup de monde en vol à Anchorage à cette heure de la journée...

Finalement, le copilote profite d'un moment de répit dans le trafic pour demander à la tour l'autorisation de s'aligner.

***12 heures 29 : 48 (copilote) :** Japan Air 46 Echo, nous sommes prêts...*

***12 heures 29 : 49 (tour d'Anchorage) :** Japan Air 46 Echo, alignez vous piste 06 droite et attendez. Je vous informe qu'un pilote de 747 vient de signaler des violentes turbulences en passant 2 500 pieds.*

***12 heures 30 : 02 (commandant) :** OK.*

12 heures 30 : 06 (copilote) : *Roger, compris merci.*

La voix du copilote répondant à la radio est parfaitement calme. Chacun dans le poste sait que l'avion va être secoué dans tous les sens mais c'est un peu de la routine à Anchorage. De toute évidence, personne ne pense que les choses vont tourner au drame. La turbulence, on connaît, et même si ce n'est pas toujours agréable, il n'y a pas de quoi s'inquiéter outre mesure.

12 heures 30 : 07 (commandant d'une voix presque amusée) : *Fermez les écoutilles, les mecs.*

12 heures 30 : 08 (mécanicien) : *Il faut s'attendre à une balade mouvementée.*

12 heures 30 : 09 (tour d'Anchorage) : *Japan Air 46 Echo, autorisé à décoller piste 06 droite.*

Aussitôt le commandant quitte le point d'attente pour amener le Jumbo Jet au centre de la piste. Instinctivement, chacun dans le poste vérifie une dernière fois que ses harnais d'épaules sont serrés et bloqués. D'après les descriptions des autres pilotes qui sont passés devant, ça va secouer très fort. Par sécurité, le mécanicien fait un dernier rappel de la situation avant que les quatre manettes des gaz ne soient poussées à fond vers l'avant.

12 heures 30 : 13 (mécanicien) : *Sévère turbulence pendant la montée... (Puis d'une voix ironique) Je ne sais pas ce qu'il y a de sorti dans la cuisine mais on doit se préparer à tout casser. Alors, on se méfie...*

12 heures 30 : 19 (copilote) : *D'accord.*

Rapidement, l'équipage effectue la dernière check-list avant décollage : vérification de l'affichage du code transponder, de l'ignition, des panneaux d'alarme. Puis le commandant de bord donne enfin l'ordre de décollage.

***12 heures 31 : 02 (commandant)** : Puissance maximum.*

Aussitôt, le mécanicien avance les manettes à fond en avant et annonce la puissance affichée.

***12 heures 31 : 03 (mécanicien)** : Puissance maximum... Puissance max affichée... Et ça te donne 93 %.*

Les quatre réacteurs Prat & Whitney JTD9D-3 se mettent à gronder. L'air vibre au niveau des tuyères... Ce sont plus de 80 tonnes de poussée qui se déchaînent derrière le 747. C'est le tonnerre... La consommation monte à plusieurs milliers de litres à la minute.

Quelques secondes plus tard, le commandant lâche les freins. Le 747 s'ébranle. De part et d'autre de l'avion, les balises commencent à défiler. De plus en plus vite... La vitesse atteint V1, puis c'est la rotation. Enfin on atteint V2, la vitesse de décollage : le Boeing s'arrache du sol de l'Alaska.

Comme c'est la procédure, le copilote annonce que le variomètre est positif. Cela signifie que l'appareil n'est pas seulement cabré mais qu'il monte correctement.

Aussitôt, presque par réflexe, le commandant ordonne la rentrée du train d'atterrissage.

L'équipage regarde à peine le paysage qui se déroule sous les ailes. Tout le monde connaît...

Pourtant, tout autour, les couleurs de l'Alaska sont superbes. Juste devant l'avion s'étend le bras de mer du *Knick Arm* au bord du relief. L'eau y est claire et... glaciale. Pas vraiment l'endroit pour aller piquer un plongeon, surtout à cette époque de l'année. Puis le 747 entame un virage à gauche pour virer autour de *Fire Island*. La visibilité est très bonne aujourd'hui. On aperçoit déjà distinctement les contours du Golfe de *Cook* jusqu'à *Point Possession* à 40 kilomètres au sud-est.

45 secondes plus tard, la tour demande au Boeing de quitter sa fréquence pour passer avec celle du "départ".

Le copilote s'exécute et appelle le nouveau contrôleur. A cet instant, l'avion est encore à basse altitude.

12 heures 32 : 34 (copilote) : *Bonjour, ici Japan Air 46 Echo, on vient de passer 1 000 pieds vers le niveau 200.*

12 heures 32 : 38 (contrôleur du "départ") : *Jumbo Japan Air 46 Echo, bonjour. J'ai le contact Radar. Attendez-vous à de la turbulence très violente vers 2 500 pieds. Puis vous aurez de la turbulence légère à modérée de 3 000 pieds jusqu'à 10 000.*

On ne peut pas reprocher au contrôleur d'Anchorage de ne pas faire consciencieusement son travail de prévention. Il a même pris la peine de préciser les différentes formes d'instabilité que le 747 va rencontrer en fonction de l'altitude.. En fait, d'après ce qu'il vient de dire, c'est surtout la tranche entre 2 500 et 3 000 pieds qui risque d'être problématique après le décollage.

Au-dessus, ce ne sera plus gênant...

12 heures 32 : 51 (copilote) : *Roger.*

Les secousses commencent à l'instant même où le copilote repose son micro.

Le Boeing 747 est pris brusquement dans un cisaillement de vent. Le phénomène est d'une brutalité inhabituelle. La vitesse indiquée de l'avion est de 200 nœuds, en 3 secondes, elle chute brusquement à 170 nœuds[7]. De ce fait, la portance diminue et le Jumbo perd aussitôt de l'altitude. C'est comme un immense trou d'air qui s'ouvre sous les ailes.

En quelques secondes, les événements vont se précipiter de manière dramatique.

12 heures 32 : 52 (commandant) : *Attention, les gars, on vient de perdre 30 nœuds.*

12 heures 32 : 53 (mécanicien) : *Yeah...*

12 heures 32 : 54 (commandant d'une voix autoritaire) : *Puissance de montée maximum.*

C'est évidemment la seule chose à faire. Il faut

[7] En fait, la vitesse sol de l'avion reste la même mais comme il y a des rafales de vent arrière, la vitesse par rapport à l'air diminue brusquement et la portance s'effondre. L'avion descend.

contrer à tout prix cette chute de la vitesse car, bien que le 747 ait le nez en l'air, il est en train de descendre comme un petit avion de tourisme pris dans un vent rabattant de montagne. La turbulence est terrible. Ca secoue dans tous les sens...

Les mains se crispent sur les commandes pour tenter de dompter le fauve. A 12 heures 33 minutes et 03 secondes, l'énorme machine s'affaisse brusquement sur l'aile gauche jusqu'à 50 degrés d'inclinaison. Aussitôt, les deux hommes braquent les ailerons à fond à droite pour remettre les ailes à l'horizontale. C'est d'autant plus impressionnant que l'avion n'est pas très haut.

12 heures 33 : 04 (commandant) : *Shit, shit, shit... Tenez-le les gars.*

Le nez plonge vers le sol puis il remonte en place. Il se passe quelques secondes d'angoisse avant que le 747 ne se stabilise de nouveau. Comme à regret, les immenses ailes reviennent à l'horizontale.

C'est une sarabande terrible... Malgré les quatre réacteurs poussés à leur puissance maximum, le Boeing a du mal à gagner de l'altitude.

Il y a de nouveau quelques secondes de répit, puis les secousses reprennent et deviennent de plus en plus fortes. Pour éviter de fatiguer l'avion et faciliter l'accélération, le commandant ordonne la rentrée des volets, d'abord à 5 degrés puis à zéro.

Et puis soudain, le phénomène de cisaillement s'amplifie.

***12 heures 33 : 18 (commandant) :** On perd 40 nœuds.*

Les réacteurs continuent à hurler pour pousser l'avion. Mais loin de se calmer, la turbulence s'amplifie encore. Ca tape de plus en plus fort. Si les trois hommes n'étaient pas sanglés très serrés sur les sièges, ils seraient collés au plafond comme des mouches. Quant aux deux "passagers" assis derrière l'équipage, ils sont accrochés nerveusement à leurs accoudoirs pour tenter d'amortir les secousses. Les pauvres n'en mènent pas large. Ils sont carrément livides.

Puis tout à coup, l'avion rentre dans une nouvelle zone de turbulence encore plus violente que les autres. Comme pour conjurer le sort, les hommes dans le poste éclatent de rire.

***12 heures 33 : 30 (mécanicien avec un rire un peu nerveux) :** Whoa, whoa, whoa...*

Pendant 20 secondes personne ne parle plus...

L'équipage se concentre pour stabiliser le Jumbo Jet qui semble incontrôlable. A présent, c'est une véritable tornade que l'appareil est en train d'affronter... L'aiguille de l'indicateur de vitesse bat comme prise de folie. Elle oscille entre 170 et 245 nœuds... L'avion est ballotté dans les cisaillements.

Au sol, à *Turnagain Heights*, plusieurs témoins, suivent l'avion des yeux et le voient monter et descendre comme s'il s'agissait d'un petit Jodel de tourisme piloté par un débutant excentrique.

Et puis soudain, c'est le drame... A 12 heures 33 minutes et 50 secondes, l'avion bascule de nouveau très fortement à gauche. Presque 60 degrés d'inclinaison... Il y a une sorte de claquement sonore et la machine part en fort dérapage à droite. C'est comme si une main de géant saisissait la queue du 747 et la déplaçait latéralement.

Dans la fraction de seconde qui suit, un klaxon d'alarme se met à hurler dans le poste de pilotage. Sur le tableau de bord, un voyant rouge s'allume sur la reverse du réacteur numéro 2. Au même moment, la manette du réacteur numéro 2 revient en arrière avec un bruit sec.

12 heures 33 : 51 (mécanicien voix inquiète) : *Who, whoa, problème de reverse... On a eu un arrêt automatique. On a perdu quelque chose.*

12 heures 33 : 59 (copilote) : *On a perdu les réacteurs 1 et 2*[8].

Le copilote est assis du côté droit dans le poste de pilotage. Il lui est donc impossible d'apercevoir les réacteurs numéro 1 et 2 qui sont situés sur l'aile gauche. Dans son esprit, le mot "perdu" signifie que les deux moteurs gauche sont "en panne". Il ne peut imaginer qu'un réacteur s'est effectivement détaché de l'aile.

---

[8] Les quatre réacteurs du Boeing 747 sont numérotés de 1 à 4 en partant de la gauche vers la droite, vu de la place du pilote.

12 heures 34 : 00 (mécanicien d'une voix peu compréhensible) *: Manque un générateur...*

Pratiquement dans la même seconde, le pilote jette un bref regard par le pare-brise latéral. Difficile pour lui aussi de voir l'aile qui se trouve loin en arrière mais ce qu'il croit apercevoir le fait frémir.

12 heures 34 : 01 (commandant) *: Le numéro 2 est parti !*

Cette fois, c'est clair...

Le moteur intérieur gauche n'est plus là. A sa place, il n'y a plus qu'une énorme fracture dans l'aile. Il manque également le pylône de soutien et une partie du bord d'attaque qui ont été arrachés en même temps. Tout le monde comprend alors que les choses vont très mal.

Sans que personne n'y fasse allusion, chacun a dans l'esprit ce qui est arrivé 5 mois plus tôt à ce Boeing 747 au décollage d'Amsterdam. C'était exactement la même chose. Les types ont perdu deux réacteurs... L'avion a tenu en l'air une dizaine de minutes puis il s'est écrasé sur un immeuble. Tout le monde a en mémoire les images épouvantables de cet énorme bâtiment éventré par le Jumbo Jet. Des photos ont été publiées dans le monde entier montrant les incendies qui ont embrasé la banlieue de la capitale hollandaise.

12 heures 34 : 02 (mécanicien) *: Moteur numéro 2 coupé, whoa, whoa.*

Réaction logique... Pour diminuer les risques d'incendie, le mécanicien coupe immédiatement l'arrivée du carburant sur le moteur qui n'est plus là.

Si l'équipage avait encore des doutes sur la nature du problème, ceux-ci disparaîtraient immédiatement car le contrôle aérien appelle le Boeing.

12 heures 34 : 17 (Contrôle départ d'Anchorage) : *Japan Air 46 Echo, la tour d'Elmendorf dit que quelque chose de gros vient juste de tomber de votre avion...*

12 heures 34 : 22 (commandant à l'intention du copilote) : *Oui, nous le savons.*

12 heures 34 : 23 (copilote) : *Oui, nous le savons, et... heu et nous déclarons une emergency...*

12 heures 34 : 29 (contrôle d'Anchorage) : *Japan Air 46 Echo, est-ce que vous avez besoin de rentrer à Anchorage.*

Le contrôle n'a même pas encore terminé sa question que le commandant de bord a déjà entamé un large virage à gauche pour revenir vers l'aéroport [9]. A cet instant, il est pratiquement au-dessus de Fire Island. Pour éviter que l'avion ne

---

[9] C'est certainement la trajectoire vers Anchorage qui pousse le pilote à virer à gauche car une vieille maxime de pilotage déconseille de "virer vers un moteur mort".

s'embarque dans un virage engagé, il maintient la poussée maximum sur le réacteur numéro 1.

12 heures 34 : 32 (copilote) : *Nous déclarons une emergency et nous rentrons.*

Aussitôt, le radar d'Anchorage prend en charge le 747 pour le guider jusqu'à la piste.

12 heures 34 : 34 (Contrôle d'Anchorage) : *Japan Air 46 Echo, virez à gauche au cap 240. Maintenez 3 000 pieds. Je vous guide sur l'ILS*[10] *de la piste 06 droite.*

Dans le poste, la tension monte. Les alarmes succèdent aux alarmes. La voix de synthèse de l'ordinateur se déclenche en permanence pour rappeler au pilote qu'il ne doit pas trop incliner l'appareil. En quelques secondes, l'équipage effectue des dizaines de vérifications techniques[11]. La perte du réacteur est une avarie très grave car, non seulement, l'avion vole de façon dissymétrique mais de nombreux systèmes ont été endommagés au moment de l'arrachement. Le bord d'attaque est déformé, les volets sont tordus, les becs n'existent plus. A cet instant, le 747 peut être considéré comme une épave volante... Une épave qui est également une bombe de plus de 340 tonnes.

---

[10] Système qui permet l'atterrissage aux instruments.

[11] Il serait fastidieux pour le lecteur de reporter tous les points vérifiés.

***12 heures 34 : 44 (mécanicien au commandant de bord) :** Est-ce que tu veux qu'on vidange le carburant.*

Une fois de plus, la question du mécanicien est logique. L'avion est bourré de kérosène et il va devoir tenter d'atterrir à pleine charge. Or, dans ces conditions, il est très au-delà du poids maximum autorisé à l'atterrissage. Il faut se rappeler qu'un 747-121 peut emporter dans ses réservoirs près de 100 tonnes de kérosène. Il est impossible de se poser avec une telle masse supplémentaire. Il faut donc s'en débarrasser en utilisant le système "vide-vite".

Pour l'équipage du Jumbo, la charge de travail devient écrasante. Tout le monde parle en même temps, le commandant donne des instructions à toute vitesse, le mécanicien les répète. Quant au copilote, il appelle Anchorage à la radio car il vient d'apercevoir un autre avion de ligne tout proche.

***12 heures 34 : 46 (copilote à la radio) :** Stand Bye, stand Bye, nous avons un avion qui vient vers nous.*

***12 heures 34 : 47 (commandant au mécanicien) :** Oui, on vidange le fuel.*

***12 heures 34 : 49 (contrôle radar d'Anchorage) :** Oui monsieur, il y a un trafic à vos dix heures... Deux nautiques. Il passe 3 800 pieds en montée rapide.*

Dévié par le contrôleur, l'intrus ne pose pas de problèmes pour le 747 en détresse mais il accapare tout de même l'attention de l'équipage qui est déjà surchargé de problèmes. D'autant que la turbulence est toujours aussi violente et qu'elle ne facilite pas la concentration dans le poste. Huit secondes plus tard, Anchorage rappelle pour rassurer les pilotes.

12 heures 34 : 57 (contrôle radar d'Anchorage) : *Japan Air 46 Echo, le trafic libère 5 500 pieds.*

Il n'y a donc plus de risques de collision puisque le 747 se trouve lui-même à 3 000 pieds.

12 heures 35 : 14 (Contrôle radar d'Anchorage) : *Jumbo Japan Air 46 Echo. Descendez à 1 600 pieds et maintenez. Est-ce que vous pouvez utiliser la piste 14, elle est plus proche de votre position ?*

La charge de travail est telle que le copilote ne peut répondre immédiatement à la question du contrôle. Le poste de pilotage bourdonne toujours comme une salle de bourse en folie... Il faut isoler les circuits de carburants du moteur arraché, sortir 5 degrés de volets, vérifier le fonctionnement des becs, et surtout commencer la vidange de plusieurs dizaines de tonnes dans l'atmosphère. C'est ce dernier point qui préoccupe surtout le commandant.

Au milieu de tous les ordres qu'il donne, il demande :

12 heures 35 : 19 (commandant) : *Est-ce que tu vidanges le kérosène ?*

12 heures 35 : 32 (mécanicien) : *OK, le fuel s'en va...*

Comme l'avion n'a toujours pas répondu à sa question concernant la piste 14, Anchorage rappelle.

12 heures 36 : 05 (radar d'Anchorage) : *Japan Air 46 Echo, quelles sont vos intentions ?*

12 heures 36 : 10 (copilote) : *Nous... nous allons maintenir ce cap jusqu'à... Ah, nous avons un problème avec nos gouvernes et aussi heu... la vitesse... attendez un peu.*

12 heures 36 : 10 (mécanicien parlant en même temps) : *On en a pour 30 minutes à vidanger.*

Comme le mécanicien vient de l'indiquer, la vidange du carburant n'est malheureusement pas instantanée. Il faut compter au minimum une demi-heure pour lâcher le surplus de carburant dans l'atmosphère. Chacun se demande si l'avion blessé tiendra tout ce temps, surtout que la turbulence ne faiblit pas. Pour aider l'équipage, le contrôleur radar d'Anchorage a alors une réaction parfaite.

12 heures 36 : 09 (radar d'Anchorage) : *Roger, prenez n'importe quelle piste, Japan Air 46 Echo. Celle qui vous convient...*

Quelques mois plus tôt, lors du crash d'Amsterdam, le contrôleur hollandais n'avait pas eu la même intelligence. Il avait voulu absolument imposer une piste à l'avion en détresse. Cela avait donné le résultat que l'on connaît.

Les secondes passent... En dessous, c'est la mer... L'avion s'éloigne lentement au cap 240 au-dessus du Golfe de Cook. Il lâche derrière lui un nuage de carburant. Le réacteur numéro 1 est toujours maintenu à sa puissance maximum pour compenser la disparition du numéro 2 et la déformation de l'aile gauche. Pendant ce temps, l'équipage travaille sans relâche pour vérifier chaque détail avant de tenter un atterrissage qui va s'avérer terriblement difficile.

Une minute trente secondes plus tard, le contrôleur radar rappelle. Visiblement, les gens au sol commencent à s'inquiéter.

12 heures 37 : 24 (radar d'Anchorage) : *Japan Air 46 Echo, est-ce que vous arrivez à maintenir votre altitude ?*

12 heures 37 : 29 (copilote) : *Affirmatif. Et, heu... en ce moment, heu... nous maintenons 1 300 pieds.*

12 heures 37 : 36 (radar) : *Japan Air 46 Echo, Roger.*

12 heures 37 : 43 (copilote) : *46 Echo, nous sommes en train de vidanger du carburant.*

12 heures 37 : 43 (radar) : *Roger.*

Pour donner un coup de main aux pilotes, le contrôleur radar contacte alors deux chasseurs F 15 de l'US Air Force. Il va leur demander de s'approcher du Boeing et d'évaluer visuellement les dégâts qu'il a subis. L'indicatif radio des deux chasseurs est LION 01.

12 heures 38 : 03 (radar parlant aux chasseurs) : *LION 01, le Boeing a des difficultés de commandes. Pouvez-vous dire ce qu'il a perdu ?*

Dans le poste de pilotage du 747, ca va très mal... L'avion est de plus en plus difficile à contrôler. Le commandant doit maintenir le pied droit à fond sur le palonnier pour empêcher sa machine de partir à gauche. Le mécanicien fouille dans ses tables de paramètres. Il lui faut trouver rapidement une bonne vitesse d'approche. Tout le monde transpire. Le "vide-vite" du carburant est en action mais les jauges baissent trop lentement aux yeux de tout le monde.

Et puis soudain, les choses se précipitent. Le commandant de bord lance un cri d'alarme.

12 heures 39 : 01 (commandant) : *On va perdre le numéro 1... le numéro 1 pour les températures.*

Cela fait en effet, exactement 5 minutes et 3 secondes que le réacteur droit est poussé à plein régime pour compenser la disparition du numéro 2. A force de travailler pour deux, le moteur commence à chauffer fortement.

Au même instant, le klaxon d'alarme de surchauffe se met à hurler.

12 heures 39 : 08 (mécanicien) : *Attention... EGT[12] élevé sur le numéro 1.*

***12 heures 39 : 10 (commandant)** : Je le sais...*

***12 heures 39 : 12 (radar)** : Japan Air 46 Echo, j'ai deux chasseurs F 15 sur votre droite à trois nautiques. Ils ont le visuel sur vous... Ils disent que si vous voulez, ils peuvent s'approcher pour inspecter les dégâts.*

Les deux avions de chasse ne peuvent évidement pas venir en patrouille serrée sans avoir l'autorisation du commandant de bord. Surtout que l'appareil est dans une situation particulièrement délicate.

Le pilote réfléchit une dizaine de secondes pour peser le pour et le contre d'une telle intervention. Les navigants civils n'aiment pas beaucoup voir des chasseurs s'approcher trop près, même si c'est pour la bonne cause.

Finalement, il se décide.

***12 heures 39 : 23 (commandant pour le copilote)** : D'accord, allez-y.*

***12 heures 39 : 25 (copilote à la radio)** : OK, allez-y.*

***12 heures 39 : 27 (radar aux chasseurs)** : Lion 01, ils ont dit que vous pouvez vous approcher pour jeter un coup d'œil aux dégâts...*

Aussitôt, les deux puissants F 15 mettent le gaz pour venir se placer à quelques mètres du 747. Le

[12] Exhaust Gas Température : Température des gaz d'échappement.

meilleur moyen pour examiner l'avarie est de jeter un coup d'œil du côté gauche puis de passer juste en dessous le Jumbo Jet.

Dans le poste de pilotage, on prépare activement la tentative d'atterrissage. Bien évidemment, c'est le moment crucial qui inquiète les trois hommes... Ils savent qu'à Amsterdam, le pilote a perdu le contrôle de sa machine alors même qu'il était en finale pour atterrir.

12 heures 39 : 40 (copilote au commandant) : *Quelle piste tu veux que je demande ?*

12 heures 39 : 41 (commandant) : *On va tenter la 06 droite.*

12 heures 39 : 44 (copilote à la tour) : *OK, nous voudrions la piste 06 droite, Japan Air 46 Echo.*

Sans attendre la réponse du contrôle (qu'il sait acquise d'avance), le pilote vire à gauche pour se placer en rapprochement de la piste qu'il a choisie. Le problème, c'est que le réacteur numéro 1 chauffe de plus en plus. Il perd de la puissance... Cette baisse de rendement a évidemment des conséquences immédiates sur les performances du Jumbo Jet.

12 heures 39 : 46 (commandant) : *Pourquoi est-ce que je suis en train de perdre de la vitesse ?*

Perte de vitesse soudaine signifie perte d'altitude. Malgré les efforts du commandant, le 747 se rapproche insensiblement du sol. Il n'est plus qu'à 1000 pieds... Dans la salle de contrôle d'Anchorage, on suit avec angoisse la trajectoire de l'avion. L'écho sur l'écran radar confirme les paroles du copilote. Il est encore loin de l'aéroport mais il va prendre la 06...

D'une voix encourageante, le contrôleur annonce au commandant de bord qu'il a toujours le contact radar avec lui. En même temps, cela lui permet de prévenir les deux chasseurs qui arrivent à proximité du 747.

12 heures 39 : 47 (radar) : *Japan Air 46 Echo, je vois que vous êtes en train de virer pour la piste 06 droite.*

Le copilote sent bien que l'avion est de plus en plus difficile à maîtriser pour son commandant. Avec le réacteur manquant et l'autre qui faiblit, la dissymétrie du vol augmente. Le 747 vole en crabe... Il faut appliquer le palonnier à fond à droite. Le copilote propose d'augmenter la compensation aérodynamique.

Le ton est celui d'un copain qui veut en aider un autre dans la souffrance.

12 heures 40 : 02 (copilote) : *Tu veux que je te mette un peu de compensateur de direction ? Heu... compensateur de direction ?*

12 heures 40 : 08 (commandant) : *C'est pas la peine, ça ne m'aidera pas...*

Réaction inattendue mais visiblement, le pilote préfère sentir lui-même les moindres réactions de sa machine.

L'avion est toujours au-dessus du Golfe de Cook. Au loin sur la côte, près de Spenard, on commence à apercevoir la piste 06. Pour le moment, ce n'est qu'une petite bande de ciment toute droite dans le lointain. Mais c'est le salut qui est là-bas... A la vitesse où l'avion vole, il va lui falloir 4 minutes pour l'atteindre. Chacun sent que ça va être les minutes les plus longues de sa vie. L'image d'un Jumbo Jet explosant sur Amsterdam revient en permanence dans les esprits des trois hommes.

A mesure que l'avion approche de la côte, l'ambiance se tend encore dans le poste. L'énervement gagne. On le perçoit aisément dans les paroles du mécanicien qui est en train d'essayer de calculer une vitesse d'approche correcte pour la finale. L'homme se perd dans sa documentation.

12 heures 40 : 20 (mécanicien) : *Fuck... Ces chiffres sont faux... 145... 151. Je ne sais plus où j'ai mis cette saloperie de papier. Je l'avais au départ...*

La côte est toute proche à présent. Dans une trentaine de secondes, le 747 survolera la terre ferme. Comme pour s'encourager le commandant murmure :

12 heures 40 : 40 (commandant) : *Je veux juste sortir de cette flotte là-dessous, les gars.*

12 heures 40 : 58 (copilote) : *Tu veux les volets.*

***12 heures 40 : 59 (commandant un peu sèchement) :** Non.*

Un très bon point pour le pilote qui se rappelle parfaitement que le 747 d'Amsterdam a perdu le contrôle juste après avoir tenté de sortir les pleins volets. Il y a déjà suffisamment de traînée avec le bord d'attaque détruit pour ne pas en rajouter davantage. D'autant que, d'après les jauges, le carburant se vidange encore moins vite qu'il ne le croyait. Le poids va être un gros problème pour l'atterrissage.

***12 heures 41 : 14 (commandant) :** Combien pèse l'avion maintenant ?*

***12 heures 41 : 15 (mécanicien) :** Juste maintenant, l'avion pèse 700[13] et ta vitesse avec les volets 30 est de 163 nœuds.*

Le poids annoncé semble si élevé que le commandant de bord croit avoir mal entendu.

***12 heures 41 : 43 (commandant) :** Combien est-ce que l'avion pèse ?*

***12 heures 41 : 46 (mécanicien) :** Juste maintenant... ça fait 687. On est encore en train de vidanger.*

***12 heures 41 : 52 (commandant d'une voix désolée) :** On va se poser lourd.*

---

[13] 700 000 livres : un peu plus de 300 tonnes.

La piste approche. Encore deux minutes et trente secondes pour y être... Tout à coup, le copilote tourne la tête. Son attention est attirée par quelque chose sur sa droite.

12 heures 42 : 01 (copilote) : *Nous avons un chasseur juste à côté.*

L'équipage du 747 n'a pas de contact radio direct avec les deux F 15 qui l'escortent à présent. Le Jumbo Jet émet en ondes VHF alors que les avions militaires utilisent l'UHF. C'est donc le contrôle aérien qui sert de relais pour annoncer les informations que transmettent les deux pilotes de chasse.

12 heures 42 : 17 (radar d'Anchorage) : *Japan Air 46 Echo, vous avez perdu, heu approximativement 50 % des becs du bord d'attaque sur l'aile gauche et vous avez des dégâts de structure au bord de fuite et sur les volets.*

12 heures 42 : 27 (commandant voix sombre) : *D'accord .*

12 heures 42 : 30 (copilote au commandant) : *Tu veux atterrir sur cette piste ?*

Le copilote a le doigt pointé vers la bande de ciment qui approche. L'homme semble très inquiet. L'avion est encore terriblement lourd. Le mécanicien vient d'annoncer qu'ils étaient encore à 665 000 livres, ce qui est toujours en dehors des normes prévues par le constructeur. Le train d'atterrissage risque de s'affaisser. Avec autant de carburant dans les réservoirs, cela va se traduire par une gigantesque explosion. Dans ce cas, ils n'ont aucune chance de s'en sortir vivants...

12 heures 42 : 32 (commandant) : *Je veux atterrir sur cette piste. Maintenant...*

Comme s'il avait deviné la volonté du commandant, le contrôle appelle.

12 heures 42 : 39 (radar d'Anchorage) : *Japan Air 46 Echo, vous êtes autorisé à atterrir piste 06 droite.*

12 heures 42 : 40 (copilote) : *On va atterrir.*

12 heures 42 : 44 (commandant) : *Arrête de vidanger...*

Immédiatement, le mécanicien referme les électrovannes qui lâchent le kérosène derrière l'avion. A cet instant, le 747 pèse encore 655 000 livres soit exactement 297 tonnes. C'est trop...

12 heures 42 : 47 (radar d'Anchorage) : *Autorisé à l'atterrissage Japan Air 46 Echo et je vous signale un cisaillement de vent de 20 nœuds à 1 200 pieds sur la finale de la piste.*

Au même instant, comme pour donner raison au contrôleur, une violente rafale de turbulence secoue l'avion. C'est très fort... On dirait que les éléments s'acharnent à briser définitivement cet avion qui tente de leur échapper.

Le pilote réduit la vitesse à 168 nœuds, il fait sortir le train d'atterrissage et se laisse descendre sur son plan d'approche. Comme il n'a pas répondu à l'avertissement, de cisaillement, le contrôle le rappelle :

12 heures 43 : 04 (radar d'Anchorage) : *46 Echo, vous avez l'information sur le cisaillement de vent, monsieur ?*

12 heures 43 : 06 (copilote) : *Roger, nous avons noté. Nous arrivons pour la piste 06 droite.*

Cette fois, c'est l'instant de vérité. L'équipage procède aux ultimes vérifications avant l'atterrissage. Le temps presse et le mécanicien débite la check-list à toute vitesse...

12 heures 43 : 21 (mécanicien) : *OK on est en retour rapide, ASI, EPR bugs, radio altimètres, altimètres réglés, les radio-nav réglés et identifiés, CDI et INS... OK. Vous les gars : les harnais serrés bloqués ?*[14]

Dans la tour, les contrôleur au sol ont tous les yeux rivés à leurs jumelles. Vers le sud-ouest, le 747 se fait de plus en plus gros. Ce n'est d'abord qu'un minuscule point noir qui pourrait être n'im-

[14] Pour mettre le lecteur dans l'atmosphère réelle du poste de pilotage cette dernière check-list a été laissée telle quelle.

porte quel avion. Puis on devine que c'est un "heavy" qui s'approche. Enfin, même les néophytes peuvent remarquer qu'il lui manque un réacteur sous l'aile gauche et qu'il y a des bouts de ferrailles qui pendent de partout.

12 heures 43 : 31 (contrôleur d'Anchorage) : *Japan Air 46 Echo, le train d'atterrissage semble sorti correctement.*

12 heures 43 : 38 (copilote) : *Merci.*

C'est déjà un souci de moins de penser qu'il n'y aura pas de problème de ce côté-là.

La piste approche.

L'altitude diminue. Le copilote annonce les chiffres qui défilent sur l'altimètre.

600 pieds...

400 pieds...

L'aiguille du radioaltimètre frôle à présent 200 pieds. Le sol est tout proche... C'est l'instant que le commandant de bord choisit pour demander la sortie des volets à 25 degrés.

La voix de synthèse de l'ordinateur prend alors le relais pour annoncer l'altitude qui diminue rapidement.

12 heures 44 : 10 (voix de synthèse) : *100 pieds... 50... 30... 20... 10...*

L'avion est sur le point de toucher le sol... Il touche en douceur. Nuage de fumée bleue lorsque les 16 énormes pneus du train d'atterrissage principal retrouvent enfin le plancher des vaches. Le diabolo du train avant descend et touche à son tour la piste.

Dans le poste les voix changent soudain de tonalité. Le soulagement est perceptible.

12 heures 44 : 15 (commandant) : *On le tient les mecs... Les aérofreins sortis. Les reverse sur le Un, Deux, trois... Plutôt : Un, Trois, Quatre (dans sa joie d'être au sol, le commandant a failli oublier qu'il avait perdu le réacteur numéro 2).*

Au même moment, les deux anges gardiens qui suivaient le Jumbo Jet remettent les gaz à fond et le dépassent dans un bruit de tonnerre. Sur la fréquence UHF, ils annoncent à la tour que celui-ci est au sol...

12 heures 44 : 25 (contrôle d'Anchorage aux deux chasseurs) : *Lion 01, bien compris et merci pour le coup de main.*

L'avion roule maintenant sur la piste. Il commence à ralentir. Dans le poste tout le monde a compris que le cauchemar était terminé.

12 heures 44 : 32 (copilote d'une voix soulagée) : *Fuck me!*

12 heures 44 : 33 (mécanicien encore plus soulagé) : *no shit!*

12 heures 44 : 34 (commandant) : *Merci les gars...*

La vitesse tombe à 160 kilomètres à l'heure, puis 100 et enfin le Jumbo roule au ralenti. Les freins sont portés au rouge mais ça n'a plus d'importance.

12 heures 44 : 41 (commandant) : *Dis à la tour de remercier les chasseurs pour leur aide.*

12 heures 45 : 04 (copilote à la radio) : *Au fait merci beaucoup la tour. C'est Evergreen, heu Japan Air 46 Echo. Et remerciez les chasseurs de notre part.*
(Dans l'euphorie qui règne à présent dans le poste, le copilote en a confondu son propre indicatif de vol).

La tour contacte les deux F 15 qui refont un passage au-dessus de la piste puis rentrent plein pot vers leur base.

12 heures 45 : 12 (contrôleur) : *C'est transmis. Ils vous disent que vous avez fait un sacré bon boulot...*

Il y a quelques éclats de rire nerveux dans le poste de pilotage. Chacun est bien conscient que la mort est passée tout près. C'est un véritable miracle si l'avion a pu atterrir sans encombre.
A basse vitesse, le 747 dégage la piste 06 et s'engage sur le taxiway.

12 heures 45 : 12 (tour d'Anchorage) : *Japan Air 46 Echo, contactez la fréquence sol sur 121.90*

12 heures 45 : 30 (mécanicien aux deux pilotes) : *Merci les mecs. Je ne sais pas combien de bières, je* *vous dois depuis longtemps, mais cette fois, je vais tout vous payer d'un coup... OK.*

La check-list après l'atterrissage se poursuit. L'équipage tente d'évaluer calmement les dégâts subis par la machine. Les trois hommes n'imaginent pas vraiment à quel point l'aile gauche du 747 est détruite. Le plus étonnant est que l'avion va rentrer au parking par ses propres moyens. Presque comme un vol normal.

12 heures 45 : 49 (copilote) : *Anchorage-sol, ici Japan Air 46 Echo, on vient de libérer la piste.*

12 heures 45 : 50 (Sol) : *Japan Air 46 Echo, roulez vers le parking. Quelle porte vous voulez ?*

Évidemment après ce que vient de subir le Jumbo Jet, on lui laisse même le choix de son stationnement. C'est plutôt rare. Puis comme il passe à proximité de la tour et qu'il sait que tout le monde a les yeux fixés sur lui, le copilote explique brièvement ce qui est arrivé à l'avion.

12 heures 45 : 51 (copilote) : *On voudrait aller en Roméo 10... On s'est pris de la très, très grosse turbulence au moment du virage à gauche après le décollage.*

12 heures 46 : 01 (sol) : Reçu, roulez pour le parking Roméo 10.

Il se passe encore une petite minute pendant

laquelle le mécanicien égraine sa longue check-list. Puis soudain l'homme s'arrête de parler au milieu des vérifications. Comme ses collègues se retournent vers lui pour essayer de comprendre ce qui se passe, il murmure d'une voix blanche :

12 heures 46 : 54 (mécanicien) : *OK, je dois l'admettre maintenant... j'ai eu peur.*

12 heures 46 : 57 (commandant) : *On a tous eu très peur...*

Un peu gêné par cet accès de franchise, le mécanicien est sur le point de reprendre sa check-list.

12 heures 46 : 58 (mécanicien) : *Check-list après atterrissage.*

Mais le commandant l'interrompt aussitôt.

12 heures 47 : 02 (commandant) : *C'était un atterrissage fantastique, les gars...*

D'une manière générale, on peut dire que tous les acteurs de cet accident ont été extraordinaires.

L'équipage a parfaitement réagi. Bonne analyse de la situation, excellentes réactions, pas d'erreur. Même si les trois hommes ont reconnu avoir eu très peur (on peut aisément le comprendre), ils ont été brillants...

Bien joué *Evergreen*...

Les deux occupants assis derrière l'équipage ont

également bien réagi. Leur participation a été très modeste : en fait, ils étaient tellement terrorisés qu'ils n'ont pas prononcé une seule parole pendant les 14 minutes qu'a duré ce vol mémorable. Grâce à ce silence spontané, ils n'ont pas gêné les pilotes. C'est une excellente participation "passive".

Quant au contrôle aérien, contrairement à ce qui s'est passé à Amsterdam quelques mois plus tôt, il a très bien géré la crise : piste au choix, pas de changement de fréquences inutiles, pas de bavardages stériles comme dans le crash d'Hawaii.

C'est aussi grâce aux hommes au sol à Anchorage que cet incident ne s'est pas terminé en véritable catastrophe.

L'enquête a montré que, tout comme dans le cas du 747 d'Amsterdam, la perte du réacteur était due à une fatigue du point d'attache du moteur. C'est évidemment la violence de la turbulence qui en a précipité l'arrachement.

DEUX FOIS MIRACULÉ

Voici le récit des aventures tout à fait extraordinaires de Stéphane Viala, international de rugby, sept fois sélectionné en Équipe de France. Ce qui lui est arrivé est d'autant plus incroyable que depuis son plus jeune âge, Stéphane a toujours été terrorisé lorsqu'il devait prendre l'avion.

Août 1982.
Égypte.

Stéphane Viala est en vacances pour 15 jours au Caire...Son séjour comporte une excursion à Louxor dans la vallée des Rois. Naïvement, le rugbyman croit qu'il s'agit d'un voyage en autocar. Ce n'est qu'au dernier moment que l'agence de voyage lui apprend qu'il va devoir y aller en avion. A contrecoeur, il décide d'oublier ses craintes et de partir malgré tout... Il ne sait pas encore que ce voyage va lui réserver quelques "désagréments" qui le marqueront à jamais.

La première mauvaise surprise se produit au moment où il découvre l'appareil sur le parking de l'aéroport du Caire.

L'engin est garé un peu en retrait à côté de la tour de contrôle. C'est un bi-turbopropulseur d'origine soviétique, une étrange machine à ailes hautes pouvant emmener une cinquantaine de passagers.

De toute évidence, l'avion date des années 60 et semble pour le moins "fatigué". De longues traînées d'huile maculent les capots des moteurs avant de s'écouler en larges flaques sur le ciment du parking. Sur le fuselage, la peinture est écaillée de toutes parts et on a du mal à reconnaître les couleurs de la compagnie égyptienne. Quant aux pneus, ils sont incroyablement lisses. Par endroits on devine même la toile sous les pastilles d'usure.

A l'intérieur de la cabine, le tableau n'est guère plus brillant. Tout y est vétuste et délabré. Stéphane n'est certes pas un spécialiste aéronautique, il ne saurait même pas dire de quel modèle d'avion il s'agit, pourtant certains détails étranges attirent immédiatement son attention. Ainsi les ceintures de sécurité ne sont pas les mêmes suivant les places. Elles sont de couleur et de type différents... Pire : le long des rangées, les sièges des passagers sont également très "hétéroclites". Ainsi Stéphane s'assoit sur un étrange fauteuil métallique qui semble provenir d'un autre type d'appareil. C'est la première fois que le rugbyman voit ce genre de bricolage sur un avion de ligne. En outre, il dispose de harnais d'épaules avec un total de cinq sangles se rejoignant sur une grosse boucle centrale comme celles utilisées par les pilotes de course... Par contre, la dame âgée qui est assise à côté de lui dispose d'un fauteuil recouvert de tissu et équipé d'une ceinture normale.

En remarquant tous ces détails folkloriques, les touristes plaisantent à haute voix sur le voyage qui se prépare. On fait semblant de prier... Tout cela a un léger parfum d'aventure. On se prend pour *Indiana Jones* à la recherche de l'Arche perdue. Pourtant, en réalité, le cœur n'y est pas et les rires sont un peu grimaçants. Personne ne l'avoue mais on aimerait bien avoir choisi une autre compagnie.

Il est trop tard pour changer d'avis...

Ils ne sont que 26 à bord... L'équipage est réduit au minimum... Pas d'hôtesse ni de steward.... En fait, pour être plus exact, on pourrait dire qu'il y a 26 touristes mais qu'ils ne sont pas les seuls passagers. Au fond de la cabine, se trouvent des cages en bois dans lesquelles on a enfermé toutes sortes de volatiles. Il y a des oies, des canards et surtout un grand nombre de poules qui caquettent bruyamment chaque fois que quelqu'un passe à proximité.

Ambiance... Ambiance. On est loin de l'atmosphère feutrée des avions d'une grande compagnie aérienne!

Stéphane a choisi une place complètement à l'arrière, au dernier rang sur la droite. Évidemment, il est à quelques centimètres des poules... L'odeur n'est pas des plus agréables mais, par principe, il se met toujours près de la queue lorsqu'il est obligé de voyager en avion. On lui a toujours dit qu'en cas de crash, c'était à cet endroit qu'il aurait le plus de chance de s'en sortir...

Aujourd'hui, malgré l'inconfort de la situation, Stéphane a décidé de s'en tenir à ses principes : à l'arrière toute. Ca ne l'empêche pas d'être littéralement terrorisé... Déjà qu'en temps normal, il tremble à la simple idée de pénétrer dans une agence de voyage, alors s'envoler dans ce cercueil volant, c'est de la folie pure... Si les portes n'avaient pas été fermées rapidement après qu'il ait embarqué, Stéphane se serait enfui à toutes jambes.

Pour se rassurer, il se répète dans sa tête qu'il n'y a guère plus de 500 kilomètres entre Le Caire et Louxor. Même avec cette vieille carcasse, cela ne doit pas faire plus d'une heure de vol, ça sera vite passé...

Méthode Coué : Tout va bien... Tout va bien... Tout va bien...

Absolument inefficace...

A 14 heures 30 l'avion décolle et met le cap vers le Sud. Ca vibre de partout et comme si cela ne suffisait pas, il y a un peu de turbulence provoquée par la chaleur qui s'élève du désert.

Premier incident mineur : au moment de la mise en montée, une cage à poules se renverse juste derrière Stéphane, déclenchant un violent concert de protestations de la part des locataires des lieux. Une nouvelle fois, les touristes grimacent un sourire triste devant l'aspect folklorique du vol. Que faire d'autre? Écrire une lettre de réclamation à la compagnie? Si le service commercial est à l'image de l'avion, ça ne servira pas à grand chose...

Mieux vaut serrer les fesses en attendant que le temps passe.

14 heures 35.

Étrangement, à mesure que l'avion prend de l'altitude, Stéphane commence à se détendre insensiblement. Il en est le premier surpris. Il faut dire que le paysage sous les ailes est d'une beauté tout à fait exceptionnelle. Dommage que le jeune homme ne se soit pas assis du coté gauche pour voir le golfe de Suez mais il ne lui est plus possible de changer de place. L'idée même de se lever pour traverser l'allée centrale lui soulève le cœur. Pour se consoler, il observe la vallée du Nil qui défile sur le côté droit de l'avion.

C'est superbe...

Stéphane a pris une carte Michelin. Cela lui permet de suivre la route vue du ciel. Un doigt sur les méandres du fleuve sacré, il suit la navigation du pilote... Et cela lui fait penser à autre chose qu'à son angoisse congénitale... Chaque courbe du fleuve est parfaitement reconnaissable sur la carte... on passe par le travers d'*Al Mansourah* au sud du lac *Karoum*, puis ce sont les villes de *Beni Souef* un peu avant *Minieh* près de laquelle il devine des felouques paressant au fil de l'eau.

Enfin l'avion s'écarte de la vallée du Nil. Les villes se font plus rares et les couleurs ocres du désert Arabique deviennent sublimes.

C'est au moment où l'appareil arrive sensiblement au tiers de la route qu'il y a soudain un bruit sourd sur le flanc gauche. Il se passe quelque chose! Une légère secousse latérale... Des cris d'angoisse montent de l'avant de la cabine.

Aussitôt, Stéphane relève la tête de sa carte. Son

rythme cardiaque s'accélère et une décharge d'adrénaline le fait trembler...

Puis tout à coup, une énorme explosion retentit...

Sans même s'en rendre compte, la dame âgée donne un coup de coude dans les côtes du rugbyman.

- Mon Dieu... Vous avez vu le moteur ?

Stéphane ne parvient pas à répondre tant il a de difficultés à avaler sa salive. Il a parfaitement vu ce qui se passait... Ses craintes étaient fondées : le turbopropulseur gauche est carrément en feu...

De longues flammes courent le long du capot jusqu'à la tuyère d'échappement de la turbine. Des flammes très claires, presque blanches, comme attisées par un énorme soufflet de forgeron. Malgré la terreur qui monte en lui, Stéphane comprend que la violence de l'air va provoquer un incendie qui se propagera à tout l'appareil.

A cet instant, il est persuadé qu'il va mourir... Il n'est pas le seul à penser cela. En une fraction de seconde, la panique envahit la cabine. Les touristes se mettent à pousser des hurlements en direction du poste de pilotage. On appelle au secours...

Au premier rang, un Français se lève comme un diable et ouvre carrément la porte qui donne sur l'équipage.

Il crie de toutes ses forces.

- Bon sang, vous ne voyez rien, il y a le feu à gauche !

Le commandant de bord fait un vague signe de la main pour dire qu'il est au courant mais il ne répond pas.

Brusquement, les flammes disparaissent. Elles

laissent la place à un long panache de fumée noire qui doit s'étirer loin derrière l'appareil. Quelques secondes plus tard, l'hélice s'arrête de tourner... Le pilote vient d'actionner l'extincteur du turbopropulseur et il a coupé l'arrivée de carburant.

L'hélice a été mise en drapeau[1].

- Qu'est-ce qui va nous arriver, demande la voisine de Stéphane d'une petite voix apeurée.

Le jeune homme voudrait bien rassurer la vieille dame mais il n'y arrive pas. Il transpire à grosses gouttes.

- On va tous y rester, murmure-t-il sans se rendre compte à quel point ses paroles sont effrayantes.

Puis tout à coup, on sent que l'avion se met en descente et la voix du commandant de bord résonne dans les haut-parleurs. Il parle en anglais mais tout le monde comprend ce qu'il dit.

- Mesdames, messieurs, nous avons un très grave problème. Nous allons être obligés de nous poser plus rapidement que prévu.

Il y a un temps d'arrêt comme si le pilote hésitait à dire toute la vérité puis il ajoute d'une voix sombre.

- Nous allons atterrir dans le désert...

L'information est accueillie par les passagers dans un silence de mort. Chacun s'imagine déjà rampant sous le soleil brûlant pour trouver de l'eau. *Indiana Jones*, c'est bien quand c'est Harrisson Ford qui tient le rôle...

---

[1] Le pilote a mis les pales dans le lit du vent, ce qui empêche l'hélice de tourner "en moulinet" et réduit considérablement la traînée parasite.

Le commandant reprend d'une voix calme.

- Ne vous inquiétez pas... Tout va très bien se passer. Nous sommes parfaitement entraînés pour effectuer ce genre d'atterrissage.

La voix du pilote a beau être chaude et rassurante, cela n'empêche pas les cris d'affolement dans la cabine. Les gens vérifient leur ceinture. On s'accroche aux accoudoirs. Les regards se cherchent. On voudrait bien lire une petite lueur d'encouragement dans les yeux du voisin. On espère y trouver l'assurance d'un connaisseur qui va vous expliquer qu'il ne se passe rien de grave : tous les jours, des centaines d'avions en feu sont obligés de se poser dans les sables du désert et il n'y a jamais un seul mort...

Soudain, Stéphane n'y tient plus. Il fonce vers les toilettes situées derrière les cages à poules. Avec des spasmes douloureux, il y vomit tout ce qu'il a dans l'estomac.

Pendant ce temps-là, l'avion poursuit sa descente vers le désert. Contrairement à ce que l'on pourrait croire, ce n'est pas un piqué brutal, c'est seulement une descente lente et progressive.

D'ailleurs, lorsque Stéphane revient à sa place quelques minutes plus tard, l'appareil est encore très haut dans le ciel. Apparemment, le second moteur fonctionne normalement, mais il n'est pas assez puissant pour maintenir l'avion en vol jusqu'à Louxor.

Quant au moteur mort, il lâche toujours une épaisse fumée noire...

Il faut environ un quart d'heure pour que l'appareil soit enfin tout près du sol. C'est très long. Un quart d'heure de supplice épouvantable pour les malheureux passagers qui attendent avec angoisse que leur destin s'accomplisse.

Vers 15 heures 55, le pilote sort le train d'atterrissage. Il braque les pleins volets... Les dunes de sable deviennent de plus en plus grosses. On voit maintenant les volutes de sable soulevées par le vent brûlant du désert...

Stéphane est littéralement cloué de terreur sur son siège. Il a serré les ceintures de toutes ses forces sur ses épaules, jusqu'à ce que les sangles lui rentrent douloureusement dans les clavicules. Malgré les spasmes qui lui nouent le ventre, il jette de rapides coups d'œil par le hublot. Autour de l'avion, il n'y a plus aucun village. Cette fois, ils sont vraiment perdus au bout du monde...

Puis tout à coup, il y a un premier choc très bref. Comme un coup de gong sonore... L'avion a touché le sol puis il a rebondi pendant une fraction de seconde. Quand il retouche, c'est la fin du monde. Le train d'atterrissage est immédiatement arraché. Le craquement est terrible... Les pneus éclatent.

A travers son hublot, Stéphane aperçoit des bandes de gomme projetées vers l'arrière... Une immense gerbe de sable jaillit sur le côté de l'appareil. Le fuselage agit comme une coque sur une mer de sable... La décélération est d'une violence impressionnante. Une force incroyable pousse les passagers vers l'avant. Les touristes hurlent comme des possédés. Chacun s'agrippe comme il peut au dossier qui le précède.

Brusquement, la queue se soulève. L'avion pique

du nez et s'enfonce dans le sable d'une dune. La roulette est pulvérisée dans l'impact... Elle s'écrase en bouillie sous le poste de pilotage.

Stéphane ferme les yeux.

Malgré sa terreur, il comprend ce qui arrive comme s'il assistait à un film au ralenti. L'appareil vient de percuter une énorme dune. Il est sur le point de basculer par-dessus son nez... Il va se retrouver sur le dos. Si cela arrive, les passagers vont être écrasés comme des mouches. Les tonnes de ferrailles restent une seconde en équilibre instable. L'avion a la queue en l'air puis, finalement, la carcasse retombe lourdement sur le ventre.

L'impact est terrible et tout s'arrête d'un coup. Il y a aussitôt un plouf sourd au moment où le carburant s'enflamme au niveau de l'aile droite.

Personne n'a le temps de réfléchir : le pilote égyptien jaillit du poste de pilotage. Il a du sang sur le front et sur la manche de sa chemise blanche.

- Tout le monde dehors, *quick* !

Tout en incitant les gens à bouger, le pilote déverrouille la porte avant. Par chance, celle-ci se débloque sans difficulté. Elle n'a pas été coincée dans le choc. C'est un miracle car le fuselage est tordu sur toute sa longueur et les sièges ne sont plus alignés les uns par rapport aux autres.

- Dehors, répète le commandant à l'intention de certains touristes qui restent paralysés de peur sur leur siège.

Stéphane ouvre la boucle de son harnais. Immédiatement, il se tourne vers sa voisine pour l'aider à se lever.

- Vite, hurle-t-il, ça va brûler. Il faut sortir.

La vieille dame ne répond pas...

Stéphane pose une main sur son épaule et il comprend immédiatement. La secousse a été si violente que la femme a eu le cou brisé dans l'impact... Sa tête dodeline sans résistance. Elle est morte.

Elle n'est pas la seule. Le long de l'allée, de nombreux passagers sont couchés sur le côté comme des pantins brisés. Pour l'un d'entre eux, la ceinture a cédé et l'homme a été projeté comme un boulet vers l'avant. Le long du fuselage tordu, il y a des morts et des blessés graves...

A toute vitesse, on évacue ceux qui ne peuvent pas se déplacer. Il faut faire très vite, les flammes gagnent l'emplanture de l'aile et surgissent de l'arrière de l'avion. Elles atteignent les poules qui battent des ailes désespérément pour passer à travers les barreaux de leur cage. Les volatiles sont abandonnés à leur sort.

Puis l'incendie gagne rapidement le milieu de la cabine, obligeant les passagers à reculer et à abandonner les morts dans les flammes.

Cinq minutes plus tard, Stéphane est à l'extérieur. Il est choqué mais sain et sauf. Rétrospectivement, il pense que cette ceinture à cinq sangles lui a sauvé la vie. S'il ne l'avait pas eue, il aurait certainement été victime du coup du lapin comme sa malheureuse voisine.

Machinalement, il jette un regard à sa montre. Il est exactement 16 heures... En quelques minutes, l'épave de l'avion devient un foyer intense et les rescapés doivent reculer à plusieurs centaines de mètres pour ne pas être touchés par l'explosion qui risque de survenir...

Les survivants se comptent à plusieurs reprises. C'est terrible... Sept d'entre eux sont restés au cœur du brasier. On ne peut plus rien pour eux. A présent, la seule chose à faire, c'est d'attendre les secours. Et les rescapés prient pour qu'ils arrivent rapidement car tout autour de l'épave, c'est le désert à perte de vue. Pas de trace de vie. Ni route, ni piste. La chaleur est écrasante. Comme on est en plein mois d'août, il fait plus de 40 degrés et il n'y a pas le moindre endroit où se mettre à l'ombre.

A mesure que le temps passe, l'angoisse assaille de nouveau les passagers. Et si personne ne se souciait de cet avion perdu dans les sables ? S'ils allaient tous mourir de soif au milieu des scorpions ?

Les secours n'arriveront que 4 heures plus tard sous la forme de deux hélicoptères militaires. Des gros porteurs Chinook..

Choqués, les malheureux seront ramenés vers le Caire d'où la plupart repartiront vers l'Europe, dès le lendemain.

Pour Stéphane, ce sera un nouveau voyage de terreur au cours duquel il passera son temps à écouter le bruit des réacteurs et à s'attendre au pire.

Lorsqu'il pose enfin le pied sur le sol de France, le jeune homme jure qu'il ne prendra plus jamais l'avion de toute sa vie. Il partira en vacances en bateau, en voiture, ou même à pied mais plus jamais d'avion. De toutes manières quand on habite Castres, dans une des plus belles régions du monde, pourquoi chercher à voyager? Surtout s'il faut monter dans des machines diaboliques auxquelles on ne peut pas se fier...

En fait, Stéphane Viala a subi un véritable traumatisme dans cet accident. Pendant les semaines qui suivent, tout va mal dans sa tête... Il est assailli d'angoisses soudaines... Il ne dort plus la nuit et les rares moments où il s'assoupit, il fait des cauchemars épouvantables en revoyant la vieille dame morte à côté de lui.

Plus jamais d'avion...

Cette décision serait parfaite si Stéphane n'était pas un très bon joueur de rugby.

Au club de Castres, il est "troisième ligne centre". Et à mesure que le temps passe, il joue même de mieux en mieux. A tel point qu'un jour, le sélectionneur national décide de l'intégrer à l'Équipe de France qui participera au Tournoi des Cinq Nations.

L'heureux élu est fou de joie. C'est un rêve d'enfant qui devient enfin réalité... Pourtant son bonheur est en demi-teinte car appartenir à la meilleure équipe de rugby du monde, cela signifie... voyager souvent en avion. Pas question de se déplacer en bateau ou en voiture comme il se l'était promis. Il va falloir y retourner... Comme les responsables de l'équipe de France sont au courant de sa phobie, on lui fait rapidement comprendre que s'il refuse de prendre l'avion, il perd tout simplement sa place. Pas de sentiments...

Stéphane décide donc de faire ce qu'il faut pour guérir rapidement. Tout y passe. En plus de ses entraînements sportifs, il s'inscrit à des stages réservés aux passagers qui ont peur en avion... Il dévore tous les livres sur le sujet... Il fait du yoga... Il tente l'hypnose... Il adhère à une association regroupant les traumatisés de l'air...

Rien n'y fait...

L'idée de remonter dans un avion lui fait si peur qu'il se demande s'il ne fera pas une crise de nerfs au moment du décollage.

Vient ce jour mémorable (un jeudi quelque temps après sa sélection[2]) où Stéphane doit partir pour Dublin pour disputer un des tournois du grand Schlem contre l'Irlande.

Comme c'est l'usage, les 30 joueurs sélectionnés sont répartis en deux appareils appartenant chacun à deux compagnies différentes. En l'occurrence pour ce match France-Irlande, il y a le choix entre Air France et une célèbre compagnie aérienne britannique. Procédure classique lorsqu'il s'agit de transporter plusieurs personnalités importantes qu'elles soient politiques ou sportives. Ainsi les responsables de l'Équipe de France de rugby, prévoient que si un accident survenait, il resterait toujours assez de joueurs pour reconstituer une équipe cohérente à partir d'un seul avion[3].

C'est sur la compagnie anglaise que Stéphane embarque... Un superbe Boeing 737-200 frappé aux

---

[2] L'équipe de France de rugby part toujours le jeudi pour jouer le samedi.

[3] Les 30 joueurs (avec les remplaçants) sont systématiquement répartis en deux équipes de 15 comprenant la moitié de ceux qui jouent "devant" et la moitié de ceux qui jouent "derrière".

couleurs de l'Union Jack. L'appareil semble tout neuf. Sous le soleil d'Orly, sa peinture brille et il n'y a aucune trace d'huile sous ses réacteurs. Ce n'est malgré tout pas suffisant pour rassurer complètement Stéphane qui va directement s'installer... à l'arrière. Au cas où.

Mâchoires serrées, fesses crispées, calmants ingurgités, exercices respiratoires effectués comme on lui a appris dans les cours : Stéphane est prêt pour l'envol.

C'est le décollage qui est le plus difficile. Bien évidemment, le Boeing anglais n'a rien à voir avec l'avion égyptien. Il est confortable et semble parfaitement entretenu. Il n'y a pas de poules derrière lui. Pourtant au moment de la mise des gaz, une foule de souvenirs terribles reviennent dans la mémoire du jeune homme : les flammes, les cris des passagers, le choc, les morts... Malgré la température agréable qui règne dans la cabine, il transpire abondamment. Sa peur est d'autant plus remarquable que, de tous les passagers à bord, il est le seul à s'agripper convulsivement à son fauteuil. Car dans l'avion, il règne une ambiance plutôt animée.

C'est même la fête absolue...

Les supporters dansent et chantent en répétant à tue-tête les refrains de soutien qu'ils vont hurler tout au long du match.

- *Would you like a drink*, demande l'hôtesse d'une voix suave.

Stéphane n'a même pas la force d'ouvrir la bouche. Il est tétanisé. C'est si terrible qu'il a l'impression que s'il lâche une seconde ses accoudoirs, le plancher va s'ouvrir sous ses pieds et il va tomber de l'avion. Alors, les yeux fixés droit devant lui, il se contente d'agiter nerveusement la tête de droite à gauche.

Il ne veut surtout rien boire.

Évidemment la jeune femme remarque le comportement étrange de ce passager. Ca ne la surprend pas particulièrement... Depuis qu'elle fait ce métier, elle a vu défiler plusieurs dizaines de cas "pathologiques". Sauf que celui-là semble vraiment très atteint...

- Si vous voulez quelque chose n'hésitez pas à m'appeler, insiste-t-elle avec un sourire rassurant.

Stéphane avale sa salive avec difficulté avant de répondre.

- Je veux rien du tout...

Il se ravise pour poser la seule question qui lui paraisse vraiment importante en ce moment dramatique.

- Dans combien de temps est-ce qu'on arrive?

La fille regarde sa montre et réfléchit longuement. Il faut une heure de vol pour aller de Paris à Dublin mais Stéphane comprend immédiatement qu'elle cherche à le rassurer en raccourcissant la durée du voyage.

- On en a pour 45 minutes à peu près...

- Merci, murmure-t-il, toujours aussi livide.

Et le vol se poursuit tranquillement...

L'avion survole la ville du Havre. Il traverse rapidement la Manche. Passe à l'ouest du Pays de Galles... Stéphane voudrait bien regarder le paysage mais il n'y parvient pas. Cela lui rappellerait trop lorsqu'il suivait le Nil au-dessus de la Haute Égypte avec sa carte Michelin sur les genoux. Il attend donc que le temps passe, les yeux fermés. Les ongles profondément plantés dans le tissu de son siège. Frémissant à la moindre turbulence.

Enfin le bruit des réacteurs diminue et l'avion commence sa descente vers Dublin. D'une voix douce, une hôtesse annonce qu'il faut attacher les ceintures, redresser les tablettes et relever les dossiers des sièges.

Cette fois, la fin du cauchemar approche. Stéphane commence à respirer.

Il a tort...

L'avion arrive au-dessus de la ville de Dublin mais soudain quelque chose change. Il se met en palier. Il ne descend plus et se contente de tourner en rond. On aperçoit l'aéroport au loin vers le nord au bord de l'autoroute M1, mais on ne s'en approche pas encore. D'abord, le pilote leur annonce qu'ils vont avoir un peu de retard parce qu'il y a beaucoup de trafic aérien aujourd'hui.

Il faut attendre...

A l'exception de Stéphane, toujours malade de terreur, les passagers ne s'inquiètent pas outre mesure. On continue à rire dans la cabine et les bonnes blagues fusent de toutes parts : le match n'aura lieu que dans deux jours et, quoi qu'il en soit, il ne commencera pas sans eux.

Les minutes passent... Le Boeing continue ses cercles au-dessus de Dublin pendant une vingtaine de minutes. Ceux qui sont déjà venus en Irlande reconnaissent la tache de verdure de *Phoenix Park* presque en centre ville. A l'Est, c'est la mer, l'eau y brille de cette étrange couleur verte propre aux eaux froides.

L'aéroport est situé au nord de la ville. L'avion décrit de larges virages qui l'emmènent de la baie de Dublin jusqu'à l'île de Lambay en passant par *Portmamok.*

Soudain, au bout de 20 minutes de ce manège inhabituel, une voix grave résonne dans les haut-parleurs au-dessus des passagers.

- *Ladies and Gentlemen, this is your Captain speaking...* nous avons un petit problème. Il se trouve que nous ne parvenons pas à sortir notre train d'atterrissage. Nous allons donc être obligés de nous poser... sur le ventre.

Les paroles du commandant font l'effet d'une véritable douche froide sur les supporters en délire. Les chants se figent dans de vilaines grimaces. Brutalement, les récalcitrants qui tardaient à rejoindre leur place se précipitent sur leur siège. Les ceintures sont serrées au maximum.

Stéphane pousse un couinement plaintif. Ce n'est pas possible... Voilà que le cauchemar recommence. Cette fois, c'est sûr, il est maudit.

- Ne vous inquiétez pas, poursuit le commandant de bord, tout va très bien se passer. Nous sommes parfaitement entraînés pour ce genre de panne et les risques sont très minimes.

Stéphane ne peut s'empêcher de se rappeler que le pilote égyptien leur avait tenu des propos similaires et que les choses ne s'étaient pas vraiment bien passées. Pourtant cette fois, l'Anglais semble parfaitement sûr de lui. Il explique que s'ils sont en train de tourner au-dessus de Dublin, c'est tout simplement parce qu'il ne veut prendre aucun risque et qu'il se débarrasse de son excédent de carburant. Il en rajoute même un peu trop : bien sûr le train d'atterrissage ne sort pas mais, d'après lui, se crasher sur le ventre, c'est presque un exercice de "routine".

En réalité, le seul pour qui c'est de la routine, c'est Stéphane. Car la dernière fois qu'il a pris l'avion, c'était déjà la même chose... Alors, comme la dernière fois, il se lève en titubant pour aller aux toilettes. Comme la dernière fois, il vomit son repas et revient à sa place encore plus livide qu'auparavant.

Au moment où il se rassoit, le commandant de bord reprend une nouvelle fois son discours rassurant... Le pilote sait qu'il transporte l'Équipe de France de Rugby et il semble vouloir être à la hauteur de l'événement.

- Ne vous inquiétez pas, insiste-t-il. Je vous garantis que vous serez tous en pleine forme sur le terrain samedi pour jouer votre match. D'ailleurs, je suis certain que vous allez gagner...

L'homme parle sans arrêt pour mettre ses passagers en confiance. Il a une voix parfaitement calme.

Et ça pourrait presque marcher... Peu à peu, les malheureux commenceraient à y croire... sauf que l'avion tourne maintenant à la verticale de l'aéroport et les passagers peuvent voir ce qui se passe au sol...

Stéphane a lui aussi le nez collé contre son hublot. Ce qu'il aperçoit ne le rassure pas du tout.

En bas, c'est l'alerte générale : des camions de pompiers roulent à toute vitesse sur les taxiways.

D'autres véhicules d'incendie sont déjà en train de recouvrir la piste d'une couche de mousse blanchâtre. Stéphane sait parfaitement ce que cela signifie, c'est de la neige carbonique qu'on répand pour diminuer les risques d'incendie au moment de l'impact... Et puis, il y a surtout ces dizaines de véhicules blancs avec des gyrophares bleus : des ambulances... On tremble. C'est terrible d'assister aux préparatifs de son propre crash.

Stéphane se dit qu'il a bénéficié d'une chance extraordinaire une première fois en Égypte. Mathématiquement, cela ne peut pas se reproduire. Cette fois, c'est certain, il va y rester.

Un silence de plomb règne à l'intérieur de l'avion... Personne n'a plus envie de chanter. D'autant qu'il se passe soudain un événement particulièrement démoralisant. Depuis le début du drame, l'hôtesse "chef de cabine" court de siège en siège pour rassurer chacun et donner les consignes pour le crash. L'employée a une cinquantaine d'années et elle est incroyablement calme. Malgré la situation, elle reste souriante et le ton de sa voix est tout à fait sécurisant. Une parole aimable pour celui-là... une plaisanterie à propos du match de samedi... un conseil prononcé d'une voix paisible... L'hôtesse sait trouver les mots justes qui réconfortent les passagers.

Lorsqu'elle a terminé de faire la tournée de l'avion, elle vient s'asseoir sur un siège de service à l'arrière, juste à côté de Stéphane. Calmement, elle attache sa ceinture et attend... Terrorisé, celui-ci ne la quitte pas des yeux. Il n'est pas le seul... En permanence, les passagers se retournent vers elle pour trouver la force de ne pas céder à la panique.

- Vous allez voir, chuchote-t-elle à Stéphane. Tout va bien se passer. On ne sentira même pas l'atterrissage.

Brusquement, alors que l'avion amorce la descente, cette femme sublime craque. Elle a d'abord un étrange rictus qui ressemble à de la douleur. Elle se mord les lèvres puis d'un coup, elle fond en larmes. Au moment où on s'y attendait le moins, la navigante aux nerfs d'acier cède la place à un être humain ordinaire terrassé par la peur de mourir.

Dans un sanglot étouffé, elle murmure à l'intention de Stéphane :

- Excusez-moi, je ne peux pas m'empêcher de penser à mes enfants.

A cet instant, il est bien facile d'imaginer la réaction des passagers. Cette femme est parfaitement informée sur ce qui va se passer. Il n'y a plus de doute... Elle sait que tout cela va se terminer tragiquement... C'est alors une immense vague de désespoir qui submerge l'intérieur de la cabine.

Devant Stéphane, une voix inconnue chuchote d'un air grave.

- J'espère que le pilote n'est pas dans le même état...

Personne n'a envie de commenter le sarcasme. Seul Stéphane continue à penser à haute voix.

- De toute façon, on est fichus...

En se mettant en position de crash, il a alors une

pensée triste pour ceux qu'il aime. Il est persuadé qu'il ne les reverra plus.

Quelques minutes plus tard, le Boeing 737 approche du sol....

Il va se présenter pour la piste 10 car c'est la plus longue des trois pistes utilisables sur l'aéroport de Dublin. On commence à apercevoir distinctement le toit des maisons sur *Malahide Road.* A coté de Stéphane la chef de cabine se cache toujours le visage dans les mains.

Finalement, les larmes aux yeux, elle fait signe aux passagers de se mettre en position de crash comme elle leur a montré : lentement, les corps se rabattent en avant, les mains se glissent sous les genoux. Dans l'espace confiné de l'avion, la position n'est pas toujours facile à adopter pour des sportifs qui mesurent près de deux mètres.

Mais personne ne songe à râler...

Et puis soudain, c'est l'impact avec la piste. Il y a quelques cris mais ils sont couverts par le vacarme du crash... Un bruit de ferraille insupportable qui arrache des hurlements de désespoir à Stéphane. Aujourd'hui, il se souvient avoir pleuré comme un enfant...

En ce moment dramatique, sa seule pensée va vers sa mère.

Le tintamarre est épouvantable. Ca résonne dans le cœur du métal jusqu'à faire très mal aux tympans. La course du Boeing est interminable. Les passagers se tiennent la tête en attendant l'explosion finale.

On sent que l'avion se met carrément en travers de la piste. Il part en dérapage. Mais ça ne ralentit pas pour autant... Visiblement, le pilote ne contrôle plus rien. Ca n'en finit pas... La trajectoire s'incurve... Un choc. L'appareil sort de la piste et continue sa course en crabe sur l'herbe. Du coup, le vacarme diminue. Le sol est devenu chaotique et ça saute brutalement. Il y a des cris de douleur quand les à-coups sont très violents.

Puis soudain, la carcasse ralentit. Ca cogne toujours mais les secousses sont moins brutales et enfin tout s'arrête...

Étonnes d'être encore vivants, les passagers relèvent la tête.

Incroyable, les lumières du plafond sont encore allumées. Pas le temps de réfléchir... Dans les haut-parleurs, le pilote ordonne l'évacuation de l'avion. Il y a un temps d'hésitation puis les hôtesses se précipitent sur les portes et les ouvrent. Les toboggans d'évacuation se gonflent avec des claquements sonores.

Un pâle sourire au milieu de ses larmes, la chef de cabine guide les rescapés vers les sorties de secours.

Dans les films catastrophes, on voit parfois des passagers évacuer un avion par ces longs boudins de caoutchouc. La plupart du temps, les acteurs se laissent glisser tranquillement, les pieds bien en avant, afin d'arriver debout au sol. On les voit même parfois atteindre le sol en souriant de soulagement... Rien de tout cela avec l'équipe de France de Rugby. Les gars ont beau être des sportifs de premier plan, ce sont avant tout des hommes effrayés et pressés d'évacuer une carcasse qui pourrait bien devenir leur cercueil. Alors, en quelques secondes, les hommes "plongent" la tête la première dans une gigantesque mêlée digne du meilleur match.

C'est la ruée...

En moins de temps qu'il faut pour le dire, les 15 joueurs et la centaine de supporters évacuent le Boeing.

Lorsqu'ils arrivent au sol, c'est pour constater que certains passagers n'ont pas réussi à contrôler leur vessie. De nombreux pantalons sont mouillés. Que le lecteur ne sourie pas... Seuls ceux qui ont été un jour confrontés à une telle situation peuvent réellement comprendre.

Les secours arrivent sur place en quelques secondes. On regroupe tous les passagers. On les compte, on vérifie l'intérieur de l'épave du Boeing. Cette fois, c'est un véritable miracle : il n'y a pas un seul blessé dans tout l'avion. On ne déplore même pas une égratignure au cours de l'évacuation.

La compagnie britannique prend alors les choses en main pour remonter le moral des joueurs. Quelques minutes après que les passagers soient arrivés dans l'aérogare de Dublin, un représentant de la direction se présente. Avec un grand sourire, il annonce qu'il est chargé d'indemniser les "victimes" sur place. Et il distribue immédiatement des chèques de 15 000 francs par personne en dédommagement des préjudices subis. L'opération n'est pas totalement désintéressée car en guise de reçu, l'homme fait signer des lettres déclarant que les passagers s'engagent à ne pas porter plainte contre la compagnie. Ils ne doivent pas d'avantage parler du crash devant la presse... On prend des précautions!

Tout heureux d'être en vie et pas vraiment rancuniers, les passagers signent le papier sans discuter.

Comme par hasard, il n'y a aucun journaliste à côté de la porte dérobée par laquelle on fait sortir l'Équipe de France. Les correspondants de presse attendent tous au point de rendez-vous que leur a fixé la compagnie aérienne... C'est de l'autre côté de l'aérogare. Manque de chance, les chauffeurs des bus "se perdront" tous en rejoignant le *Check-Point* de presse...

Les joueurs sont emmenés à l'hôtel et traités comme de véritables chefs d'État. Ils recevront des dizaines de cadeaux aux couleurs de la compagnie : blazers, tee-shirts, casquettes...

Pour enfoncer le clou, le P.D.G. de la compagnie se déplacera le jour même jusqu'à Dublin pour féliciter tout ce beau monde d'être encore en vie... Consciencieux, il accompagnera même l'Équipe de France pendant tout le temps qu'ils seront sur le sol irlandais.

En plus de son indemnité de 15 000 francs, Stéphane remporte un superbe cadeau : sept billets d'avions gratuits pour les destinations de son choix. N'importe où dans le monde... Lorsqu'il reçoit les coupons de voyage de la main même du P.D.G. de la compagnie, il ne peut s'empêcher de sourire amèrement. Il sait déjà qu'il ne les utilisera jamais.

Pour la petite histoire, il faut préciser que l'Équipe de France gagnera le match contre l'Irlande par un score de 15 à 7.

Une victoire sacrément bien méritée que certains joueurs n'oublieront jamais...

LE PILOTE A UNE ATTAQUE

Aérodrome de Caen - Carpiquet 6 mai 1988...

Il est 11 heures 20... C'est une superbe journée de printemps qui s'annonce sur tout l'ouest de la France et particulièrement sur la Normandie.

Marine C. s'installe aux commandes d'un Dauphin DR 400[1] appartenant à l'aéro-club local. L'appareil est immatriculé F-GCAT.

La jeune femme a 38 ans. Elle vient d'obtenir son brevet de pilote privé. C'est tout récent puisque l'examen a eu lieu deux semaines plus tôt.

Malgré son inexpérience aéronautique, Marine est un bon pilote. Elle est très appliquée et particulièrement consciencieuse. D'ailleurs son instructeur ne tarit pas d'éloges sur elle.

Pour ce vol quasi inaugural, la jeune femme a proposé à deux amies, Régine M. et Eliane. A. de l'accompagner. Elle souhaite leur faire admirer la côte normande et les environs de Ouistreham tout proche. Par ce bel après-midi de printemps, les

[1] Petit avion de tourisme de quatre places volant à 230 kilomètres à l'heure en croisière.

plages doivent être superbes, vues du ciel. Les deux collègues du lycée ont accepté le vol avec joie. D'autant qu'elles sont particulièrement fières de Marine. Dans l'enseignement, les femmes pilotes, c'est plutôt rare... C'est leur baptême de l'air.

Ravie, Régine s'installe à l'avant de l'appareil juste à côté du pilote qui est aussi sa meilleure amie... Non seulement c'est son premier vol, mais c'est la première fois qu'elle approche un avion d'aussi près. Elle veut absolument voir tout ce qui va se passer. Marine a même promis qu'elle la ferait piloter pendant quelques secondes. Juste pour lui montrer... C'est possible puisque comme presque tous les avions, le DR 400 est équipé de double commandes...

Eliane se met en place arrière.

Bien que Marine ne soit qu'une pilote débutante, ses deux amies lui font totalement confiance pour ce vol...

- On y va les filles, demande la jeune commandant de bord avant de tourner la clef de contact des magnétos.

- On y va, répondent en cœur Régine et Eliane...

Avec application, Marine met le moteur du DR400 en route. Elle vérifie que tout est correct, puis elle contacte la tour de contrôle sur la fréquence 124.425.

- Caen, ici F-GCAT. Bonjour.

La réponse du contrôleur arrive immédiatement.

- Je vous reçois 5 sur 5, Alpha Tango...

- Alpha Tango, je suis au parking de l'aéro-club et je demande à rouler pour un vol local vers le nord.

Le pilote obtient immédiatement l'autorisation de se diriger vers la piste 13 et le contrôleur confirme que les conditions métrologiques sont excellentes sur le terrain. Pas un souffle de vent et aucun nuage dans le ciel. C'est vraiment une journée idéale pour une promenade touristique en avion...

- Vous rappellerez au point d'attente, ordonne le contrôleur pour terminer ses instructions.

Le moteur du petit avion tourne rond. Tout semble normal... A vitesse réduite, Marine commence donc à rouler vers une aire dégagée en bordure de la piste. C'est là qu'elle va effectuer toutes les vérifications indispensables avant de décoller...

Eliane est assise sur la place arrière, juste derrière le pilote. Elle pose la main sur l'épaule de sa collègue.

- Tu es certaine que cet avion est en bon état, plaisante-t-elle, en se penchant entre les deux sièges.

- Ne t'inquiète pas, assure la jeune femme. Ce sont des petits appareils, mais ils sont parfaitement entretenus. D'ailleurs, les moteurs sont faits pour durer des années sans jamais tomber en panne.

Le DR 400 arrive au point d'attente. Il s'y arrête à 45 degrés de l'axe de la piste comme c'est prévu dans la procédure.

En pilote consciencieuse, Marine effectue alors une check-list soignée : les volets sont sortis au premier cran, la pompe électrique est branchée, les ceintures des passagères sont vérifiées et la cabine de l'avion est verrouillée.

Quelques minutes plus tard, Marine a terminé

toutes ses vérifications, elle peut alors demander à la tour l'autorisation de s'aligner.

- Vous pouvez décoller en piste 13 Alpha Tango, rétorque le contrôleur sur la fréquence... Le vent est calme, rappelez-moi en arrivant en sortie de circuit.

Avec précision, Marine s'engage alors sur la piste. Elle vient placer le nez du DR 400 juste sur la ligne centrale de la bande bétonnée. Puis elle recale une dernière fois son gyrocompas et regarde sa montre de bord.

Il est 11 heures 42...

- On y va, lance-t-elle.

Lentement sa main pousse la manette des gaz en butée. Elle lâche les freins et le DR 400 accélère. De part et d'autre de l'avion, les balises de la piste défilent de plus en plus vite... Lorsque la vitesse arrive à 120 kilomètres à l'heure, la jeune femme tire doucement sur le manche et le capot de l'avion se dresse vers le ciel bleu.

- Qu'est-ce que c'est beau, s'extasie aussitôt Eliane, le nez collé au plexiglas de la verrière.

Régine est encore plus émerveillée que sa collègue. C'est la première fois qu'elle quitte le plancher des vaches et elle n'imaginait pas que la Normandie vue du ciel puisse être aussi extraordinaire.

- On a l'impression qu'on n'avance pas, renchérit-elle, en observant attentivement tous les détails qui défilent sous les ailes de l'avion.

Marine pose aussitôt un doigt sur l'instrument circulaire qui indique la vitesse de l'avion...

- On monte quand même à plus de 150 kilomètres à l'heure.

Une fois de plus, Eliane vient se glisser entre les sièges des ses amies, pour ne rien perdre du spectacle.

- A quelle altitude on est, demande-t-elle.

Marine montre l'altimètre...

- On arrive à 500 pieds du sol. Quand on sera vers 1 000 pieds, on se mettra en palier.

- En palier?

Marine sourit.

- On va arrêter de monter...

- Ca fait combien 1 000 pieds en langage normal, interroge Eliane, impressionnée par les connaissances aéronautiques de celle qu'elle ne considérait jusqu'ici que comme un excellent professeur mais pas comme une navigante qualifiée.

- A peu près 300 mètres...

- C'est magnifique, reprend Régine. Tu as vraiment de la chance de savoir piloter un avion.

Quelques secondes plus tard, l'appareil s'incline pour suivre le cheminement en vent arrière qui va lui permettre de sortir du circuit de l'aérodrome. Toujours en montée, il se dirige vers la côte. Avec l'inclinaison de l'avion, les passagères peuvent alors admirer mieux encore les paysages de la Normandie. Avec cet éclairage exceptionnel, la verdure des bocages contraste fortement avec le bleu lumineux de la Manche toute proche.

- Tu as vu les voitures en bas sur la route nationale, s'exclame Eliane. Elles sont minuscules vues d'ici... On dirait des jouets...

Il y a maintenant trois minutes que les jeunes femmes ont quitté le sol. L'appareil a mis le cap vers le nord-ouest et tout semble se dérouler parfaitement.

Il monte toujours.

- Est-ce que c'est Ouistreham, juste devant, interroge Régine.

Marine est sur le point de répondre à la question de son amie lorsqu'elle ressent soudain un choc brutal dans la tête. Elle a l'impression désagréable que quelqu'un vient de lui assener un coup de marteau sur la tempe... Elle ne peut retenir un spasme de douleur. Dans un réflexe incontrôlé, elle lâche les commandes pour porter les deux mains dans les cheveux.

Régine a immédiatement remarqué le geste brusque de son amie. D'autant que le DR 400 a fait aussitôt une imperceptible embardée à droite.

- Qu'est-ce qui t'arrive, interroge-t-elle d'une voix soucieuse.

- Je ne sais pas. J'ai une migraine terrible, tout d'un coup...

Marine n'a pas le temps d'en dire de plus. La douleur augmente. Elle devient si forte qu'elle lui arrache un véritable gémissement.

- Tu n'as pas l'air bien, reprend Régine en posant la main sur son épaule pour la réconforter.

- J'ai très mal, répète Marine. J'ai très mal...

Tout en se plaignant, la jeune femme comprend que quelque chose de grave est en train de lui arriver. Elle réagit alors très vite... Il faut faire demi-tour immédiatement et rentrer à l'aérodrome.

Avec précipitation, elle incline le DR 400 pour mettre le cap vers Caen, mais la douleur s'amplifie encore jusqu'à devenir insupportable.

- Je ne sais pas ce qui m'arrive... C'est fou... J'ai l'impression que ma tête va éclater, se plaint-elle.

- Ca n'a vraiment pas l'air d'aller, constate Régine, de plus en plus inquiète. On devrait peut-être atterrir, tout de suite..

Marine ne répond pas. Dans son cerveau, c'est l'enfer qui se déchaîne... Tout son corps lui fait mal... D'une main tremblante, elle saisit le micro pour lancer un appel radio de détresse à la tour.

Les mots viennent difficilement à ses lèvres. Comme si sa langue était paralysée... La douleur irradie dans sa tête jusqu'à troubler sa vision.

- Mon Dieu, souffle Régine en voyant les violents tremblements qui secouent la main de son amie. Elle va se trouver mal...

Marine vient d'être victime d'une rupture d'anévrisme cérébral. Une artère s'est rompue dans son cerveau, provoquant une hémorragie méningée importante. L'hématome gonfle rapidement comprimant l'encéphale dans la boîte crânienne. La jeune femme est en train de perdre ses capacités motrices et sensorielles.

Dans sa tour, le contrôleur sursaute en entendant quelqu'un qui halète de douleur sur la fréquence. Il doit faire un énorme effort pour comprendre les bribes de phrases qui parviennent à travers son haut-parleur.

- Alpha... Il... faut... atterrissage... urgence...

Bien qu'il reconnaisse vaguement la voix de Marine, son premier réflexe est de demander des précisions sur l'identité du pilote et la nature du problème.

- Station appelant, je vous reçois très mal... Est-ce que vous pouvez répéter votre message !

Quelques secondes de silence terrible s'écoulent puis survient un second appel, totalement incompréhensible. Des mots hachés qui lui paraissent d'abord sans aucune signification. Plus tard en réécoutant la bande, on s'apercevra que la jeune femme, dans sa douleur, parlait en latin[2].

Fou d'inquiétude, le contrôleur demande :

- C'est Alpha Tango qui appelle la tour... Qu'est-ce qui se passe ? Est-ce que vous êtes en panne ?

Pour toute réponse, il n'obtient qu'un long cri de douleur impressionnant qui retentit sur la fréquence. Un gémissement qui lui glace le sang.

- J'ai mal... à... crever.

D'autant qu'en arrière plan du cri de Marine, il entend les hurlements terrorisés de la passagère assise à l'arrière qui panique complètement en réalisant la gravité de la situation.

Tout en gardant le micro de la VHF à portée de main, le contrôleur saisit aussitôt son téléphone pour déclencher l'alerte.

- J'ai une urgence médicale très grave dans un avion, lance-t-il d'une voix oppressée. Vous m'envoyez le SAMU à toute vitesse...

En quelques minutes, le CHU de Caen est averti et la chaîne de secours va se mettre en place. Puis il reprend son micro à l'intention du DR 400.

- Ca y est... On a prévenu la sécurité. Essayez de m'expliquer calmement ce qui se passe. Je vous écoute.

---

[2] Marine était professeur de latin au lycée Malherbe de Caen.

Il n'y a aucune réponse...
Inquiet, l'homme réitère sa demande sans obtenir plus de résultats.

Dans l'avion, les événements ont pris d'emblée une tournure dramatique. Marine est à présent incapable de parler. Elle a laissé tomber le micro sur le plancher. Elle semble avoir très mal. Sa vision se dégrade rapidement. A côté d'elle, Régine essaie de la secourir sans savoir réellement comment agir.

Contrairement à la passagère assise à l'arrière, elle ne panique pas mais les mots se bousculent.

- Qu'est-ce qui t'arrive, demande-t-elle. Réponds-moi, je t'en supplie. Qu'est-ce qu'il faut faire pour piloter l'avion...

La tête du pilote ballote de droite à gauche et ses mains vont et viennent autour de ses cheveux comme pour tenter d'apaiser la douleur. Malgré les spasmes qui la secouent, elle ne semble pas avoir perdu conscience. Par intermittence, elle parvient à reprendre les commandes pour stabiliser le DR400 qui veut s'embarquer tout seul en virage.

Tremblante, Régine pose une main sur l'épaule de son amie.

- Mon Dieu, murmure-t-elle. Je t'en prie, fais quelque chose. Il faut que tu pilotes l'avion.

- Peux... pas.

Les larmes aux yeux, les deux femmes supplient leur amie.

- Fais quelque chose ou on va mourir toutes les trois. Aide-nous...

Marine ne répond plus... Elle n'en a plus la

force... Elle hoche de la tête comme pour faire comprendre qu'elle entend ce qu'on lui dit mais elle est maintenant incapable de parler.

La souffrance semble atroce.

- Explique-moi ce qu'il faut faire pour te soulager, demande Régine. Dis-moi ce que tu veux... Si tu ne peux pas piloter explique-moi ce qu'il faut faire.

Au même moment l'aile droite du DR 400 s'incline entraînant l'appareil dans un virage en montée incontrôlée. Le capot se dresse encore davantage vers le ciel. L'avion se cabre comme s'il allait décrocher. En place arrière, Eliane est prise de panique. Elle ne peut s'empêcher de hurler une nouvelle fois en s'agrippant à l'épaule du pilote pour la stimuler.

Ses cris sont stridents.

- Mon Dieu... Attention... Marine ! Fais quelque chose...

D'un geste maladroit, Marine remet l'avion en vol rectiligne mais elle ne répond toujours pas. La jeune femme gémit doucement, elle donne l'impression qu'elle va perdre connaissance.

A cet instant, l'avion atteint la fin de la branche vent arrière. Dans quelques secondes, il va arriver au niveau des plages.

Tout va alors très vite... L'état physique de Marine se dégrade rapidement. Son rythme respiratoire devient de plus en plus saccadé. Elle ne cesse de pousser des gémissements de douleur. Les deux passagères comprennent que leur amie fait des efforts considérables pour maintenir l'avion en ligne de vol mais qu'elle ne peut plus communiquer. Ses gestes deviennent très imprécis... Elle semble avoir de plus en plus de difficultés à se saisir des commandes. Elle ne se sert que de sa main gauche...

Son bras droit pend le long de son corps comme paralysé.

Au même moment, au sol, Patrick Gigot, l'instructeur du Club se prépare à partir en vol avec un autre appareil du club. Il est arrêté au point d'attente de la piste 13. Bien évidemment, il a entendu les messages radios de détresse émanant du DR400.

Nul besoin d'être médecin pour deviner que l'état de Marine est dramatique. Elle ne semble plus capable de maîtriser son appareil... Les cris qui parviennent sur la fréquence sont suffisamment explicites. Les deux passagères embarquées n'ont aucune notion de pilotage.

Il faut les aider où l'avion va s'écraser.

Son premier réflexe est d'annuler son vol pour rentrer au parking. Vu la situation, il est préférable de dégager l'aire de l'aérodrome. Si le DR 400 doit se poser en catastrophe, autant qu'il n'y ait pas d'obstacle dans les environs du seuil de la piste. Sans perdre l'appareil en détresse des yeux, il fonce vers l'aéro-club. De lui-même, il a compris que l'assiette de l'avion est trop cabrée et qu'il faut éviter à tout prix qu'il ne décroche.

- Poussez sur le manche, dit-il... Poussez...

Dans l'avion quelqu'un a dû entendre le conseil car le DR 400 s'est légèrement stabilisé en palier.

Puis Patrick Gigot contacte aussitôt la tour.

- Ca va très mal là-haut, dit-il. Est-ce que vous êtes d'accord pour que j'utilise la fréquence pour leur donner un coup de main.

Le contrôleur a immédiatement compris que c'était la seule solution pour tenter de ramener l'avion. Gigot est le seul qui puisse faire quelque chose. L'homme a des milliers d'heures de vol en instruction. Depuis des années, il a vu défiler des centaines d'élèves à ses côtés, il connaît parfaitement les erreurs classiques à éviter. Il n'y a aucun doute qu'il est le plus compétent pour comprendre la psychologie d'un pilote en détresse. Le problème, c'est qu'aujourd'hui, il ne s'agit plus de rassurer un élève craintif...

La femme qui se trouve à côté de Marine n'a jamais touché les commandes d'un avion de sa vie.

Il appelle l'avion à la radio.

- Alpha Tango... Est-ce que vous me recevez?

Il y a un long moment de silence sur la fréquence. Puis des craquements bizarres comme si on cherchait à appuyer maladroitement sur le bouton du micro. Enfin, une voix terrifiée lui parvient. Ce n'est plus la voix de Marine. C'est celle de Régine, la passagère à la place droite...

De toute évidence, la jeune femme est terriblement stressée.

- Notre pilote a eu un malaise, renifle-t-elle. Elle ne peut plus tenir les commandes... Qu'est-ce qu'on va faire?

Patrick Gigot essaie de prendre sa voix la plus rassurante.

- Restez calme, souffle-t-il. Je vais vous aider.

- Je ne sais pas piloter, insiste Régine...

Patrick suit des yeux le DR 400 qui vient de repasser à la verticale de l'aérodrome. L'appareil ne vole pas normalement. Il est très instable... Les ailes s'inclinent par à-coups à droite et à gauche et d'imperceptibles coups de tangage altèrent sa tenue d'altitude. Et puis surtout, l'avion doit être compensé pour se maintenir en palier car il a tendance à se cabrer en permanence.

Comme il l'a fait une première fois, il ordonne :

- Poussez sur le manche!

Il n'y a pas de réponse mais le nez de l'avion redescend.

- C'est vous qui pilotez en ce moment, demande l'instructeur...

- Comment voulez-vous que je pilote, gémit la passagère. Je ne sais rien faire du tout. C'est Marine qui tient les commandes mais je crois qu'elle ne voit plus clair et elle ne peut plus parler.

- Est-ce qu'elle m'entend?

Moment de silence d'une intensité dramatique. Au bout de quelques secondes, Régine reprend d'une petite voix.

- Je crois qu'elle vous entend, mais elle a l'air d'avoir très mal. Ca ne va pas du tout et son état empire sans arrêt.

Patrick réalise brusquement que le DR 400 est en train de s'éloigner. Il comprend qu'il faut absolument garder l'avion à proximité de l'aérodrome. S'il le perd de vue, tout est fichu.

- Dites-lui de virer à droite pour revenir vers nous.

Pas de réponse.

- Demandez-lui de faire demi-tour... Il faut qu'elle vire... Tout de suite. Je vais vous aider à vous mettre dans l'axe de la piste.

Pendant quelques secondes, le petit avion continue à s'éloigner puis doucement, avec des mouvements de roulis incontrôlés, il commence à s'incliner vers la droite.

- C'est bien... Continuez comme ça, insiste Patrick qui a compris qu'il ne faut pas traîner pour amener l'appareil en finale. Il n'a aucune idée du genre de malaise qui paralyse Marine mais il sait intuitivement que le facteur temps est primordial. Il joue contre les passagères. Chaque seconde qui passe les rapproche un peu plus de la catastrophe.

Il décide de lui faire exécuter un large virage puis de l'amener directement en finale sur la piste 06. C'est une piste en herbe suffisamment large pour accueillir un avion en détresse.

D'une voix calme, il poursuit :

- C'est très bien comme ça, Marine... Continue à virer, je te dirai quand tu seras exactement dans l'axe de la piste. Est-ce que tu m'entends ?

Il y a un nouveau craquement dans la fréquence. Une fois de plus, c'est Régine qui prend le micro. On devine qu'elle fait des efforts considérables pour ne pas éclater en sanglots.

- Ca va pas fort, gémit-elle. Elle a du mal à bouger les bras... Mais je crois qu'elle vous entend quand même.

Patrick reprend aussitôt.

- Marine... Si tu m'entends. Continue comme ça... Il faudrait que tu réduises un peu ta vitesse pour sortir les volets.

Le DR 400 termine son virage mais la vitesse reste forte et les volets ne semblent pas sortir. L'avion est à présent sensiblement dans l'axe de la piste. Par petites corrections, Patrick donne des instructions rapides pour que le pilote maintienne l'appareil à peu près stable.

- A gauche... C'est bien... Un peu à droite maintenant. Reste comme ça.

Marine n'est plus capable d'exécuter aucun geste complexe. Elle réagit avec beaucoup de retard... Avec les secondes qui passent, l'hémorragie s'amplifie dans sa tête et les corrections deviennent de plus en plus maladroites. L'amplitude de ses gestes sur les commandes est souvent trop forte.

Du sol, on remarque que l'appareil oscille de droite à gauche sans réel contrôle. Puis soudain, il se met en montée.

- Poussez, reprend aussitôt Patrick.

L'avion se stabilise.

- C'est très bien, tu es dans l'axe. Continue comme ça, encourage calmement l'instructeur.

Le DR 400 n'est plus maintenant qu'à un kilomètre de l'entrée de la piste. Ses ailes balancent alternativement à droite et à gauche comme un chasseur blessé revenant d'une mission de guerre.

- Il faut perdre de l'altitude, tu es trop haut. Réduis les gaz de moitié et laisse-toi descendre droit devant.

Malheureusement, l'état physique de Marine s'aggrave. Si elle réussit encore à apporter des corrections de trajectoire pour rester à peu près dans l'axe de la piste, elle ne parvient pas à soulever le bras droit pour atteindre la manette des gaz au centre du tableau de bord.

- Tu es trop haut et beaucoup trop vite, insiste Patrick Gigot. Réduis les gaz et laisse-toi descendre.

Pas de réponse...

- Pousse sur le manche, insiste Patrick.

Il n'y a aucune réaction.

Tout se passe alors très rapidement. Le DR 400 arrive à grande vitesse dans l'axe de la piste. Les volets sont rentrés. L'appareil est beaucoup trop haut pour atterrir. Il survole le terrain à plus de 300 pieds du sol sans que le pilote fasse la moindre tentative pour le poser.

Le premier essai est un échec...

A partir de cet instant, dans l'avion, la situation prend une tournure catastrophique... Le bras droit de Marine est maintenant totalement paralysé. La jeune femme ne voit plus clair et n'entend plus. Elle continue à gémir doucement mais visiblement, elle semble sur le point de perdre conscience. Peu à peu, sa tête s'affaisse vers la gauche et se pose contre le plexiglas de la verrière. Ses bras pendent mollement le long de son corps. Elle ne bouge plus...

La bouche légèrement entrouverte, les yeux fixes, elle sombre peu à peu dans un état comateux...

Depuis la place arrière, Eliane a glissé ses bras autour de son cou pour réconforter la malade et l'empêcher de tomber en avant, ce qui risquerait de bloquer les commandes. Elle ne peut rien faire d'autre pour la soulager.

- Je t'en prie, réveille-toi, demande-t-elle doucement comme une prière.

L'avion est au ras du sol. Il balance imperceptiblement.

Heureusement, une voix rassurante parle dans la radio.

- Marine, tu es passée au-dessus de nous mais c'était beaucoup trop vite pour pouvoir atterrir. Il faut recommencer. Tu dois y arriver.

Régine prend doucement le micro. Sa gorge est nouée par l'émotion. Elle semble étrangement calme.

- C'est fichu, dit-elle. Elle a perdu connaissance... Il n'y a plus rien à faire. On va s'écraser.

- Pas du tout, proteste immédiatement l'instructeur d'une voix ferme. Si elle ne peut pas le faire, c'est vous qui allez poser l'avion. Je vais vous aider et vous allez réussir.

Il y a un long moment de silence sur la fréquence puis la passagère reprend d'une voix fatiguée.

- Vous rigolez, je n'y connais rien. Je n'y arriverai jamais, murmure-t-elle complètement découragée.

- Bien sûr que si, vous allez y arriver. D'ailleurs, on n'a pas le temps de discuter. Prenez doucement le manche dans votre main droite et essayez de maintenir l'avion bien à plat. C'est instinctif, s'il s'incline d'un côté, mettez doucement du manche dans l'autre sens. Surtout, pas de mouvements brusques. Faites des petites corrections à peine perceptibles.

Presque craintivement la passagère saisit la poignée noire du manche dans sa main et suit les consignes de l'instructeur.

Par chance, il n'y a pas de turbulence ce jour-là

et les choses sont moins difficiles pour la novice.

Elle tâte doucement les gouvernes, du bout des doigts. L'appareil réagit docilement sans faire d'embardée. Ce n'est pas facile, mais apparemment, la passagère parvient à maintenir l'avion sensiblement en ligne droite.

- C'est très bien. Vous vous en sortez comme un vrai commandant de bord... Maintenant, vous allez essayer de faire un virage. Je ne veux pas vous perdre de vue. Il faut absolument revenir vers la piste. Vous allez voir, ce n'est pas difficile. Je vais vous guider.

En tremblant, Régine suit les instructions de Patrick Gigot. Maintenant, elle sait que celui-ci ne la quitte plus des yeux et ça la rassure. Chaque fois qu'elle fait un mouvement trop brusque sur les commandes, il le remarque immédiatement et la conseille... Malgré la distance qui les sépare, c'est un peu comme s'il était dans l'avion à côté d'elle.

- Un peu de manche à droite, un peu à gauche maintenant. C'est parfait comme ça, vous vous en sortez très bien.

Régine fait ainsi plusieurs petits virages à proximité de l'aérodrome. A ses côtés, Marine ne bouge plus du tout. Depuis la place arrière, Eliane continue de lui parler doucement à l'oreille comme pour la réconforter mais elle n'entend plus rien.. Le pilote est maintenant tombé dans le coma...

Par instants, la passagère arrière cède à la panique et ne peut retenir des cris de désarroi puis elle fond en larmes. Régine écoute l'instructeur prodiguer ses conseils à travers le haut-parleur de la radio. L'entraînement se poursuit pendant une petite minute mais il ne peut durer trop longtemps.

- On ne peut plus attendre, précise-t-il. Il faut atterrir.

- Ca, je n'y arriverai jamais, proteste aussitôt Régine, affolée rien qu'à l'idée de se rapprocher trop près du sol.

- Vous allez y arriver, insiste une nouvelle fois l'instructeur. On va simplifier les choses au maximum.

Patrick sait parfaitement qu'il est impossible pour un débutant d'amener un avion sur un plan de descente correct puis d'effectuer un arrondi et un atterrissage normaux. C'est trop compliqué. S'il la pousse à tenter un coup pareil, elle risque tout simplement de décrocher à basse altitude et de partir en vrille. Ce n'est pas la solution au problème... Seule une approche rasante avec de la vitesse peut lui permettre de rejoindre le sol.

- Poussez sur le manche, reprend-il en voyant brusquement le capot remonter vers le ciel.

L'instructeur décide de lui faire faire une descente sans volets en laissant les gaz pendant toute la finale. Puis de lui faire plaquer l'avion au sol... L'appareil sera certainement très abîmé au moment du toucher mais ce n'est pas important. Ce qui compte, ce sont les chances de survie de ses occupants.

- Vous allez faire exactement ce que je vais vous dire. Si je demande de pousser doucement sur le manche, vous le faites doucement, si je dis allez-y fort, vous y allez fort. C'est compris.

- Je vais essayer, souffle Régine.

Avec précision, Patrick guide la jeune femme pour qu'elle mette l'avion dans l'axe de la piste.

D'une voix toujours aussi calme, il l'encourage et la rassure en permanence.

L'avion est assez instable en roulis mais dans l'ensemble la jeune femme ne s'en tire pas trop mal. Quelques minutes plus tard, le DR 400 se retrouve placé en longue finale à moins d'un kilomètre de la piste.

- Un peu à droite, lance l'instructeur. C'est parfait...Maintenant vous allez tirer un peu la manette des gaz vers vous.

- C'est quoi la manette des gaz?

- Une poignée noire qui se trouve au centre du tableau de bord. Attention, il ne faut surtout pas la tirer à fond en arrière, juste un tout petit peu pour réduire le régime du moteur.

Régine se plaint aussitôt.

- Je ne vois pas laquelle?

- C'est très simple, vous ne pouvez pas vous tromper. C'est la plus grosse et il y a une boule noire à l'extrémité.

La jeune femme tâtonne un peu puis elle finit par trouver la commande et elle s'exécute. Le mouvement est un peu brutal, mais dans l'ensemble le régime moteur reste correct.

Patrick Gigot souhaite que l'appareil conserve de la puissance pendant l'approche. Si les choses se présentent mal, il faut absolument que l'avion ait de l'énergie pour remonter sans tarder, rien qu'en tirant sur le manche. L'avion approche de la piste, il est toujours beaucoup trop haut.

- Vous voyez la piste?

- Je la vois, confirme Régine...

- Alors poussez doucement sur le manche,

ordonne Patrick et essayez de rester bien dans l'axe. Imaginer que vous êtes au volant de votre voiture et que vous cherchez à rester au centre de l'autoroute...

Régine se force à sourire.

- J'ai jamais pris l'autoroute à cette altitude..

Avec des oscillations bien visibles, le DR 400 commence à descendre vers la bande de ciment.

- Poussez doucement sans brutalité, ordonne la voix dans le haut-parleur.

Régine obéit mais ça ne se passe pas bien... Bien que la pression sur le manche lui paraisse imperceptible, l'avion réagit avec vivacité. Le nez plonge vers le sol. Du coup, par réflexe, elle tire brutalement en arrière et le nez repart aussitôt vers le ciel.

Assise en place arrière, Eliane a l'impression d'être dans les montagnes russes d'une fête foraine. L'estomac au bord des lèvres, elle plante ses ongles dans le dossier du siège pour ne pas hurler.

- Doucement, vous êtes trop brutale, corrige aussitôt la voix dans la radio. Il faut y aller tout doucement.

Régine recommence encore plus souplement et cette fois l'avion commence à perdre de l'altitude sans à-coups.

- Voilà... C'est beaucoup mieux comme ça.

A cet instant, l'appareil vole à près de 200 kilomètres à l'heure, c'est beaucoup plus rapide que la vitesse normale préconisée pour une approche normale, mais il n'y a pas moyen de faire autrement. Pour les passagères, c'est très impressionnant. Plus l'avion se rapproche du sol et plus la sensation de vitesse augmente.

- J'ai la trouille, murmure Régine pour elle-même...

Depuis la place arrière, Eliane encourage son amie par des cris qu'elle ne parvient pas à contrôler. Elle croise les doigts autour du cou de Marine pour tenter de la soulager.

- On va y arriver... Je suis sûre qu'on va s'en sortir.

En réalité, elle est persuadée qu'elle est en train de vivre les dernières secondes de sa vie.

A l'avant, Régine se mord les lèvres de concentration. De grosses gouttes de sueur collent ses cheveux sur son front. Les commandes lui paraissent toujours d'une sensibilité incroyable. A chaque fois qu'elle fait le moindre faux mouvement sur le manche, l'avion est secoué brutalement et la piste devant le pare-brise semble aussitôt vouloir s'échapper dans tous les sens.

- A gauche, ordonne Patrick...

- Vous croyez que c'est facile...J'essaie, mais c'est comme si j'étais assise sur une savonnette...

- Vous êtes trop bas maintenant, lance l'instructeur. Tirez un tout petit peu sur le manche et maintenant corrigez très légèrement à droite. Revenez à gauche... C'est bien, ne bougez plus.

Les instructions vont trop vite pour Régine. Elle a soudain l'impression qu'elle ne parviendra jamais à garder l'avion en face de cette bande de gazon qui lui semble toute petite vue d'en haut.

L'appareil continue à descendre.

- Ne touchez à rien, ordonne Patrick. Continuez comme ça.

La terre se rapproche rapidement. Le DR 400 est maintenant tout près du sol. Il passe à la verticale des champs qui bordent le seuil de la piste. Si elle n'était pas dans cette situation dramatique, Régine pourrait même admirer les petites fleurs qui parsèment les bocages.

- Attention, préparez-vous, ordonne la voix... Vous êtes presque au ras du sol.

- Je suis prête...

- Allez-y... Poussez sur le manche. Et tirez la manette des gaz à fond vers l'arrière.

Échaudée par la rapidité des réactions des gouvernes, Régine pousse du bout des doigts. Ce n'est pas suffisant pour plaquer la machine sur le ciment.

Dans la radio, Patrick insiste.

- Poussez un peu plus fort. Cette fois, il faut mettre l'avion au sol.

- Je pousse?

- Allez-y...

Du coup, la passagère y va franchement.

Aussitôt, le DR 400 percute le sol avec un léger angle de piqué. Il touche avec l'aile gauche en premier, puis c'est la roulette avant... Le choc est brutal... Au moment de l'impact la vitesse de l'appareil est de l'ordre de 200 kilomètres à l'heure. Il y a immédiatement un craquement violent, le train avant est arraché, l'hélice touche le sol dans un raclement sinistre. Le moteur cale d'un coup.

La queue en l'air, comme un pylône, l'appareil fonce sur la piste. Il soulève un énorme nuage de poussière et d'herbe déchiquetées. Des débris de bois volent tout autour.

Dans le poste de pilotage, la décélération est très forte. Avec effroi, Régine a vu le capot avant plonger brusquement vers le sol. Elle a été projetée violemment contre le tableau de bord et son visage heurte douloureusement les instruments. Elle n'a pas vraiment le temps de réaliser ce qui se passe. Freiné par le moyeu de son hélice qui racle bruyamment l'herbe en bordure du ciment, le DR400 s'arrête en moins de 50 mètres.

Un dernier soubresaut... Le crash est terminé...

Un peu sonnées, les passagères se retrouvent pendues dans leur ceinture de sécurité. L'avion a toujours la queue en l'air comme un bombardier en détresse..

Des véhicules de secours se précipitent. Des gyrophares clignotent tout autour de l'épave. Les pompiers se ruent pour dégager les trois femmes. Ils peinent un moment car le système de déverrouillage s'est coincé dans le choc. Le capot moteur empêche la verrière de coulisser vers l'avant. On craint l'incendie mais rien ne se passe.

Près de l'aéro-club, Patrick Gigot respire enfin.

Un peu sonnée Régine se tourne vers son amie Marine. Celle-ci est complètement inconsciente. Parfaitement immobile, elle est penchée en avant comme un pantin désarticulé. Quelques gouttes de sang perlent de sa bouche. Elle aussi, a percuté le tableau de bord de la tête. Dans le choc, elle s'est cassée les dents. A l'arrière, Eliane est totalement indemne, elle n'a même pas une égratignure. C'est un véritable miracle.

- Tu es fantastique, murmure-t-elle à l'intention de Régine.

Avec précaution, les secouristes sortent les trois femmes de la carcasse du DR 400. Les blessures de Régine sont sans gravité. Juste une grosse coupure à la bouche.

Marine est transportée immédiatement au CHU de Caen où elle sera opérée en urgence...
Malgré les efforts des neurochirurgiens, elle mourra trois semaines plus tard, des suites de la rupture de son anévrisme cérébral. Un problème d'origine congénitale certainement aggravé par le stress d'un vol avec des passagers.

Quant à Régine, elle est bien consciente d'avoir fait une première dont elle se serait volontiers passé. Peu de gens peuvent se vanter d'avoir remplacé le pilote au pied levé au cours de leur baptême de l'air.

Patrick Gigot, lui est toujours instructeur à l'aéro-club de Caen où ses nombreux élèves-pilotes lui font encore plus confiance qu'avant. Les deux passagères savent qu'elles lui doivent la vie. Même si l'homme reste très modeste, il a accompli ce jour-là une véritable prouesse en guidant l'avion jusqu'au sol.

PLANEUR EN VRILLE

Août 1972.

Il est 19 heures 30 dans ce grand centre de vol à voile de France.

La journée a été extraordinaire. Certainement la plus belle de l'été. Non seulement, le soleil a brillé sans discontinuer sur toute la région mais les conditions aérologiques pour le vol à voile ont été exceptionnellement favorables.

Dès le début de la matinée, on a vu se développer un peu partout des gros cumulus de beau temps. Ces nuages en forme de chou-fleur font rêver les fans de vol à voile car ils sont toujours accompagnés de puissantes ascendances. Si le pilote réussit à se mettre en virage au bon endroit et à spiraler en dessous, il pourra reprendre de l'altitude rapidement.

Une fois arrivé juste sous la base du nuage, il lui sera possible de rejoindre à toute vitesse un autre cumulus un peu plus loin. Là, il pourra grimper à nouveau et ainsi de suite en allant de nuage en nuage. Un petit jeu passionnant qui lui permettra de rester en l'air plusieurs heures et de parcourir des centaines, parfois même, des milliers de kilomètres[1]. Pendant cette superbe après-midi d'août, on peut donc voir des dizaines de machines blanches tourner dans le ciel sans un bruit. Aucune nuisance, aucun ronflement de moteur, juste le sifflement des filets d'air glissant sur leurs ailes immenses.

L'essence du vol dans toute sa pureté...

Le plafond est si élevé ce jour-là que nombreux sont les pilotes qui partent pour de longs circuits et battent leurs propres records.

Hélas, les meilleures choses ont une fin...

Avec la fin de l'après-midi, l'ensoleillement diminue et les ascendances se font moins fortes. Peu à peu, il devient plus difficile de rester en l'air et les planeurs doivent rejoindre le terrain un à un. En atterrissant dans le calme de la journée qui s'achève, chacun a bien conscience d'avoir vécu un des plus beaux instants de sa carrière de vélivole.

Dès qu'ils sont au sol, les premiers planeurs sont rentrés dans les hangars. Ils sont lavés et bâchés avec soin. Puis les pilotes se dirigent vers le bar pour faire part aux copains du récit de leurs différents exploits.

C'est l'un des meilleurs moments de l'après-vol...

L'un raconte qu'il était sur le point de se "vacher" [2] dans un champ par manque d'ascen-

[1] En une seule journée et sans atterrir, deux vélivoles ont réussi à rallier le sud de la France au Maroc.

[2] Terme de vol à voile signifiant être obligé de se poser en dehors d'un aérodrome.

dances alors qu'il mettait le cap vers le terrain. Il s'est rattrapé in extremis à une "pompe" inattendue qui l'a remonté en sécurité à plus de 1500 mètres. Cet autre a croisé un rapace en plein vol. A son avis, c'était un aigle. L'animal était à plus de 2000 mètres d'altitude et il ne s'est pas enfui. Au contraire, il est venu tourner quelques instants avec le planeur.

Le bar est un lieu particulièrement agréable. Situé au bord d'un grand bois de chênes, c'est le rendez-vous de tous les passionnés d'aviation du coin. L'endroit présente surtout l'avantage d'être tout près du point d'atterrissage des planeurs. On peut y entendre les sifflements aérodynamiques des grands oiseaux blancs. Les spectateurs vibrent de plaisir lorsque les machines effectuent un dernier passage final à grande vitesse avant de rejoindre la "vent arrière". Allongé dans des chaises longues confortables, chacun peut commenter les approches des retardataires et critiquer à loisir les différents atterrissages.

Pourtant à mesure que le temps passe, l'ambiance au bar devient un peu moins légère. On commence à s'inquiéter parce qu'un des "Bijave" n'est toujours pas rentré d'un vol local. Rien de bien dramatique pour le moment mais tout de même, il serait temps que le gros biplace apparaisse à l'horizon.

Les accidents de vol à voile sont très rares... Le problème le plus fréquent qui puisse arriver à un planeur est de ne plus trouver d'ascendances. Dans ce cas, l'appareil est obligé d'atterrir dans un champ. Contrairement à ce que l'on pourrait penser, c'est un incident très banal qui ne présente aucun caractère de gravité. Cela arrive plusieurs fois par jour pendant les belles journées d'été sans qu'aucune procédure d'alerte ne soit déclenchée.

Dans ce cas-là, le pilote téléphone simplement à son club pour indiquer l'endroit où il s'est "vaché". On envoie une remorque de dépannage, on démonte rapidement les ailes et le planeur est ramené à l'aérodrome... par la route.

RAS...

Dès le lendemain, l'appareil pourra repartir en vol pour un autre circuit.

Rien donc de dramatique si le Bijave du club est posé dans un champ. Non, en fait, le chef-pilote est inquiet justement parce qu'il n'y a aucun coup de fil demandant une remorque de dépannage.

Or, le pilote était un stagiaire plutôt inexpérimenté et il n'y avait pas d'instructeur à bord...

19 heures 45...

Tous les autres planeurs sont maintenant rentrés au terrain... A mesure que le temps passe, l'inquiétude grandit autour du bar et les pilotes abandonnent un à un leur chaise longue pour scruter l'horizon.

Peu à peu, les conversations n'ont plus qu'un seul centre d'intérêt : qu'est-il arrivé au Bijave ?

L'air mauvais, le chef-pilote se fait apporter le téléphone juste à côté de lui au cas où le stagiaire appellerait pour un dépannage. Chacun dans le club sait que la grosse ride qui barre le front du patron ne présage rien de bon. Il se donne encore un quart d'heure de répit avant d'alerter la gendarmerie.

C'est vers 20 heures que la serveuse du bar pousse un petit cri de joie en pointant un doigt vers l'ouest, juste au-dessus de la ville.

- Hé, le voilà là-bas.

La jeune femme guettait le retour du Bijave avec d'autant plus d'attention que c'est son petit ami qui est aux commandes et qu'elle aussi, commençait à se faire du souci pour lui.

- Je ne vois rien, interroge le mécanicien qui plisse les yeux pour découvrir le retardataire.

- Mais si, il est là-bas, presque dans le soleil, insiste la jeune femme.

Elle montre un petit point qui se détache sur le ciel. Assez bas sur l'horizon... Une tache brillante au milieu du festival des couleurs orangées qui éclatent pour le coucher du soleil.

Immédiatement, le chef-pilote fronce des sourcils.

Il est à la fois soulagé et très agacé par ce qu'il découvre... Aucun doute, il s'agit bien du Bijave. On reconnaît facilement sa silhouette ventrue qui contraste avec les planeurs modernes aux tailles de guêpe... Le problème, c'est qu'il est encore très loin de l'aérodrome et qu'il n'est pas vraiment haut.

Les yeux du chef se rivent sur l'appareil comme s'il voulait l'attirer plus rapidement vers le terrain.

Il n'est pas vraiment difficile de deviner ce qui est arrivé : le jeune pilote a certainement trouvé une série de superbes "pompes" qui l'ont monté très haut et l'imprudent a fait preuve d'excès de confiance. Il s'est dit qu'il pouvait s'éloigner en toute tranquillité... Avec cette marge importante d'altitude, il a cru qu'il pourrait rentrer sans difficulté au terrain... Maintenant qu'il a bien batifolé à droite et à gauche et qu'il a décidé de revenir au bercail, il commence à se rendre compte que ça n'est pas gagné. Les jolies pompes ont disparu et il n'y a plus rien pour le remonter.

Tout le monde comprend que le planeur va avoir de grosses difficultés à rejoindre la piste.

Une jeune stagiaire débutante s'approche du chef-pilote d'un air inquiet. C'est une gamine qui ne doit pas avoir plus de 15 ans et qui, justement devrait être prochainement lâchée en solo, sur ce même Bijave.

- Est-ce que tu crois qu'il est suffisamment haut, demande-t-elle au chef, sans quitter le gros planeur des yeux.

Le patron du centre ne répond pas... Il n'a aucune envie de décourager la jeune débutante, ni même de se lancer dans des explications pédagogiques déplacées... Il se contente de croiser les doigts dans son dos en espérant que son impression sera fausse. Car il a bien le sentiment que le Bijave est à la limite de ses possibilités pour rentrer au terrain.

Les minutes passent et l'inquiétude grandit.

Le planeur approche de la branche "vent arrière". Le problème, c'est qu'évidemment, plus il approche et plus il perd de l'altitude. S'il était 3 heures de l'après-midi personne ne se ferait le moindre souci pour le débutant. Le gars attraperait la première pompe venue et repartirait vers le ciel comme avec un ascenseur. Mais à cette heure tardive, il n'est plus possible d'espérer quoi que ce soit qui pourrait le remonter même d'une dizaine de mètres.

Le chef-pilote souffle bruyamment. Si seulement, il disposait d'un contact radio avec son stagiaire, il pourrait le conseiller dans son approche. Lui dire de serrer un peu plus sa branche "vent arrière". Lui indiquer à quel moment il doit virer... Lui remonter le moral... Malheureusement le gars n'a même pas une radio VHF portable à bord. Il est absolument seul là-haut pour se débrouiller avec son problème et au rythme où il descend, il doit se sentir de plus en plus mal à l'aise dans son cockpit..

Deux minutes plus tard, le Bijave pénètre dans la branche vent arrière.

Au sol, plus personne ne parle. On croise les doigts...

Toujours immobile devant le bar, le chef-pilote ne quitte plus son poulain des yeux. A présent, celui-ci ne doit pas être à plus de 100 mètres d'altitude. Peut-être même moins... 90 mètres... 80?

Sa vitesse est de plus en plus faible... Évidemment, le stagiaire dans le cockpit se rend compte qu'il est très bas et il tente de réagir. Son seul réflexe est de tirer sur le manche pour diminuer son taux de descente. C'est loin d'être la meilleure solution pour atteindre le début de la piste. Car plus la vitesse est faible et plus il chute sans pour autant avancer vers son but. Au sol, la gamine de 15 ans s'inquiète autant que ses aînés. En fait, elle commence à se demander si elle pourra disposer du planeur pour prendre sa leçon de pilotage du lendemain.

- Tu crois qu'il va réussir à rentrer, demande-t-elle une nouvelle fois, d'une voix tremblante.

Le patron ne sait toujours que répondre. Pour se donner une contenance, il récupère une cigarette abandonnée dans un cendrier et tire une bouffée rapide. Ca faisait déjà presque un mois qu'il avait cessé de fumer...

Il pense que si le pilote maintenait une vitesse plus élevée, il aurait peut-être une toute petite chance d'atteindre la piste, mais plus le débutant approche. Plus il tire sur le manche et plus il ralentit.

D'après les estimations des vélivoles, le planeur doit voler à peine à 70 kilomètres à l'heure et ça ne s'améliore pas.

S'il continue comme ça, il va finir par décrocher...

Quelques secondes plus tard, le Bijave arrive en fin de branche "vent arrière". A cet instant, il doit être à moins de 70 mètres de hauteur et sa vitesse est en diminution constante.

Il ne doit pas voler à plus de 60 kilomètres à l'heure...

Comme le stagiaire n'est quand même pas complètement stupide, il a compris qu'il ne devait surtout pas trop s'éloigner de la piste. Il s'engage donc immédiatement dans un virage à gauche.

Mais ce n'est pas aussi simple...

De toute évidence, il meurt de peur...
Il incline sa machine. Quelques degrés à peine... parce qu'il a l'impression que son aile gauche risque de toucher la cime des arbres. Sans même s'en rendre compte, il met beaucoup de pied à gauche pour virer à plat.
Comme il ne veut surtout plus descendre, il tire malgré lui de plus en plus fort sur le manche.
L'indicateur de vitesse tombe à des valeurs incroyablement faibles...
L'angle d'incidence augmente.
Le Bijave frémit comme un cheval qui se rebelle...
Et, ce qui doit arriver, arrive...
Dès les premières manifestations du décrochage, le stagiaire réagit brutalement en collant le manche au ventre. Erreur... Il part aussitôt dans une méchante vrille par la gauche...

Des cris de frayeur montent immédiatement parmi les spectateurs. La jeune stagiaire s'est collée les mains devant les yeux pour ne pas voir ce qui arrivait à son collègue.
- Quel con, hurle le chef-pilote, hors de lui.
Il connaît tellement les mauvais réflexes des élèves qu'il imagine parfaitement ce qui se passe en ce moment même dans le cockpit du planeur. Le gars, là-haut, tente d'arrêter cette spirale mortelle mais il réagit mal. Comme tous les débutants, il applique instinctivement les ailerons dans le sens opposé à la vrille et il maintient le manche à fond en arrière. Cet idiot a tout faux... C'est exactement le contraire qu'il faudrait faire pour se sortir de

cette situation infernale. Le mouvement de spirale s'est donc aussitôt accentué. Le nez du Bijave est parti brusquement vers le sol. L'aile gauche a décroché pendant que l'aile droite précipitait la machine comme dans un puits.

Le Bijave plonge vers le sol...

Ca tourne lentement... Un tour de vrille, puis il en entame un second qui ne se termine pas parce qu'il est trop bas...

L'appareil disparaît dans la forêt.

Un silence tombe sur les spectateurs au sol. C'est comme si la foudre venait de tomber sur le bar.

Seuls les sanglots de la jeune stagiaire retentissent au milieu des vélivoles. Nathalie, la serveuse est abasourdie. Elle s'est laissée tomber sur une chaise. Son petit ami est mort sous ses yeux et elle n'a rien pu faire pour lui.

Puis soudain, le chef-pilote semble se réveiller d'un cauchemar.

Il hurle.

- Pierre, appelle le SAMU et les flics... Bougez-vous les gars. Il faut foncer tout de suite sur place.

Au moment où il s'engage dans les sous-bois, il se retourne une dernière fois en criant :

- Appelle aussi les pompiers, le planeur est peut-être accroché dans un arbre, il faudra certainement du matériel pour le sortir de là...

D'un seul coup, c'est la ruée générale dans la direction du point d'impact. A vue de nez, le Bijave est tombé à 800 mètres à l'Est. En plein milieu de la forêt. Certains foncent vers leur véhicule pour aller plus vite mais ils se ravisent. C'est inutile, il n'y a aucun moyen de traverser le bois en voiture.

- On se déploie à droite et à gauche et on fonce droit devant pour retrouver l'épave, ordonne le chef-pilote. Il y a peut-être une chance qu'il ne soit que blessé.

Toute l'équipe se met à courir en éventail. La progression est difficile et lente. Les sous-bois sont touffus et des fougères épaisses ralentissent la course un peu partout. En outre, le terrain est assez accidenté.

Et puis surtout, la nuit n'est pas loin. Sous le couvert des feuillages, on ne voit plus grand chose. Les secouristes se prennent les pieds dans des racines. Ils trébuchent sur des branches mortes. En quelques minutes, ils sont trempés de sueur, autant du fait de la course que de l'angoisse d'avoir perdu un des leurs.

Un quart d'heure plus tard, les vélivoles sont toujours en train de courir. Ils n'ont rien trouvé...

- Grouillez-vous, hurle le chef-pilote à l'intention de ceux qui peinent pour avancer dans les sous-bois.

- On voit pas grand-chose, se plaint un apprenti sauveteur, inquiet de ce qu'il risque de découvrir.

L'angoisse étreint la poitrine. Les participants aux recherches sont toujours seuls dans la forêt. Aucune trace d'aide extérieure. Pas le moindre gyrophare de gendarmerie. Seule une sirène résonne dans le lointain mais elle est au moins à deux kilomètres. Il est évident qu'en raison des difficultés du terrain, aucun véhicule de secours ne peut accéder au cœur des bois.

La progression est plus lente que prévue...

C'est seulement vers 9 heures qu'un groupe de quatre personnes parvient enfin dans une minuscule clairière située pratiquement au centre de la forêt. Avec l'obscurité qui se fait de plus en plus forte, il faut quelques instants aux sauveteurs pour réaliser que la forme blanche immobile entre deux énormes tas de bois est bien le Bijave du club.

L'appareil est là, à une dizaine de mètres d'eux, pratiquement planté à la verticale. Sous le choc, la dérive a été brisée en deux parties. Elle pend dans le vide, accrochée au fuselage par quelques fragiles morceaux de toile. Les deux ailes sont brisées au niveau du cockpit. Elles se sont fracassées sur les deux tas de bois et forment une flèche vers l'arrière qui doit approcher les 60 degrés.

Avant même que les sauveteurs ne tentent d'approcher de l'épave, ils se mettent à hurler à l'unisson pour appeler du secours.

- Il est là...

Aussitôt, les appels se répercutent en écho et résonnent de loin en loin à travers les fourrés.

- On l'a trouvé. Venez par ici...

On entend les sauveteurs qui courent dans tous les sens pour se repérer dans l'obscurité. Ce n'est pas facile... Bien évidemment personne n'a pensé à prendre de lampe torche et, à mesure que les minutes passent, on y voit de moins en moins.

Parmi les quatre sauveteurs qui ont découvert l'épave il y a Nathalie la serveuse et Catherine, la jeune stagiaire.

Tremblantes, les deux jeunes filles renoncent à s'approcher du Bijave brisé. D'abord, parce qu'elles sont terrorisées à l'idée de ce qu'elles vont découvrir dans le planeur. Et puis surtout, l'endroit est quasi inaccessible. Des ronces épaisses cernent les deux tas de bois qui doivent être là depuis des années. C'est comme un rempart qui se dresse tout autour du planeur... Les deux jeunes femmes sont en robe légère, même si elles en avaient le courage, elles ne parviendraient pas à franchir le barrage des épineux.

Quant aux deux garçons qui les accompagnent, ils n'en mènent pas large. Aucun d'eux n'a envie de s'aventurer jusqu'à l'épave pour découvrir l'insoutenable. Ils se contentent donc d'appeler au secours de toutes leurs forces.

Quelques minutes passent, puis on entend des bruits de pas. On court dans leur direction...

C'est le chef-pilote qui débouche des fourrés en premier.

- Où est-il, demande-t-il aux deux jeunes filles prostrées au bord des ronces.

Nathalie montre les deux tas de bois couverts de mousses sombres au milieu de la clairière. Dans l'obscurité, il faut maintenant faire un gros effort pour deviner la présence du planeur enchâssé entre les bûches vermoulues.

- Tu n'y es pas encore allée, demande aussitôt le chef de centre, étonné par la passivité de la serveuse.

- Je veux pas le voir, réplique la jeune femme, les yeux inondés par les larmes. C'est horrible, je peux pas...

Sans hésiter, le chef-pilote s'engage dans les hautes ronces couvertes de mûres gorgées de soleil. Il n'y a que dix mètres jusqu'au Bijave et pourtant il progresse très lentement... C'est une véritable jungle qu'il doit écarter pour parvenir jusqu'à l'appareil. Par endroits, le fouillis des ronces s'élève à près de deux mètres de hauteur. A chaque instant, les épines s'accrochent dans ses vêtements et lui labourent douloureusement la peau. A mesure qu'il progresse, il écrase les gros fruits rouges un peu partout autour de lui.

Malgré l'aspect dramatique de la situation, il ne peut s'empêcher de pester contre le responsable de cet accident stupide.

- Quel petit con, répète-t-il, fou de rage et de chagrin mêlés.

Peu à peu, il finit par se frayer un étroit passage dans la végétation et deux autres sauveteurs s'engagent derrière lui.

Malgré tout, il faut presque dix minutes aux trois hommes pour parcourir les dix mètres qui les séparent de l'épave.

C'est le chef-pilote qui réussit à toucher la carcasse le premier...

Le cœur battant, il se glisse jusqu'au cockpit qui pend verticalement entre les grosses bûches. Dans l'obscurité, il doit encore se battre avec des tiges de ronces qui s'entrecroisent devant ses yeux et lui griffent les bras et le visage. Peu habitué à ce genre de situation, c'est la panique dans sa tête.

- Tu vois quelque chose, interroge celui qui se trouve juste derrière lui.

- Rien du tout. Si seulement, j'avais pensé à prendre une lampe torche, se plaint le chef de centre.

Il fait maintenant complètement nuit et il doit faire un gros effort pour analyser les ombres devant ses yeux. Avec son idée stupide d'arrêter de fumer, il n'a même pas un simple briquet sur lui... Là, c'est une grosse souche pourrie. Ici, c'est un aileron qui a été arraché au moment de l'impact.

Derrière lui, on s'inquiète.

- Alors?

A tâtons, l'homme découvre les débris du Bijave. il suit les contours de la toile déchirée. Au bout d'un moment, il doit se rendre à l'évidence :

- Il n'y a personne dans ce foutu planeur...

- Qu'est-ce que tu racontes?

Devant l'incrédulité de ses interlocuteurs, le chef s'énerve :

- Je te dis que le Bijave est vide...

Un craquement sous ses pieds.... La verrière en plexiglas repose sur le sol juste à côté du cockpit. Elle est brisée net en deux morceaux.

Dans un premier temps, le chef-pilote pense naturellement que le malheureux a été éjecté par l'avant au moment de l'accident et que son corps gît quelque part au milieu des ronces.

- Appelle du monde, il faut fouiller la végétation, ordonne le chef. Il doit être quelque part au milieu de ce merdier.

A l'arrière, les derniers sauveteurs sont en train d'arriver sur les lieux. Dans la nuit, on ne voit personne. Ce ne sont que des voix inquiètes qui résonnent au hasard... Par moments, on craque des allumettes mais la lumière fragile ne reste que quelques secondes et l'obscurité engloutit tout de nouveau. Assise sur une souche d'arbre, Nathalie sanglote nerveusement. Elle sait déjà qu'elle ne s'en remettra jamais.

L'atmosphère est terriblement pesante... Quelqu'un finit par demander en direction des trois hommes qui ont atteint les tas de bois.

- Il est mort?

Le chef-pilote hésite avant de répondre.

- Heu... Il est pas là...

Une voix demande aussitôt des précisions...

- Comment ça il est pas là?

- Ben, non, il a du être projeté en avant au moment du choc et il doit être dans les ronces. Il faut fouiller partout.

Aussitôt, on s'active de toutes parts pour dégager les longues tiges hérissées d'épines. Tout est bon, on tape à coup de branches mortes dans les broussailles. C'est la pagaille, chacun avance un peu au hasard. On se bouscule sans se voir.

- Bon Dieu... Envoyez quelqu'un au club pour chercher des lampes, lance le chef-pilote. On n'arrivera jamais à rien comme ça.

Tout en parlant, il réalise que l'accident lui a vraiment fait perdre toutes ses facultés intellectuelles... Ce qu'ils sont en train de faire est complètement stupide.

La victime ne peut pas avoir été éjectée du Bijave. Lorsqu'il est en vol, le stagiaire est attaché sur son siège par son harnais. Ce n'est pas une simple ceinture de sécurité, c'est un gros bouclier à cinq branches quasiment indestructible. Quelle que soit la violence du choc, le pilote n'aurait pas pu passer au travers des sangles.

Pour se convaincre, il tâte dans l'obscurité jusqu'à l'intérieur du cockpit du Bijave. Comme il le pensait, le harnais n'est pas arraché. Il a été simplement débouclé. Le parachute est encore là... Il repose à plat sur le tableau de bord. Toutes les boucles sont ouvertes et pendent le long du fuselage vers le nez du planeur.

Du coup, le chef de centre explose à haute voix :

- Je ne comprends pas ce qui est arrivé à cet abruti...

Puis, pris d'une inspiration soudaine, il met ses mains en porte-voix et se met à crier dans la nuit :

- Où es-tu, espèce de petit con?

Le hurlement est lugubre. Il résonne dans la forêt et l'obscurité le rend encore plus menaçant...

Aucune réponse.

Évidemment, c'est la stupeur parmi les nouveaux arrivants dans la clairière. On se dit que le chef-pilote a très mal supporté la disparition de son élève et qu'il va certainement falloir lui administrer une dose massive de somnifères pour qu'il puisse dormir cette nuit.

- Arrête, mon vieux, lance le mécanicien. Ca ne sert à rien de s'énerver. A mon avis, il n'y a plus rien à faire pour lui.

Mais loin de se calmer, le chef-pilote se met à crier derechef.

- Espèce de petit con, je sais que tu es là... Tu te dépêches de venir ou tu vas prendre mon pied quelque part.

Toujours le silence... Chacun se dit que cette fois, il va certainement falloir envisager un internement dans un hôpital psychiatrique, lorsqu'une voix apeurée résonne derrière le groupe des sauveteurs.

- Je suis là...

Tout d'abord, on n'y croit pas.

- Qui est là?

- Ben, c'est moi!

La voix est éraillée et pourrait être celle de n'importe qui.

On ne voit rien dans la nuit. Juste une vague silhouette appuyée contre un arbre. Bien sûr, l'individu porte un pantalon blanc semblable à celui que portait le stagiaire avant de partir en vol mais ça ne veut rien dire. Comme le gars ne bouge pas, ce sont les sauveteurs qui se ruent vers lui.

Celui qu'on prend pour un plaisantin est couvert de taches noirâtres qui maculent la toile blanche de son jeans. On dirait du sang...

En réalité, il n'en est rien. Ce ne sont que des mûres écrasées par dizaines lorsque le miraculé a traversé le barrage des ronces.

C'est le chef-pilote qui arrive le dernier sur lui. Il bouscule tout le monde pour accéder jusqu'à son stagiaire.

- T'es blessé?

- Heu non...

- Comment ça, t'es pas blessé?

- Non... Je n'ai rien, rétorque le stagiaire d'une voix blanche.

En réalité, le jeune pilote a quelques égratignures sans gravité mais elles ne sont que la conséquence de sa traversée dans les ronces juste avant l'arrivée des sauveteurs.

- Pourquoi tu ne t'es pas manifesté dès notre arrivée au lieu de nous laisser te chercher comme des imbéciles?

Le jeune homme baisse la tête. Puis dans un soupir, il finit par avouer.

- D'abord, j'étais parti faire pipi et puis j'ai eu vraiment la trouille quand le chef est arrivé. Il n'arrêtait pas de dire qu'il allait me mettre son pied dans les fesses. J'ai pas osé approcher.

Écœure et soulagé, le chef de centre sent en effet des fourmis lui démanger la pointe de sa chaussure mais il se contient et s'en retourne vers le terrain en bougonnant.

On discute un moment sur l'opportunité de transporter le rescapé à dos d'homme mais celui-ci refuse catégoriquement. Même s'il est un peu choqué par son aventure, il se sent très bien physiquement.

Il ne sait pas comment il a pu se tirer vivant d'une telle aventure. Il sait simplement qu'il était en vrille, il a percuté le sol et pourtant le choc a été particulièrement doux. Il n'a rien ressenti.

Comment a-t-il pu sortir vivant d'un appareil s'écrasant au sol en vrille?

En y regardant de près, le lendemain en pleine lumière, les enquêteurs s'aperçoivent avec stupéfaction que le cockpit n'a même pas touché le sol. En fait, au moment de l'impact, ce sont les ailes qui se sont brisées en premier en percutant les deux tas de bois. L'énergie a été dissipée progressivement, permettant un ralentissement sans brutalité du poste de pilotage.

Pour le jeune pilote, l'impact de la vrille s'est

résumé à un freinage un peu violent. Il n'a eu qu'à larguer la verrière brisée et à descendre de sa machine encore suspendue à moins de 10 centimètres du sol.

Il est intéressant de signaler que le jeune stagiaire est reparti en vol avec le chef-pilote dès le lendemain sur le second Bijave du club. Deux semaines plus tard, il a été relâché en vol solo et l'année suivante il a passé avec succès son brevet de pilote de planeur.

Pour Catherine, la jeune stagiaire, les choses se sont moins bien passées. Profondément choquée par l'accident, elle a refusé catégoriquement de reprendre les cours de pilotage. Malgré toute la persuasion du chef-pilote, elle a définitivement arrêté le vol à voile pour se concentrer sur les randonnées à vélo.

L'AVION DE LIGNE SE POSE DANS LA CAMPAGNE

(Photo au dos du livre)

Aéroport international d'Arlanda (Stockholm). Vendredi 27 décembre 1991.

Il fait très froid sur la Suède en ce matin d'hiver... On est en pleine période de vacances de Noël.

Un McDonnell Douglas MD 81[1] de la compagnie *Scandinavian Airlines System* se prépare à décoller à destination de Varsovie. A son bord, se trouvent 122 passagers et 7 membres d'équipage. Une escale est prévue à Copenhague.

Le vol porte le numéro SK 751. L'avion est immatriculé OY-KHO. Son numéro de série d'usine est 53003/1844. Comme la plupart des avions de la SAS, l'appareil porte un nom de baptême : il s'appelle *Dana Viking*. L'inscription est écrite en lettres italiques noires près du radôme, juste en dessous du pare-brise latéral. Le commandant de bord est un Danois. Il s'appelle Stefan Rasmussen. Tous les autres membres d'équipage sont Suédois.

---

[1] Le MD 81 est une évolution du DC 9 de McDonnell Douglas. C'est un avion de ligne fiable et robuste.

Il est 8 heures 29 minutes du matin... A cette heure, le jour se lève à peine sous cette latitude relativement proche du pôle nord[2]. C'est donc dans une demi-obscurité triste et glacée que le MD 81 roule lentement vers son aire d'envol. Il doit décoller de la piste 01. D'après son plan de vol, il est prévu que l'avion suivra la procédure de départ standard vers le nord en survolant la balise VOR de Dunker.

Comme d'habitude, la météo n'est vraiment pas bonne en cette fin d'année 1991... Il fait gris et très froid. Les centaines de lacs autour d'Arlanda sont complètement gelés. En outre, pour ce vendredi 27 décembre, on prévoit d'importantes chutes de neige sur tout le pays. Quant au plafond des nuages, il ne dépasse pas 200 mètres au-dessus de l'aéroport et une épaisse couche de nimbo-stratus recouvre la région de Stockholm. Pas vraiment un temps pour faire un vol touristique...

Par précaution, on a dû dégivrer l'avion à plusieurs reprises avant qu'il ne commence à rouler vers son point d'attente. Le dégivrage consiste à éliminer la glace qui s'accumule pendant la nuit alors que l'appareil est au parking. Pour cela, on utilise généralement du glycol que l'on projette sous pression sur le fuselage et sur les ailes.

Dans le cas du vol SK 751 cela a pris un certain temps et les passagers installés à bord n'ont pu s'empêcher de manifester quelques mouvements d'impatience tandis que des techniciens de *Nordic*

[2] La ville de Stockholm se trouve au niveau du soixantième parallèle.

Air[3] s'affairaient autour de leur avion. La tête collée contre le hublot, un passager a fait remarquer à haute voix qu'il devait y avoir une sacrée couche de glace pour que le travail des techniciens dure aussi longtemps.

- Ils auraient quand même pu faire ça avant qu'on monte à bord, a protesté l'homme très agacé par le retard.

Car les spécialistes du dégivrage sont passés à deux reprises pour envoyer du glycol sur l'aile du MD 81. De l'avis du râleur pressé, l'épaisseur de la glace devait faire au moins 5 à 6 centimètres.

L'homme n'a pas été seul à protester... Une jeune femme assise dans les premiers rangs a ronchonné ouvertement parce que les employés projetaient du glycol dans toutes les directions et que ce produit allait finir par polluer le sol. Il faut se rappeler que la Suède est un pays qui protège jalousement son environnement et que tout manquement aux règles de protection de la nature provoque aussitôt des réactions scandalisées dans le grand public.

Enfin, à 8 heures 40, l'avion a quitté son parking pour rejoindre le point de manœuvre juste au bord de la piste.

Une fois là-bas, il s'est arrêté pour effectuer les check-lists avant le décollage et attendre l'autorisation de la tour.

---

[3] Compagnie privée suédoise chargée du dégivrage des avions avant le décollage.

A bord du MD 81, les passagers oublient vite qu'il fait très froid dehors. Dans la douce tiédeur de la cabine, ils lisent les dernières nouvelles du journal *Dagens Nyheter* que les hôtesses viennent de leur distribuer avec de grands sourires. Puis on procède aux démonstrations d'utilisation des masques à oxygène et des gilets de sauvetage. Comme souvent, les passagers regardent d'un œil distrait...

La plupart partent une semaine au Danemark pour y passer les congés de fin d'année et ils pensent déjà à leurs vacances.

C'est le cas de Gram Svädström qui est en voyage avec sa femme Kirsten pour rendre visite à sa belle mère à Copenhague. L'homme est dentiste, il a fermé son cabinet pendant les fêtes et il a bien l'intention d'oublier tous ses soucis.

Assis juste au-dessus de l'aile gauche, Gram colle son visage contre le plexiglas du hublot. Il aime bien prendre l'avion et se met toujours à côté d'une ouverture pour pouvoir observer ce qui se passe à l'extérieur. D'ailleurs, il a insisté au moment de l'enregistrement pour qu'on lui donne une place "côté hublot".

Un coup d'œil rapide à sa montre : 8 heures 43. Ils ont vraiment pris beaucoup de retard à cause du dégivrage, mais maintenant, le décollage ne devrait plus tarder. La durée du vol est courte jusqu'à Copenhague. Dans un peu moins de 40 minutes, ils seront arrivés à destination.

A 8 heures 44 minutes, la tour de contrôle d'Arlanda, transmet au MD 81 l'autorisation de quitter le point d'attente.

- *SK 751, you are cleared to line up runway 01. Call when ready for take off...*[4]

Aussitôt, le commandant Rasmussen accuse réception du message radio et dégage son appareil de l'aire de manœuvre. Avec précaution, il pénètre sur la piste 01 et s'aligne exactement au centre de la ligne blanche pointillée, pratiquement face au nord.

Les puissants phares de décollage sont allumés. Ils déchirent la grisaille du béton loin devant le nez du MD 81.

Réacteurs tournant encore au ralenti, l'équipage procède à quelques dernières vérifications.

Puis la tour lui donne l'autorisation de décollage :

- *SK 751, you are cleared for take off 01, squawk 4576.*[5]

Une nouvelle fois, le commandant Rasmussen accuse réception du message et à 8 heures 46 minutes et 05 secondes, il pousse à fond en avant les manettes de gaz qui contrôlent les deux réacteurs Prat & Whitney situés à l'arrière de l'appareil, au niveau de l'empennage.

Moins de 4 secondes plus tard, le pilote lâche les freins. L'avion accélère... Sur la droite du pare-brise, la lumière de l'aube naissante se fait moins

---

[4] SK 751, vous êtes autorisé à vous aligner en piste 01. Rappelez quand vous serez prêt pour le décollage.

[5] Vous êtes autorisé au décollage piste 01. Transpondeur 4576 (moyen de repérage radar).

grise. Le commandant de bord jette un rapide coup d'œil aux paramètres... Tout est absolument normal... Sur le tableau de bord tous les instruments de contrôle des réacteurs sont dans le vert.

Il faut exactement 34 secondes pour que les roues du MD 81 quittent le sol suédois. D'une voix calme, le copilote annonce que le variomètre est positif. Cela signifie que l'avion grimpe normalement.

Alors, comme c'est la procédure, le commandant ordonne :

- *Gear up.*[6]

Le copilote saisit le levier terminé par une roue transparente et le place en position vers le haut.

Un bruit de vérin caractéristique résonne en dessous du plancher. Sous le ventre de l'appareil, les trappes s'ouvrent et les roues équipées de pneus *Good Year 40X14* viennent se loger dans leur cavité. C'est à partir de cet instant que les événements vont se précipiter de manière tout à fait dramatique.

Le MD 81 entame un virage à gauche au cap 258 pour suivre la route imposée par son plan de vol. Le pilote sait que les contrôleurs du radar de Stockholm le suivent à la trace sur leurs écrans, il s'applique donc à respecter les trajectoires prévues. Le plafond des nuages est si bas que 12 secondes seulement après son décollage, l'avion pénètre dans la couche.

---

[6] Train rentré

Rasmussen ne se préoccupe pas d'avoir perdu toute référence extérieure... Il se concentre sur la tenue de sa trajectoire à partir de ses instruments. Dans quelques instants, il lui faudra prendre le cap 214 en direction du Danemark.

Il n'a malheureusement pas le temps d'arriver à cette phase de la procédure de départ.

29 secondes seulement après le décollage, alors qu'il atteint l'altitude de 1 600 pieds, le moteur droit émet un gros "boum" puis il commence aussitôt à vibrer de manière inquiétante.

Les vibrations sont irrégulières... Ce sont des à-coups brutaux qui se répercutent dans la cellule et se retransmettent jusque dans les instruments du tableau de bord.

- *Skit*, lance le copilote, qu'est-ce qui se passe?

Stefan Rasmussen a tout juste le temps de poser la main sur la manette des gaz de droite pour diminuer la poussée du moteur défaillant qu'un klaxon d'alarme incendie se déclenche. Simultanément un gros voyant rouge situé sous la visière du tableau de bord se met à clignoter

- On a des problèmes sur le réacteur numéro 2, lance Rasmussen en tentant d'analyser au mieux la situation.

Les vibrations sont terribles. Ce sont des secousses de très hautes fréquences qui laissent penser que les ailettes du compresseur sont abîmées. Peut-être même que certaines sont brisées et ont été aspirées par le réacteur. Tout cela se confirme au tableau de bord car les indicateurs s'affolent... Et puis cela se complique... Le moteur chauffe. En quelques secondes, la température de

la turbine monte dans la zone rouge.
- On perd de la puissance sur le moteur droit, confirme le copilote en montrant le cadran de l'EPR[7]. Le commandant a immédiatement compris qu'il n'avait pas d'autre solution que de stopper le réacteur défaillant. S'il insiste, il risque de déclencher un incendie qui pourrait se communiquer à l'avion tout entier.
- On coupe le numéro 2, ordonne-t-il en posant la main sur la manette coupe-feu et en la tirant sans hésiter.
Cette action provoque immédiatement une interruption de l'arrivée du carburant dans le réacteur incriminé. Dans la même seconde, une poudre d'extinction sous pression est envoyée à l'intérieur de la chambre de combustion. Grâce à ce système, s'il y a un début d'incendie, il sera circonscrit immédiatement.
Au tableau de bord, les instruments correspondant au moteur droit tombent brutalement à zéro. Les sifflements diminuent de moitié et les vibrations cessent instantanément.
Tout redevient normal. Enfin, presque... puisqu'à présent, le MD 81 ne dispose plus que d'un seul moteur pour le maintenir en vol.

Au milieu de l'appareil, Gram Svärdström, le dentiste, a sursauté en entendant ce grand bruit inhabituel. Il a d'abord pensé qu'il s'agissait du train d'atterrissage qui rentrait un peu bruyam-

[7] Engine Pressure Ratio : indicateur de puissance.

ment dans son logement mais c'était beaucoup trop fort. Et puis, si cela avait été les roues, le bruit serait venu en dessous du plancher... Or, cela semblait provenir de l'arrière...

Et surtout, il y a eu ces vibrations inquiétantes qui ont secoué l'avion. En cabine, les gens se sont aussitôt regardé les uns les autres pour se rassurer. Tout le monde a eu très peur.

- *Gudihimmlen*[8], a gémi une passagère de l'autre côté de l'allée centrale. On dirait que quelque chose est cassé dans l'avion.

Puis soudain, le bruit a cessé d'un coup et tout est rentré dans l'ordre. Tout de suite, les respirations se sont faites moins oppressées. Quelques sourires mal à l'aise sont même apparus sur les visages. Aussitôt, les passagers les plus anxieux se sont précipités sur les boutons rouges qui permettent d'appeler les hôtesses. Des dizaines de carillons ont alors retenti à travers la cabine.

Gram Svärdström n'a appelé personne. Il a saisi la main de son épouse et l'a serrée doucement pour tenter de calmer son angoisse. Devant son air affreusement inquiet, il a murmuré doucement :

- Ne t'inquiète pas. Tout va bien.

Kirsten a eu une toute petite voix...

- Tu crois ?

- Bien sûr. D'ailleurs, on n'entend plus rien. Je t'assure, tout va bien.

Malheureusement, dans le poste de pilotage, tout

---

[8] Mon Dieu.

ne va pas bien. A peine, le commandant Rasmussen a-t-il coupé le réacteur défaillant que la manette des gaz de l'autre moteur est partie toute seule à fond en avant. Un peu comme si l'ordinateur de bord avait voulu compenser de lui-même la perte de puissance en passant automatiquement plein gaz sur le moteur restant...

Le pilote n'a pas le temps de se demander ce qui pouvait bien provoquer une telle réaction de la part de son appareil que brutalement, le réacteur gauche se met à vibrer à son tour.

Il y a un nouveau boum, puis le même scénario se reproduit.

Le moteur vibre très fort... Il chauffe... La fréquence des secousses augmente...

- Nom de Dieu, qu'est-ce qui nous arrive, murmure Rasmussen.

Incroyable ! Le moteur gauche semble pris de symptômes identiques. Ca tape dans tous les coins comme si l'avion n'était plus qu'une vieille guimbarde brinquebalante. Quant à la température du moteur, elle monte rapidement vers la zone rouge.

- *Skit...* On a aussi un problème sur le réacteur numéro 1, confirme le copilote d'une voix angoissée.

Le voyant rouge de la grosse manette se met à son tour à clignoter. L'alarme d'incendie retentit de nouveau.

Ca va brûler !

- Il faut couper le numéro 1, ordonne Rasmussen.

Même manette et mêmes gestes précis pour couper l'arrivée du carburant...

Quelques secondes plus tard, le sifflement du

deuxième moteur meurt doucement. Comme le MD 81 n'a que deux réacteurs et qu'ils sont arrêtés tous les deux, c'est un silence de mort qui envahit brusquement l'avion.

Et maintenant?

Contrairement à ce que pourraient croire les néophytes, lorsque tous les réacteurs d'un avion de ligne s'arrêtent, celui-ci ne chute pas comme une pierre vers le sol. Tous les avions planent. Les petits coucous comme les gros porteurs. Même un Boeing 747 de plus de 400 tonnes peut planer (et plutôt bien d'ailleurs).

Il plane mais évidemment il descend!

En fonction de l'altitude où l'appareil se trouve, il va rester en l'air plus ou moins longtemps. Plus il sera haut et plus il aura de temps avant de toucher le sol... Et justement, dans le cas du MD 81, l'appareil n'était qu'à 3 000 pieds quand la double panne s'est produite. Ce qui veut dire qu'il lui reste environ 50 secondes avant d'être au sol...

Par ailleurs, il y a une autre difficulté pour le pilote... Il est dans une épaisse couche de nuages au travers de laquelle il ne voit rien. Les deux moteurs étant coupés, il n'y a plus aucun alternateur qui fonctionne. Plus aucune alimentation électrique. Seules les batteries de bord délivrent encore un peu de courant pour faire fonctionner quelques systèmes de sécurité essentiels.

Mais l'ordinateur de bord ne fait pas partie des organes vitaux, il a cessé de fonctionner aussitôt que l'alimentation a été interrompue... A partir de maintenant, Stefan Rasmussen ne dispose donc plus pour piloter l'avion que de quelques instruments mécaniques classiques : un compas magnétique tout simple, un altimètre barométrique et un anémomètre standard. Les écrans cathodiques du tableau de bord ne marchent plus. Dès l'arrêt du dernier réacteur, ils ont eu un "coup de flash" et tout s'est éteint brusquement. Comme un poste de télévision qu'on arrête en fin de soirée.

Heureusement, il reste le petit horizon artificiel de secours alimenté par dépression juste au centre du tableau de bord... Le cadran est peu lisible mais Rasmussen peut s'en accommoder. Il a volé de nombreuses années avec des appareils d'ancienne génération. Même si l'instrument mécanique semble bien minuscule comparé aux gros tubes cathodiques habituels, le pilote n'a aucune difficulté pour stabiliser son avion avec les ailes horizontales.

Toujours dans la couche, l'avion descend.

L'aiguille de l'altimètre semble tourner de plus en plus vite. En fait, pendant sa montée, l'appareil a atteint l'altitude maximale de 1 011 mètres exactement et, du fait de la gravité, il est en train de refaire le chemin à l'envers, à toute vitesse...

- Qu'est-ce qu'on va faire, interroge le copilote, abasourdi par la simultanéité des deux pannes.

- Il faut essayer de se poser dans un champ, lance Rasmussen.

Plus facile à dire qu'à faire...

Dans le poste de pilotage, l'angoisse est palpable. L'avion chute à plus de 3 000 pieds par minute.

L'aiguille de l'altimètre indique maintenant 1500 pieds... Le MD 81 est toujours complètement dans la couche nuageuse. Impossible de retourner à Arlanda. L'aéroport est au moins à 15 kilomètres dans le sud. C'est beaucoup trop loin pour l'atteindre en vol plané. Et puis, quoi qu'il en soit, plus aucun instrument de navigation ne fonctionne. Sans visibilité, le pilote n'a aucun moyen de retrouver la piste. Le plus important est donc de maintenir les ailes horizontales et descendre au hasard dans les nuages en attendant de retrouver la vue du sol.

Angoisse...

Il faut attendre d'y voir clair, pour pouvoir chercher un endroit où se crasher... Vu le plafond des nuages, ça ne laissera guère plus de 20 secondes.

Toujours assis près de son hublot Gram Svärdström sursaute une nouvelle fois quand les vibrations reprennent. Cette fois, les passagers se mettent à hurler tout autour de lui. Comme les bruits semblent venir de l'arrière de l'appareil, la plupart se retournent frénétiquement pour tenter de savoir ce qui peut cogner de telle manière.

En vain... on ne voit rien. Les carillons d'appel résonnent de toutes parts. Des dizaines de mains affolées appuient sur les boutons au plafond.

Une hôtesse traverse la cabine d'un pas pressé pour rejoindre un poste d'interphone en liaison avec le poste de pilotage. Au passage, une dame âgée agrippe la veste de son tailleur pour tenter de l'attirer jusqu'à elle.

- Vous allez nous dire ce qui se passe ou je vais

me plaindre à la direction de la compagnie, hurle-t-elle d'une voix hystérique.

Mais l'employée de la SAS ne répond rien. Elle se dégage d'un geste vif et continue de remonter l'allée centrale vers le poste de pilotage.

A cet instant, tous les passagers peuvent remarquer qu'elle est livide.

Puis tout à coup les vibrations cessent pour la seconde fois... En même temps, toutes les lumières s'éteignent. La cabine se trouve plongée dans une demi-obscurité oppressante. Dans la même seconde, les cris semblent s'étouffer et un silence dramatique tombe dans les rangées. Les gens continuent à appuyer sur les boutons d'appel mais ils ne marchent plus.

Cette fois, tout le monde comprend que les choses vont très mal... On pourrait entendre une mouche voler.

Gram Svädström se penche vers son hublot. Il tente d'apercevoir le paysage dehors mais il ne voit rien. L'avion est toujours dans les nuages. Sa gorge se serre brusquement... Il ne veut surtout pas effrayer davantage Kirsten mais, il se dit que tout cela va mal se terminer.

Brusquement, la voix du commandant de bord retentit[9]. L'homme semble calme mais les quelques mots qu'il prononce sont terribles.

- Mesdames, messieurs... Nos deux moteurs viennent de s'arrêter. Dans quelques secondes, nous

[9] Pour des raisons de sécurité, le *Public Adress* qui permet au pilote de parler aux passagers est alimenté par le système de secours.

allons devoir nous poser dans la campagne. Je vous demande de suivre les consignes sécurité et de vous mettre rapidement en position de crash comme le personnel de cabine va vous le montrer.

Les paroles du pilote font l'effet d'une véritable douche froide sur les occupants de l'avion.

- Que Dieu nous protège, gémit la vieille dame devant Gram.

De l'autre côté de l'allée, Gonnar Malstein, un passager barbu saisit la notice plastifiée dans la pochette en face de lui. Il examine rapidement les croquis et se place dans la position indiquée sur les schémas : le corps plié en avant jusqu'aux genoux, la tête contre les jambes, les mains nouées par-dessous les cuisses. Très vite ses voisins l'imitent. On entend quelques gémissements plaintifs mais les cris ne reprennent pas. Personne n'a plus envie de protester. On verra plus tard pour les plaintes auprès de la compagnie.

Gram Svärdström ne se met pas immédiatement en position de sécurité. Il veut à tout prix voir ce qui se passe au-dehors. Dix secondes plus tard, l'appareil sort de la couche nuageuse et on aperçoit enfin le sol. Dans un premier temps, Gram croit que le pilote est en train de faire demi-tour pour se poser à Arlanda mais il se rend vite compte qu'il n'y a aucun bâtiment d'aéroport nulle part et que, de toute évidence, l'avion est déjà beaucoup trop bas. En dessous les ailes, ce n'est que la forêt.

Devant le pare-brise du commandant Rasmussen, les nuages se sont déchirés d'un coup.

Le pilote frémit en voyant à quel point le sol est

proche... Par réflexe, il jette un coup d'œil rapide à l'altimètre : 450 pieds... (150 mètres). C'est terriblement bas pour réussir un atterrissage dans la campagne avec un avion de ligne chargé de passagers, même si la région au nord d'Arlanda est relativement plate et qu'il y a très peu de constructions.

Rasmussen a des milliers d'heures de vol à son actif... C'est un ancien pilote de chasse. Il est bien conscient qu'un crash au hasard avec un avion de ligne ne peut jamais bien se terminer. D'autant qu'il transporte tellement de carburant que l'incendie est inévitable.

Les secondes qui vont suivre risquent d'être les dernières de sa vie.

Si seulement, il pouvait trouver un lac gelé... La surface parfaitement lisse lui permettrait d'atterrir sans trop de casse. La glace céderait certainement sous le poids de l'avion mais les lacs suédois sont généralement peu profonds et les chances de s'en tirer seraient plus grandes.

Malheureusement, il n'y a aucun lac à proximité...

Faire vite... Décider. Les yeux du pilote fouillent la région vers laquelle il chute. Il faut que son choix soit judicieux car dans quelques secondes, il sera par terre.

Il y a deux champs au milieu de la forêt... L'un est relativement grand mais l'approche est délicate à cause de deux maisons juste dans l'axe. L'autre champ est dégagé mais il est terriblement court.

Vite, il faut décider et ne plus changer d'avis.

Le court ou le long?

L'altimètre indique 300 pieds...

Rasmussen décide de prendre le champ le plus court. Il y a bien une petit château à proximité mais la construction ne se trouve pas dans l'axe.

Souplement, le pilote cabre sa machine et réduit sa vitesse pour que l'énergie de l'impact soit la plus faible possible. L'idéal serait de toucher le sol aux environs de 200 kilomètres à l'heure.

Un léger virage à droite pour se placer juste dans l'axe du champ. Ca semble vraiment très court.

Dans le poste de pilotage, le tableau de bord reste désespérément éteint. Personne ne parle... On n'entend que les filets d'air qui sifflent sur les montants du pare-brise. Le copilote a laissé définitivement les commandes au patron. Il se contente d'attendre les instructions.

L'avion "marsouinne"[10] insensiblement... A présent, la vitesse est descendue à 220 kilomètres à l'heure... C'est peu pour un avion à pleine charge. Les commandes semblent molles. Attention au décrochage. Ce serait trop bête de perdre le contrôle de l'appareil dans les dernières secondes de l'approche. Si le MD 81 bascule sur une aile, c'est la fin.

Le sol approche... On commence à apercevoir distinctement chaque détail de la forêt. Des grosses pierres dans un petit chemin, les branches des arbres sans neige dessus. Et puis, juste devant

---

[10] Petits mouvements d'assiette qui apparaissent lorsque la vitesse devient trop faible et que l'avion approche du décrochage.

l'avion, il y a soudain une ligne à haute tension que Rasmussen n'avait pas vue.

Il tire imperceptiblement sur le manche pour passer juste au ras du danger. Les gros câbles de 20000 volts défilent quelques mètres sous le fuselage. La vitesse a encore diminué.

Le pilote pousse un rapide soupir puis il ordonne d'une voix ferme :

- On sort le train et les volets.

C'est une bonne décision. L'expérience a montré qu'au cours d'un atterrissage en campagne, il est préférable d'avoir le train d'atterrissage sorti. En effet, même si les roues sont généralement arrachées au cours de l'impact, l'énergie ainsi dissipée contribue à ralentir l'avion[11].

Le copilote a obéi immédiatement. Au moment où le ventre du MD 81 est sur le point de toucher la cime des arbres, les roues se déploient.

- Dis aux pax [12] de s'accrocher, lance le commandant de bord, en resserrant lui-même son harnais d'épaule en position verrouillée...

Aussitôt, le copilote saisit le micro du Public Adress et lance un dernier message à l'intention des passagers.

- Vérifiez vos ceintures et gardez la position de crash... Nous allons nous poser dans quelques secondes, dit-il d'une voix nouée par l'émotion.

---

[11] On conseillait autrefois de laisser glisser l'avion sur le ventre mais il en résultait une vitesse résiduelle trop forte après l'impact et des risque plus grands en face des obstacles éventuels.

[12] "Passagers" en langage aéronautique.

Un coup d'œil à l'indicateur de vitesse. Maintenant, l'avion n'est plus qu'à 200 kilomètres à l'heure. Presque 190... Rasmussen transpire à grosses gouttes... Impossible de voler moins vite sans risquer de décrocher.

Le MD 81 plonge sur le sommet des arbres.

Cette fois, ça va toucher...

Du bout des lèvres, Rasmussen murmure une rapide prière. Cela dure une fraction de seconde mais il prend le temps de recommander son âme à Dieu.

Ca touche... Ca y est. On entend le vacarme des premières branches qui raclent le fuselage. Elles viennent se briser contre les montants latéraux du pare-brise. Elles griffent la peinture le long du fuselage avec des crissements aigus...

C'est terrifiant.

Au moment des premiers contacts avec les arbres, l'avion est fortement cabré. C'est donc la moitié arrière qui s'enfonce d'abord profondément dans la forêt. L'avant semble émerger des bois comme la spatule d'un ski nautique.

Rasmussen se bat avec sa machine pour la maintenir dans cette position.

Le fuselage entre en vibration sonore et les tonnerres des milliers d'impacts sont amplifiés à l'intérieur de la cabine.

Gram Svädström a cessé de regarder par le hublot. Dès les premiers chocs, il a saisi l'épaule de Kirsten et s'est plié fortement en avant pour tenter d'amortir le choc. A cet instant, il est persuadé qu'il ne peut pas s'en sortir vivant. Autour de lui, les passagers sont tous penchés sur leurs genoux dans la même attitude.

Tous sont terrorisés.

- *Hjalp*[13], mon Dieu, murmure une voix plaintive derrière Gram.

La voix est si faible qu'il ne parvient pas à savoir si c'est un homme ou une femme qui a parlé.

L'intensité des bruits augmente. Il y a des crissements étranges. Ca racle de partout. Des branches d'arbres raclent les hublots. La cabine est secouée comme un camion roulant sur une route mal pavée.

Et puis soudain, Gram entend un craquement bien plus fort que les autres. L'avion semble se tordre sur lui-même.. L'aile droite vient d'être arrachée au niveau de l'emplanture.

C'est à ce moment précis que se produit le premier miracle de ce crash. L'arrachement aurait dû normalement faire pivoter l'appareil sur la droite au plus profond des arbres, ce qui aurait inévitablement provoqué une épouvantable explosion. Or, l'avion reste stable. Il se maintient à plat et s'enfonce simplement dans les branchages.

Tout autour du fuselage, d'énormes branches sont fracassées par l'impact de cette masse de ferraille lancée à 180 kilomètres à l'heure.

Assis tout à l'arrière de l'appareil Göran Schmidt attend lui aussi la mort.

Comme tout le monde, il s'est placé en position

[13] Aidez-moi.

de crash. A son niveau, le vacarme est encore plus terrible. Il est assis juste au niveau des réacteurs qui se sont éteints depuis une minute maintenant. Le buste penché en avant comme il l'a vu sur la brochure, Göran attend la seconde où il va être pulvérisé.

Il est terrorisé. L'avion craque de toute sa cellule... Ce n'est plus qu'un hurlement de métal qui se déchire...

Brusquement, il y a un choc encore plus brutal. Cette fois, l'avion vient de percuter le sol.

Juste en dessous de ses pieds, Göran Schmidt perçoit des raclements stridents qui lui font mal aux oreilles. C'est aigu comme la craie d'un instituteur crissant sur un tableau noir. Maintenant, ça freine très fort. Les passagers sont projetés en avant. Instinctivement, ils s'agrippent au dossier du fauteuil devant eux repoussant le passager précédent encore plus en avant.

Au niveau des hanches, les ceintures deviennent très douloureuses...

Au milieu de la cabine, Gram Svädström parvient à relever la tête malgré le chaos. Avant de mourir, il veut voir ce qui va lui arriver... Quelques images fortes s'impriment à jamais dans son cerveau. Il les décrira plus tard aux enquêteurs : des gerbes d'étincelles qui jaillissent d'un boîtier électrique près du poste de pilotage.

De la fumée...

Puis au milieu des secousses terribles, une étrange lumière vive semble jaillir à l'avant, juste au niveau des premières classes... Gram ne comprend pas immédiatement que l'avion vient de se casser en deux. Il y a un autre craquement de métal derrière lui : le fuselage se brise une nouvelle fois. Les deux tronçons se séparent et se déboîtent l'un de l'autre.

Un vent glacial s'engouffre aussitôt dans la carlingue.

Et brusquement, c'est le silence...

Il est exactement 8 heures 51 minutes... L'accident est terminé... Pendant quelques secondes, plus rien ne bouge à bord. Puis les gens relèvent lentement la tête, stupéfaits d'être toujours vivants.

- C'est fini, chuchote une voix...

Soudain, un vent de panique semble souffler dans l'épave du MD 81.

Les passagers se mettent à hurler.

- Ca va prendre feu. Dehors... Vite dehors !

En une seconde, tout le monde se précipite pour sortir de la carcasse. Devant Göran Schmidt, une dame tente de se lever de son siège sans y parvenir. Affolée, elle se met à hurler pour qu'on lui vienne en aide. Dans la panique, elle ne réalise pas qu'elle a simplement oublié de déboucler sa ceinture. A présent, c'est la confusion. Une forte odeur de kérosène envahit ce qui reste de l'avion... Tout le monde a peur du feu. Les passagers se bousculent pour accéder à une issue. Certains ont le réflexe de se jeter carrément par l'ouverture béante au milieu du fuselage mais d'autres trépignent d'impatience en faisant la queue devant les portes.

Le second miracle a lieu à cet instant précis.

Il faut se rappeler que le MD 81 vient tout juste de décoller. Ses réservoirs sont pleins à ras bord de carburant. Or, malgré la violence du choc, l'appareil ne prend pas feu.

Pas la moindre flamme.

Le kérosène coule de partout et rien ne se passe.

Spectacle surréaliste, au milieu des passagers affolés, une jeune femme blonde prend le temps de récupérer son sac à main et ses affaires dans le coffre à bagage au-dessus de son siège. Calmement, elle enfile son manteau alors que les gens la bousculent pour atteindre une issue.

- *Skinda pä*[14], ordonne une hôtesse en lui montrant l'issue de secours qu'elle vient de dégager au niveau du moignon d'aile droite.

Nul besoin de déployer les toboggans d'évacuation. Le seuil de la porte est exactement au niveau du sol. Les miraculés n'ont qu'à franchir une toute petite marche pour poser le pied sur le sol gelé.

Gram Svärdström sort par l'issue de secours placée au-dessus de l'aile gauche. Une fois sur l'aile, il est surpris de se trouver exactement au niveau du sol. C'est à ce moment qu'il réalise que le train d'atterrissage et le dessous de l'avion ont disparu.

Le crash a eu lieu dans un champ de 300 mètres de longueur à proximité d'un petit manoir près de Gottröra, à seulement 15 kilomètres au nord de l'aéroport d'Arlanda. L'avion est tout proche des

[14] Dépêchez-vous.

arbres dont il a accroché les cimes. Il s'est arrêté en moins de 200 mètres alors que dans les meilleures conditions d'un atterrissage normal, il faut compter au minimum 900 mètres pour stopper un MD 81. C'est d'ailleurs certainement la violence du freinage qui a brisé le fuselage.

Dans le poste de pilotage, le commandant Rasmussen se dégage lui aussi de son siège. Il est un peu sonné. Quelques gouttes de sang perlent de sa tempe. Sa tête a porté contre le montant latéral gauche du cockpit lorsque la section avant du fuselage a pivoté d'un coup vers la droite.

A ses côtés, son copilote tente lui aussi de se dégager mais il n'y parvient pas. Son siège est bloqué en position face au tableau de bord et le verrouillage refuse de se décoincer.

- Vite, dehors, ordonne le commandant!

Comme le copilote ne peut pas sortir, Rasmussen tire de toutes ses forces vers l'arrière. C'est très dur mais le verrouillage du siège finit par céder[15].

Les deux hommes évacuent l'avion par la porte avant gauche qu'une hôtesse a déjà ouverte.

Tout va alors très vite...

Moins de 2 minutes plus tard, la majorité des occupants a évacué l'épave. Seul un passager reste toujours bloqué sur son siège et on ne parvient pas

---

[15] Le lendemain, en revenant à l'intérieur du poste de pilotage, Rasmussen tentera de faire bouger une nouvelle fois le siège de son copilote mais il ne pourra y parvenir.

à l'en extraire. L'homme est blessé. Il se trouvait à l'endroit précis où le fuselage a cassé et son siège s'est littéralement refermé sur lui.

Une fois dehors, les gens se regardent hébétés. Ils s'éparpillent autour de l'épave. Choqués, ils courent n'importe où puis s'arrêtent sur place, ne sachant que faire. Leur premier étonnement vient du fait qu'ils sont vivants.

Puis ils cherchent les sauveteurs...

- On ne voit pas de gyrophares, pense Gunnilla Christensen, une passagère suédoise stupéfaite de constater qu'il n'y a absolument personne.

Autour des rescapés, c'est la campagne glacée... Personne ne se précipite pour leur porter assistance. Il faut se rappeler que les réacteurs de l'avion se sont arrêtés, il y a moins de 3 minutes. Les secours ne sont évidemment pas encore sur place. Du coup, les passagers se contentent de battre des pieds dans la neige pour se réchauffer.

Le commandant de bord court autour de l'épave pour demander aux gens de s'écarter au maximum. Il craint que le feu ne finisse par prendre car le carburant coule toujours de l'aile déchiquetée.

A ceux qui lui demandent ce qui s'est passé, il répond simplement.

- Les deux moteurs se sont arrêtés...

Alors spontanément, une femme vient lui serrer la main, puis un jeune homme et une autre femme.. On lui tape sur l'épaule avec soulagement. Les paroles de remerciements fusent de toutes parts.

- Vous nous avez sauvé la vie...

Rasmussen tente de sourire mais il n'y parvient

pas. Malgré la prouesse incroyable qu'il vient de réussir, ce n'est certainement pas le plus beau jour de sa vie... Il se contente donc d'insister une nouvelle fois pour que les gens s'écartent de l'épave. Pas facile, car maintenant, chacun veut absolument récupérer ses bagages à main dans les coffres de la cabine. Finalement, las de courir en tous sens, le commandant de bord retourne aider son équipage qui porte assistance au passager toujours bloqué sur son siège.

L'homme semble souffrir beaucoup. On décide de lui administrer des calmants trouvés dans la boîte à pharmacie de l'avion. Cela prend quelques minutes car le placard à médicaments est fermé et, dans l'affolement, on a du mal à retrouver la clé.

Au bout de cinq minutes, comme on ne parvient toujours pas à dégager le blessé, des volontaires se rendent jusqu'au petit manoir, espérant trouver quelques outils qui permettraient de désincarcérer le malheureux.

En voyant les rescapés se présenter à sa porte, le propriétaire des lieux ne peut dissimuler sa surprise : bien que l'avion se soit "posé" à moins de 600 mètres de chez lui, l'homme n'avait rien entendu. Moteurs coupés, l'appareil n'a pas fait le moindre de bruit.

Malheureusement il ne dispose d'aucun outil qui puisse être utile pour dégager le blessé.

A 9 heures et 02 minutes, le premier hélicoptère arrive sur les lieux. L'appareil vient se poser à quelques dizaines de mètres du MD 81 en soulevant une immense gerbe de neige.

Inutile de décrire la surprise des pilotes qui croyaient devoir affronter l'horreur habituelle des accidents aériens et qui découvrent des passagers en train de décharger calmement leurs bagages personnels de l'avion.

On demande aux hommes de l'hélicoptère s'ils disposent d'outils à bord pour dégager le blessé. Malheureusement, ils n'en ont pas non plus...

Pendant qu'on s'affaire autour du blessé pour calmer son angoisse et le réconforter, le commandant Rasmussen tente de compter les rescapés. Il craint qu'au moment où le fuselage s'est rompu, certains passagers aient été éjectés au loin. Mais la tâche est plus difficile qu'il n'y paraît. Beaucoup de gens sont choqués et ne l'écoutent pas. Ils marchent au hasard dans la nature en remerciant le ciel de les avoir épargnés. L'un d'eux est même à genoux dans la neige en train de prier...

Rasmussen ne va tout de même pas les faire mettre en rang deux par deux, alors il leur demande une nouvelle fois de s'éloigner le plus possible de la carcasse de l'avion. Le kérosène forme maintenant une grande flaque qui s'étale dans le champ gelé. Inconscients, les rescapés piétinent allègrement dans le carburant sans réaliser le danger...

Gram Svärdström parvient à s'approcher du pilote. Il voudrait bien se rendre utile...

- Ma femme et moi, nous sommes dentistes. Nous pouvons apporter les premiers soins à ceux qui en ont besoin. Le commandant de bord lui montre un passager assis dans le champ. L'homme se tient le bras en grimaçant.

- Voyez ce que vous pouvez faire pour soulager ce monsieur. Pour les autres, ça devrait aller...

Vingt minutes plus tard, les premiers secours terrestres arrivent sur les lieux. Un véritable convoi de gyrophares... Ce sont plusieurs dizaines d'ambulances et de véhicules de lutte anti-incendie qui déboulent en trombe, toutes sirènes hurlantes. En fait, beaucoup de matériel qui ne va pas servir à grand chose... Les sauveteurs restent médusés par le spectacle de cet avion brisé en trois morceaux avec ses passagers sains et saufs... Quelques photos rapides pour les souvenirs personnels, puis, comme il n'y a pratiquement rien à faire, les ambulanciers repartent très rapidement... à vide.

Seules les deux personnes gravement blessées sont transportées à l'hôpital d'Uppasala. Encore faut-il relativiser, la gravité des traumatismes subis car le bilan final fait état d'une blessure au dos et d'un bras cassé. Pour une catastrophe de cette ampleur, c'est un véritable miracle!

Du coup, les préoccupations des sauveteurs semblent bien futiles.

La première est de pomper le kérosène qui s'échappe sur le sol pour éviter de polluer la nappe phréatique. Écologie...

La seconde revient aux employés de la Scandinavian Airlines System qui entreprennent rapidement de recouvrir de peinture le logo de la compagnie sur le fuselage de l'avion. Il faut à tout prix éviter qu'il ne soit photographié par des journalistes. Réflexe classique d'une compagnie aérienne qui ne veut pas voir divulguer à travers le monde des photos associant son nom à un crash. Ce n'est pas une bonne publicité et cela fait toujours très mauvais effet dans l'inconscient du public.

En moins d'une heure, une couche de peinture blanche recouvre donc le nom de la compagnie Scandinave.

Quelques heures après l'accident, le PDG de SAS, Peter Forssman adresse un vibrant hommage à l'équipage du MD 81 et en particulier à son commandant de bord Stefan Rasmussen. De nombreuses personnalités politiques se déplacent jusqu'à l'épave de l'avion, davantage par curiosité que pour montrer des signes de compassion. Pendant quelques jours Gottröra devient un véritable lieu de pèlerinage... Même le Premier Ministre Suédois fait un détour pour visiter ce site touristique hors du commun.

Le lendemain, la presse suédoise fera ses gros titres sur l'atterrissage spectaculaire de l'avion de la SAS. L'accent sera évidemment mis sur l'exploit réalisé par le pilote. L'homme est qualifié de héros du ciel ou même de meilleur pilote du monde. On soulignera évidemment qu'il n'y a que 2 blessés graves[16] et 22 blessés légers (ces derniers n'étant d'ailleurs que très légèrement blessés). Les journaux publient des articles sur le sang froid extraor-

[16] Il est intéressant de remarquer que 2 ans plus tard, au moment de la publication des résultats de l'enquête, les 2 blessés graves seront devenus 8 blessés graves...

dinaire des pilotes de ligne. Techniciens surentraînés qui sont capables de réagir avec le plus grand calme en toutes circonstances.

Les analyses de l'accident ne sont pourtant pas toutes dithyrambiques. Car le crash appelle évidemment une sérieuse question : quel facteur a bien pu provoquer l'arrêt simultané des deux réacteurs ? La probabilité pour que les deux moteurs d'un avion tombent en panne dans la même minute est extrêmement faible. Il n'y a pas un risque sur dix milliards. Quelle est donc la cause extérieure qui a provoqué l'arrêt simultané des deux réacteurs ?

Dès les premiers instants qui ont suivi le crash, la piste de la glace a été avancée. Le givrage est en effet, un phénomène atmosphérique qui peut se révéler terriblement dangereux pour l'aviation. Lors de la traversée de certains nuages, un avion peut se recouvrir d'une véritable couche de glace. Dans ce cas, son poids augmente, le profil de ses ailes se déforme et ses performances se dégradent rapidement[17]. Cela peut se terminer par un crash...

Pourtant dans le cas du MD 81 de la SAS, l'avion n'a pas volé assez longtemps pour que la glace ait eu le temps de s'accumuler. Entre le moment du décollage et le début d'incendie, les réacteurs n'ont pas fonctionné plus d'une minute. La seule

[17] Pour éviter ce problème, les avions sont équipés de systèmes de dégivrage qui envoient de l'air chaud pris sur le compresseur dans les parties sensibles au givrage (bord d'attaques, entrées d'air, parties mobiles).

explication serait donc que l'avion a décollé en étant déjà porteur de glace accumulée pendant la nuit. Juste après le décollage, ces lourdes plaques se seraient détachées et auraient été aspirées par les entrées d'air des réacteurs. Dans ce cas, les ailettes des compresseurs n'auraient pas résisté à un tel traitement et les deux moteurs seraient partis en charpie...

Certains faits confortent rapidement les enquêteurs vers cette théorie : on retrouve des morceaux du réacteur gauche dans un jardin tout près de l'aéroport d'Arlanda... à plus de 15 kilomètres du crash. Preuve que les problèmes sont survenus pratiquement au moment du décollage.

Une sourde polémique fait rage en Suède pour trouver un coupable. Car même s'il y a eu un miracle, quelqu'un a commis une faute... On soupçonne immédiatement le mécanicien du vol SK 751. C'est lui qui était chargé d'examiner soigneusement l'avion avant le vol. Au cours de cet examen, il devait notamment prendre un escabeau et passer la main sur la partie supérieure de l'aile afin de vérifier qu'aucune pellicule de glace ne s'y était accumulée au cours de la nuit.

Rapidement, la presse désigne le mécanicien comme le responsable potentiel du drame...

La vérité est un peu différente !

Le 21 octobre 1993, soit près de deux ans après l'accident, Johan Juhlin, porte-parole de la SAS révèle les principaux résultats de l'enquête. La conférence a lieu devant un parterre de journalistes avides de connaître la vérité. A la surprise générale, l'homme se livre à une véritable critique de la compagnie aérienne.

Il explique que c'est bien l'ingestion de glace par les deux réacteurs qui a causé la catastrophe.

Mais il précise aussitôt que le véritable responsable, ce n'est pas le mécanicien en charge de l'inspection de l'avion mais c'est la SAS.

A son avis, la compagnie a commis certaines erreurs flagrantes au niveau des procédures car les instructions fournies aux équipages étaient très incomplètes...

Le 27 décembre 1991, jour du crash, le mécanicien est bien monté sur un escabeau pour passer la main sur l'aile et vérifier l'absence de glace. Tout semblait normal sur la partie examinée manuellement... mais les enquêteurs ont démontré que cette technique était totalement insuffisante pour vérifier qu'il n'y avait pas de glace à d'autres endroits de l'aile.

Et justement, un peu en retrait, la majeure partie de l'aile était recouverte d'une épaisse plaque de glace de plusieurs dizaines de kilos. Malgré le dégivrage la masse de glace n'a pu disparaître totalement.

Quelques secondes après que l'avion ait pris l'air, cette plaque s'est décollée brutalement et a été ingérée par les deux réacteurs. Les ailettes des compresseurs ont été littéralement pulvérisées. Vibrations: surchauffe immédiate, début d'incendie, on connaît la suite.

Les procédures de surveillance du givrage ont été considérablement modifiées à la SAS. A la suite du crash, tout le personnel a été sensibilisé à la gravité du phénomène. Il est peu probable qu'il se reproduise un jour.

Souhaitons-le car il est encore moins probable qu'un tel miracle puisse avoir lieu deux fois de suite.

CATASTROPHE, MIRACLE, ET... HISTOIRE D'AMOUR

Orly-Sud.
26 octobre 1977.
22 heures 40.

Audrey Guy est hôtesse de l'air à Air France. Âgée de 23 ans, elle est affectée sur des lignes moyen courrier et vole principalement sur Boeing 727.

Pourtant, aujourd'hui, ce n'est pas en tant qu'hôtesse que la jeune femme se prépare à prendre l'avion pour Rio mais comme une passagère ordinaire. Elle part en vacances... C'est la raison pour laquelle, elle attend devant le comptoir d'enregistrement de la compagnie brésilienne Varig.

La procédure d'enregistrement n'est pas la même pour elle et pour les autres passagers. En effet, comme Audrey fait partie d'une compagnie aérienne, elle bénéficie d'un billet "GP" [1] qui lui permet d'embarquer gratuitement sur le vol...

Ces billets de faveur sont évidemment très pratiques, sauf qu'ils ne donnent pas droit à une réser-

[1] Gratuité de Passage.

vation. Ils ne sont valables que dans la mesure où il y a des places disponibles à bord.

Et justement, ce soir-là, l'avion de Rio est plein à craquer. Pourtant, c'est un gros porteur DC 10 qui peut embarquer près de 400 passagers mais la liste des passagers prévus est complète. Audrey n'a donc d'autres solutions que d'attendre la fin de l'enregistrement en espérant une éventuelle défection de dernière minute. Bien sûr, elle pourrait prendre le vol de demain sur lequel il y a de la place mais ses vacances sont courtes et ses amis du Brésil l'attendent avec impatience. Audrey croise donc les doigts en priant pour qu'un des passagers ne se présente pas. Il lui suffirait que quelqu'un se trompe d'aérogare ou ne trouve pas de taxi. Espoir secret que connaissent bien tous les bénéficiaires de billets GP lorsqu'ils se présentent devant un comptoir d'enregistrement bondé.

Devant le comptoir de la Varig, le temps passe donc lentement au rythme des passagers qui déposent leurs bagages sur le tapis roulant... Audrey regarde sa montre avec inquiétude... Le décollage est prévue à 23 heures 30.

La longue file d'attente diminue peu à peu.

Finalement à 23 heures, l'employée de la Varig fait signe à la jeune femme de s'approcher. Elle arbore un grand sourire :

- Vous avez de la chance, nous avons un *no-show*[2].

---

[2] Passager sur la liste mais qui ne se présente pas au moment de l'embarquement.

Il me reste une seule place. Je l'ai gardée pour vous.

Soupir de soulagement. Cette fois, c'était vraiment très juste. Sans perdre de temps, l'hôtesse pose ses deux sacs de voyage sur le tapis et récupère sa carte d'embarquement.

Quelques minutes plus tard, elle court à travers les couloirs de l'aérogare. Elle prend tout de même le temps de s'arrêter dans une boutique Duty-free pour acheter des cadeaux à ses amis de Rio : une bouteille de whisky Carte Noire et un carré Hermès qu'elle choisit avec soin. De toute manière, maintenant qu'elle a sa carte d'embarquement, l'avion ne pourra plus partir sans elle[3].

Il est 23 heures 15 lorsqu'elle se présente à la porte du DC 10. Tous les autres passagers sont déjà installés. L'hôtesse de la Varig l'accueille avec un sourire commercial et lui désigne la partie avant de l'appareil où se trouve la seule et unique place encore disponible à bord. Audrey jette un rapide coup d'œil dans la cabine. Aucun doute, l'avion est complet. Pour être de la profession, elle sait que le fait est relativement rare. Dans la plupart des cas, il reste toujours une dizaine de places disponibles[4].

---

[3] Pour des raisons évidentes de sécurité, l'absence d'un passager ayant procédé aux formalités d'enregistrement oblige la compagnie à retirer ses bagages de la soute avant de pouvoir décoller.

[4] Rappelons que la scène se passe en 1977. Les avions complètement pleins sont beaucoup plus fréquents aujourd'hui car de nombreuses compagnies aériennes n'hésitent pas à surbooker leurs listes de réservation pour remplir complètement leurs avions.

La jeune femme commence à remonter l'allée de droite pour rejoindre sa place. Dans un avion, les ultimes retardataires ne passent jamais inaperçus. Elle doit donc affronter le regard des autres passagers qui la dévisagent avec attention. Les femmes semblent parfois un peu agacées en pensant qu'on n'attendait qu'elle pour fermer les portes. Les hommes paraissent plus indulgents en voyant cette jolie jeune femme passer auprès d'eux. Au moment où elle est sur le point de s'asseoir à sa place, elle est soudain prise d'une sensation très désagréable. C'est comme un mauvais pressentiment. Ses yeux font lentement le tour de l'immense cabine à double allée... Elle ne s'assoit pas... Elle regarde les passagers qui l'entourent. C'est incroyable ! Impossible d'analyser ce qui lui arrive mais elle a peur...

Elle a peur de se trouver dans cet avion. C'est la première fois de sa vie que cela lui arrive. Au fond d'elle-même, elle se trouve complètement ridicule. Elle tente de se raisonner. C'est le monde à l'envers... Elle qui travaille au sein d'une compagnie aérienne plusieurs centaines d'heures par an... La voilà tout à coup terriblement troublée de partir pour une banale traversée transatlantique.

Est-ce parce qu'il n'y a pas de DC 10 à Air France ou bien parce que le gros triréacteur ne bénéficie pas d'une bonne réputation depuis le terrible accident d'Ermenonville[5]. Elle ne saurait dire. Tout

[5] L'appareil s'est écrasé à cause d'une porte de la soute mal fermée. Sous la différence de pression entre la cabine et l'extérieur, le plancher s'est effondré et a provoqué un blocage des commandes de vol

cela est complètement irrationnel mais une sorte de sixième sens lui dit qu'il va se passer quelque chose..

Très mal à l'aise, elle finit par s'asseoir à sa place le long du couloir. Mais elle tremble imperceptiblement... Que se passe-t-il? A-t-elle pris trop de café aujourd'hui pour que ses mains se mettent à trembler de cette façon?

Pour éviter de se faire remarquer, elle ne prend même pas la peine de retirer son manteau ni de mettre son sac et sa bouteille de whisky dans le coffre à bagages. Elle garde le tout sur ses genoux.

Avec des gestes nerveux, l'hôtesse de l'air verrouille la boucle de sa ceinture de sécurité. Puis elle reste parfaitement immobile, les yeux fixés droit devant elle.

- C'est sûrement la première fois que vous prenez l'avion, demande une voix à côté d'elle dans un français maladroit.

Surprise, Audrey se tourne vers son voisin qui la fixe avec un sourire narquois. L'homme a un physique plutôt avantageux mais sur le moment, elle ne le remarque pas... Elle ne pense qu'à son angoisse incontrôlée.

En guise de réponse, elle se contente d'un vague hochement de tête qui pourrait tout vouloir dire.

Du coup, l'homme prend cela pour un acquiescement.

- Vous avez tort d'avoir peur... Les avions ne sont pas dangereux... Il ne faut pas vous inquiéter, renchérit-il. Je voyage régulièrement sur cette ligne et tout se passe toujours parfaitement bien.

L'accent de son interlocuteur est tellement prononcé qu'elle finit par se tourner vers lui pour l'observer. L'homme doit être anglais. Il est beau et bien bâti et tout compte fait, elle ne peut s'empêcher de trouver un certain charme à ce passager si courtois.

- Décontractez-vous, insiste-t-il, de nouveau.

En se mordant les lèvres de rage contre elle-même, Audrey réplique :

- Mais je suis décontractée...

L'homme semble retenir un sourire moqueur. Le ton est si nerveux qu'il ne fait aucun doute qu'elle ment.

Quelque minutes plus tard, le gros avion commence à rouler vers son point d'attente avant le décollage. Instinctivement, Audrey tente de regarder par le hublot pour savoir où ils vont.

Elle a effectué des centaines de décollages à partir de l'aéroport d'Orly. Elle connaît exactement les cheminements qui conduisent aux différentes pistes. Comme l'avion s'engage par le taxiway 47 et qu'il se dirige vers l'aérogare Ouest, elle en conclut immédiatement qu'ils vont décoller de la piste 25. Celle dont l'extrémité ouest passe à une centaine de mètres de l'autoroute du Sud.

A côté d'elle, son voisin continue à bavarder d'une voix calme. Il débite des banalités mais le ton est paisible et rassurant. L'homme donne vraiment la sensation de vouloir calmer une jeune femme qu'il prend pour une véritable novice.

Audrey l'écoute sans répondre... Pourtant, l'Anglais est attirant... Il est directeur financier d'une entreprise multinationale basée au Brésil et

voyage beaucoup pour ses affaires. A son avis, Varig est une bonne compagnie aérienne sur laquelle on ne risque absolument rien.

Audrey voudrait bien le croire mais elle n'y arrive pas... Au fond d'elle-même, elle est terrorisée.

- Vous devriez mettre votre sac là-haut dans le coffre et ôter votre manteau, suggère l'Anglais d'une voix suave. Vous n'allez tout de même pas faire tout le voyage avec ce gros paquet sur les genoux.

Butée, Audrey fait non de la tête.

Il insiste en montrant le sac rouge et blanc aux couleurs d'une grande marque de cigarettes américaines.

- Ne me dites pas que vous avez peur que quelqu'un vous pique votre bouteille de whisky?

Elle montre les consignes lumineuses allumées sur le plafonnier.

- Ce n'est pas ça, mais maintenant qu'on a commencé à rouler, je n'ai pas le droit de me lever. Il faut garder les ceintures attachées.

Lorsqu'elle travaille, Audrey est la première à faire la guerre aux passagers indisciplinés qui se lèvent de leur place malgré les consignes. Elle ne va tout de même pas se comporter comme eux.

Sans la quitter des yeux l'homme sourit de plus belle.

- Je m'appelle John et vous?

Elle répond l'esprit ailleurs.

- Audrey...

- Vous avez tort de vous en faire, Audrey, reprend-il. D'ailleurs pour vous prouver que j'ai raison, je vous fais une proposition...

La jeune femme dresse l'oreille alors que son interlocuteur poursuit...

- Je vous parie que dans quelques heures nous serons tous les deux, sains et saufs au Brésil et que vous direz que le voyage aura été formidable. Si je gagne mon pari, je vous invite à dîner dans le restaurant le plus chic de Rio?

En d'autres circonstances Audrey aurait éclaté de rire devant cette méthode de drague plutôt inattendue. Mais elle n'en a pas vraiment le cœur car le DC 10 est en train de quitter l'aire du terminal Ouest. Sans marquer de temps d'arrêt, il s'engage maintenant directement sur la piste 25.

- On va décoller, murmure-t-elle d'une petite voix.

- Ca me paraît indispensable si l'on veut arriver au Brésil, rétorque l'Anglais toujours parfaitement décontracté.

Audrey se mord une nouvelle fois les lèvres...

- Et vous? Est-ce que vous n'avez jamais peur en avion?

L'homme hausse les épaules.

- Honnêtement non. Vous savez, quand on vole beaucoup, on prend très vite l'habitude... Vous verrez que vous finirez par vous habituer au bout de deux ou trois voyages.

Devant la gentillesse des paroles, Audrey voudrait expliquer à son interlocuteur à quel point il se trompe sur son compte mais elle n'en a pas le courage. Elle va se couvrir de ridicule...

Justement, voilà qu'il demande d'une voix douce :

- Que faites-vous dans la vie?

Une seconde d'hésitation... Puis elle bafouille d'une petite voix :

- Je travaille comme hôtesse... dans... heu... un grand hôtel. J'accueille les clients à la réception...

L'Anglais remarque bien évidemment qu'elle a eu un temps d'hésitation mais il ne dit rien. Il met ce trouble sur le compte de l'émotion du décollage qui approche...

D'ailleurs Audrey n'a pas le temps de s'expliquer davantage car le sifflement des réacteurs se fait soudain plus présent.

Le grondement enfle.

Le pilote n'a pas encore lâché les freins mais tout l'appareil vibre déjà sous la poussée des trois moteurs.

Tout en se disant qu'elle est complètement stupide de réagir ainsi, la jeune femme ne peut s'empêcher de se ronger les ongles d'angoisse.

- Ces vibrations sont normales, confirme l'Anglais en connaisseur. Ca fait toujours comme ça quand le gars là-bas met les gaz.

Puis soudain les freins sont lâchés et le DC 10 accélère...

- Et voila, c'est parti, confirme John avec un grand sourire. Rio de Janeiro, nous arrivons!

Mais l'angoisse d'Audrey ne disparaît pas pour autant car l'accélération est loin d'être aussi forte que celle qu'elle ressent habituellement lorsqu'elle est en ligne.

Du coup, elle tourne la tête désespérément vers le hublot pour voir passer les balises lumineuses. Les flashs défilent le long du fuselage...

De plus en plus vite.

Et pourtant, ce n'est pas suffisant...

- Quelque chose ne va pas, chuchote-t-elle.

Cette fois, ce n'est pas une question mais une affirmation que son voisin ne comprend toujours pas.

- *Keep cool*, murmure-t-il toujours souriant.

- Je vous dis qu'on n'accélère pas assez...

Il pose une main protectrice sur son bras.

- Tout va bien, mademoiselle... C'est simplement que cet avion est chargé. Il doit donc rouler plus longtemps avant de décoller. C'est tout à fait normal.

Audrey secoue la tête négativement. Bien sûr, l'appareil prend de la vitesse mais il y a un problème. Elle le sent.

- Quelque chose ne va pas, reprend-elle d'une voix plaintive.

Affolée, Audrey se penche dans l'allée pour apercevoir le visage de l'hôtesse de la Varig assise à contresens sur son siège de service. La Brésilienne semble parfaitement décontractée.

Le nez du DC 10 commence à se soulever.

- Vous voyez, lance l'Anglais... On décolle.

Or justement... L'avion ne décolle pas. Seul l'avant quitte le sol mais les roues principales restent étrangement collées sur le ciment de la piste.

- Mon Dieu, chuchote Audrey. On est dans la merde.

Cette fois, le sourire de l'Anglais se fige progressivement. Il commence lui aussi à douter.

Les secondes passent interminables comme des siècles. Les réacteurs hurlent, poussés dans leurs derniers retranchements. Et l'avion reste le nez en l'air. Ses roues principales sont toujours au sol et il a d'étranges soubresauts au rythme des irrégularités de la piste 25. On dirait un gros oiseau maladroit qui donne des coups d'ailes et ne parvient pas à s'envoler

Audrey a quelques rudiments de pilotage. A cet instant, elle estime que le DC 10 est à plus de 300 kilomètres à l'heure...

- Mon Dieu, ça ne va pas, répète-t-elle d'une voix de plus en plus forte...

L'Anglais est sur le point de dire quelque chose, lorsque soudain, le nez de l'avion retombe brutalement sur le sol. Le choc avec la piste est d'une violence extrême. Cette fois, il n'y a plus de doute, on va à la catastrophe.

- *My God*, dit-il avec un hoquet de surprise, mais... vous avez raison.

A cet instant, si Audrey jetait un coup d'œil vers son voisin, elle n'y verrait pas de la peur mais une étrange lueur d'admiration à son égard. Flegme très britannique... Mais elle n'en a pas le temps car là-bas, dans le poste de pilotage, le pilote s'est mis à freiner de toutes ses forces et l'appareil est aussitôt pris de violentes secousses[6].

Dans la cabine, des cris de frayeur retentissent de toutes parts. Tout le monde a évidemment compris que les choses étaient en train de mal tourner. Sous la décélération, le nez du DC 10 s'enfonce sur sa roulette de nez. Les amortisseurs du train talon-

---

[6] Le problème est survenu au moment où le copilote a annoncé que l'avion était à V1 : 168 noeuds (311 kilomètres à l'heure). A cet instant, l'appareil avait déjà parcouru 1900 mètres sur la piste.

nent bruyamment. Audrey frémit. La piste 25 d'Orly a beau faire 3 650 mètres de longueur, ça va être très juste pour leur permettre de s'en tirer.

A cette vitesse!

- On ne va jamais pouvoir s'arrêter à temps, lance-t-elle à son voisin qui semble soudain beaucoup moins rassuré.

Ca ne l'empêche pas de murmurer.

- Mais comment avez-vous deviné?

Audrey n'a pas le temps de fournir d'explications. Elle serait d'ailleurs bien incapable de découvrir l'origine de son intuition. On entend des coups sourds qui résonnent autour du fuselage. La cellule du DC 10 gémit sous la brutalité de la décélération. L'avion a maintenant parcouru 2 500 mètres de piste. Le système "*autobrake*" a été enclenché par l'équipage, les reverse vrombissent... Aussitôt, dans la cabine, les hurlements redoublent. Des cris de panique fusent en portugais.

Puis tout à coup, une voix plus aiguë domine le brouhaha.

- Regardez... Les réacteurs sont en feu...

Aussitôt quelqu'un reprend en écho.

- Arrêtez l'avion...

Instinctivement, Audrey a tourné la tête vers le hublot. Elle est placée trop en avant de l'emplanture des ailes pour apercevoir les réacteurs, mais elle a compris que ce n'était pas une plaisanterie. Malgré l'obscurité, on aperçoit des lueurs rougeoyantes qui se reflètent sur le ciment de la piste. Aucun doute, l'avion est vraiment en feu. Il y a soudain comme une explosion, puis une autre, une troisième. Ensuite, les détonations se succèdent en cascades.

- *What's the matter*, demande l'Anglais d'une voix incroyablement calme.

Audrey a toujours très peur mais elle est dans un domaine pour lequel elle a été parfaitement préparée. Elle analyse ce qui se passe.

- Ce sont les pneus qui éclatent, hurle-t-elle au milieu du tumulte. On est en train de faire une accélération-arrêt.

Elle a parfaitement raison... La puissance du freinage est telle que les énormes disques de freins sont portés au rouge par le frottement. La chaleur intense se transmet aux jantes qui rougissent à leur tour et font éclater les énormes pneus du DC 10. Scénario classique d'un freinage d'urgence au moment du décollage. On n'arrête pas les 263 tonnes d'un DC-10 comme une formule 1.

Paniquée, Audrey se rappelle ce qu'on lui a appris au cours de sa formation d'hôtesse : lorsque le pilote est obligé de freiner très fort et que les pneus éclatent, de larges bandes de gomme sont projetées dans tous les sens et risquent de percer le revêtement de l'aile. C'est grave... Il peut arriver que le carburant s'écoule à flots par ces perforations. Cela peut déclencher un incendie généralisé à tout l'avion.

Comme elle le craignait, on entend les morceaux de gomme qui viennent frapper le fuselage. Puis tout à coup, le bruit dans la cabine devient terrible... Les pneus ayant disparu, l'avion roule à présent directement sur les jantes et la carlingue agit comme une gigantesque caisse de résonance. De longues gerbes d'étincelles jaillissent dans la nuit comme un feu d'artifice épouvantable.

On se croirait dans un vieux métro parisien des années 30. Un métro fou qui roulerait à plus de 200 kilomètres à l'heure.

- On va jamais s'arrêter, murmure-t-elle, affolée.

Comme pour lui donner raison, deux secondes plus tard, le mastodonte est secoué violemment comme s'il franchissait une marche d'escalier. Le bruit devient plus sourd, moins métallique.

Ca va mal...

Audrey serre les dents... Elle comprend qu'ils viennent de franchir l'extrémité de la piste 25. A présent, l'avion roule dans l'herbe. Tout à coup, il y a une série de claquements secs. Comme une rafale de mitrailleuse. Le DC 10 est en train de faucher les balises de la rampe lumineuse d'approche.

Les secousses deviennent plus violentes. Les passagers ont soudain l'impression d'être embarqués dans un vieil autobus roulant sur une piste africaine...

A chaque seconde, Audrey s'attend à voir le fuselage s'ouvrir en deux et les flammes envahir la cabine.

Et puis soudain, les secousses diminuent progressivement. Il y a un dernier à-coup et l'avion s'arrête enfin... Trois secondes de silence abasourdi et c'est tout à coup la panique dans la cabine... En hurlant comme des forcenés, les passagers se ruent vers les portes. C'est un tel sauve-qui-peut que les hôtesses de la Varig n'ont même pas le temps d'atteindre les issues de secours pour les ouvrir.

Les premiers arrivés tentent maladroitement de déverrouiller les systèmes, mais ils s'y prennent mal. La foule des passagers affolés pousse derrière eux en hurlant. Les pauvres sont plaqués contre la cloison et ne peuvent même pas prendre suffisamment de recul pour lire les instructions d'ouverture des portes.

C'est la curée... Les gens se battent comme des fauves. Certains enjambent carrément les sièges, écrasant ceux qui n'ont pas eu le temps de se lever. On se piétine sans vergogne. Un grand Brésilien hirsute bouscule Audrey et se fait un passage à grands coups de poing dans la cohue.

Scène de panique collective. La foule n'a plus rien d'humain. Ce n'est qu'un énorme animal monstrueux prêt à toutes les bassesses pour survivre.

Tremblante, Audrey tente d'analyser la situation. Il faut absolument qu'elle sorte de ce piège infernal mais elle n'est pas de taille à se frayer un chemin dans cette mêlée hurlante. Comment s'échapper? En tout cas, sûrement pas vers l'arrière car la bousculade y est terrible.

On entend soudain un "plouf" sonore au milieu de l'avion. C'est le bruit du toboggan gonflable qui vient de se déployer automatiquement au moment de l'ouverture d'une porte. Une issue de secours vient d'être dégagée au-dessus de l'aile. Du coup, une marée de passagers se précipite aussitôt dans cette ouverture soudaine vers la liberté. Les hurlements de panique redoublent.

L'Anglais agrippe le bras d'Audrey

- Il ne faut pas aller par là, on va se faire écraser. Il vaut mieux essayer de sortir par la porte avant. Il y a moins de monde. Au milieu de la mêlée, l'homme l'attire vers l'avant du DC 10.

Parmi les cris, on entend de nouveau un plouf de gonflement. Une seconde issue vient de se dégager vers l'arrière. Aussitôt, certains passagers qui fuyaient vers l'avant font demi-tour et refluent comme une vague.

Le couple est bousculé sans ménagement. Un moustachu aux cheveux longs fonce sur eux.

- Écartez-vous, vocifère-t-il en repoussant brutalement Audrey entre deux rangées de sièges.

Une trentaine de secondes plus tard, la jeune femme et son chevalier servant réussissent à atteindre la porte avant droite devant laquelle se bousculent une quarantaine de personnes affolées. Au milieu d'une cohue indescriptible, un jeune steward se débat pour manœuvrer le grand levier de déverrouillage.

- Attention, je vais ouvrir, annonce-t-il.

L'homme bascule la porte vers l'extérieur, ce qui déclenche automatiquement le gonflage du toboggan.

Malheureusement, ça se passe mal.

Le gonflage se produit effectivement mais la séquence de dépliage échoue et le toboggan se déploie à l'intérieur même de la cabine, obstruant complètement la porte. C'est un cauchemar pour les passagers qui sont brutalement repoussés deux mètres en arrière par cet énorme ballon orange sorti de nulle part...

Impossible de fuir par là.

Le steward tente bien de dégager un passage à travers la toile plastifiée mais il n'y parvient pas.

La pression dans le toboggan est trop forte et le dispositif de secours est coincé contre le montant de la porte.

- Il faut trouver un couteau pour crever cette saloperie, lance un passager à bout de nerfs.

Audrey l'arrête tout de suite.

- Ca ne servirait à rien... Si on crève le toboggan, on ne pourra pas descendre de l'avion. C'est beaucoup trop haut.

Pour la première fois, John donne l'impression de perdre un peu de son sang-froid très britannique.

- Il faut retourner dans l'autre sens, hurle-t-il.

Comme en écho, des cris proviennent de l'arrière.

- Il faut pas y aller, il y a des flammes par là-bas...

C'est alors la confusion la plus totale...

Les passagers encore à l'arrière veulent rejoindre l'avant parce qu'on leur hurle que ça brûle vers la queue de l'appareil. Ceux situés à l'avant veulent rejoindre l'arrière parce que l'issue est bloquée par le toboggan mal déployé.

Les deux vagues se rencontrent et s'affrontent dans des cris de colère et de panique mêlées.

Étrangement personne ne pense à la porte avant gauche qu'Audrey décide finalement d'ouvrir elle-même. Elle se fraye un passage devant l'Anglais et avec des gestes précis, elle parvient à basculer le levier de déverrouillage. Cette fois, tout se passe bien... Le toboggan se gonfle normalement. Dans un réflexe instinctif de professionnelle, la jeune femme s'écarte alors pour laisser passer les passagers qui s'agglutinent derrière elle :

- Allez-y et ne craignez rien, lance-t-elle d'une

voix calme. Mais l'Anglais ne l'entend pas de cette oreille. Il saisit la jeune femme par le bras et la pousse fermement vers la sortie.

- Allez-y d'abord.

Audrey se laisse donc glisser dans le toboggan de toile et quelques secondes plus tard, elle se retrouve les fesses dans l'herbe humide. Derrière elle, des grappes humaines déboulent avec des cris paniqués.

Elle se relève abasourdie. Où est-elle ? Des phares l'éclairent par intermittence... Il lui faut quelques secondes pour réaliser qu'elle se trouve à moins de 10 mètres de la rambarde de l'autoroute. Des voitures passent devant elle. Certains automobilistes commencent à ralentir en voyant le nez de l'avion aussi près de la chaussée. Si le pilote avait freiné quelques secondes plus tard, on aurait eu droit à un fantastique carambolage.

- *How are you ?*

John la fixe avec des yeux étonnés. Il a bien évidemment remarqué la rapidité avec laquelle la jeune femme a déverrouillé la porte gauche, et on dirait qu'il commence à se poser des questions sur la personnalité réelle de sa nouvelle amie.

Elle ramène ses cheveux en arrière et referme son manteau sur elle.

- Ca va beaucoup mieux maintenant.

L'homme sourit en montrant le gros sac de plastique qu'elle n'a pas lâché malgré la terrible bousculade.

- Qu'est-ce que vous avez là-dedans de si précieux ? Ce sont vos bijoux ?

Audrey ouvre le sachet de plastique et sort la

bouteille de whisky achetée au Duty-free. Sans hésitation, elle fait sauter la capsule.

- Je crois qu'on l'a bien méritée.

- Après vous..

En temps normal, Audrey ne boit pratiquement pas d'alcool. Pourtant ce soir, tout est différent. Elle vient de voir la mort de très près. Alors elle n'hésite pas une seule seconde. A deux mains, elle porte le goulot à ses lèvres et avale une longue... une très longue rasade.

Puis elle tend la bouteille à son compagnon.

- A la vôtre, lance-t-elle, secouée instantanément par la rudesse du whisky.

L'Anglais ne se fait pas prier. Il saisit à son tour la bouteille et boit directement au goulot. Comme si c'était de l'eau. Lorsqu'il arrête, le niveau du liquide a bien baissé.

Il semble plus accoutumé qu'Audrey à l'alcool, pourtant ses yeux sont tout de suite brillants. Scène surréaliste... autour du couple qui arrose le miracle, les gens courent en tous sens pour s'éloigner de l'avion. Certains partent en criant. Personne ne porte la moindre attention à eux.

- Vous en voulez encore, demande John avec un clin d'œil.

Audrey ne répond pas. La tête lui tourne déjà mais elle est tellement choquée par ce qu'elle vient de vivre qu'elle tend la main.

- Ce n'est pas tous les jours qu'on a droit à une seconde vie, murmure-t-elle avec difficulté.

Pendant que le couple tente de se remonter le moral comme il peut, les pompiers d'Orly arrivent en trombe au bout de la piste 25. Sans même descendre de leurs camions, ils utilisent les canons à neige carbonique pour arroser les réacteurs et les jantes qui brûlent toujours.

Puis, des dizaines de véhicules entourent l'avion sinistré. Des autocars jaunes et blancs frappés du sigle d'ADP[7] viennent se ranger à proximité. Il y a aussi un long cortège d'ambulances qui s'arrêtent autour du DC 10. Les gyrophares déchirent la nuit de leurs éclats multicolores. Ambiance de catastrophe sinistre... On tente de rassembler les gens pour qu'il ne s'éloignent pas dans la nuit. Tout est encore très confus... Malgré l'heure tardive, un embouteillage se forme rapidement sur l'autoroute. Sur les deux voies, les automobilistes sont de plus en plus nombreux à ralentir pour mieux voir le spectacle qui se déroule à quelques mètres du bitume. Peu à peu les cris diminuent et se transforment en sanglots nerveux.

Quelques secondes plus tard, un pompier s'approche d'Audrey. La jeune femme est assise en tailleur sur le sol. Elle attend les yeux dans le vague. A ses côtés, John attend lui aussi dans la même posture. Le pompier croit certainement que la jeune femme est blessée car il demande d'une voix inquiète :

- Est-ce que vous avez besoin d'une civière, madame?

- Non merci.

- Ca va bien?

[7] Aéroport de Paris.

Elle répond d'une voix étrangement pâteuse.
- Ca pourrait aller mieux.
Sur le sol, la bouteille de whisky est pratiquement vide...
On la conduit vers un bus mais elle a du mal à franchir la marche d'accès. John suit derrière, hébété.

Tous les passagers sont transportés à l'hôtel Hilton d'Orly pour y passer la nuit en attendant que la Varig mette un autre avion à leur disposition pour rejoindre le Brésil. On leur promet que ce sera pour demain...
Sans trop savoir comment, les deux rescapés se retrouvent dans la même chambre. Audrey et John y passent la nuit dans le même lit... Parfaitement sages... Stress et alcool conjugués, ils sont tous les deux malades et se relaient toutes les demi-heures dans la salle de bains. C'est pourtant une grande histoire d'amour qui commence pour le couple. Ils se retrouveront au Brésil pour vivre ensemble de très longues années mais ceci est une autre histoire...

Quant aux autres passagers, à part quelques contusions dues aux scènes de panique, il n'y aura aucun blessé grave ce soir-là.
Un miracle!
L'enquête a démontré que l'avion était en surcharge et qu'il était surtout mal centré. La charge du fret était incorrectement répartie dans les soutes. Si le pilote n'avait pas renoncé à décoller, l'appareil se serait écrasé quelques secondes après avoir pris l'air...

PERDUS AU DESSUS DE L'OCÉAN PACIFIQUE

Tahiti 1987...

A cette période, Richard travaille dans la presse aéronautique. Il est en vacances avec son épouse au Club Méditerranée sur l'île de Moorea. Comme tous les passionnés des choses de l'air, l'homme n'est pas sitôt arrivé au Club qu'il loue une voiture et se rend à l'aéro-club le plus proche dans l'espoir de faire un vol autour des îles.

Très vite, il se lie d'amitié avec les pilotes du Twin Otter[1] d'Air Tahiti et établit finalement son quartier général de vacances à l'aéroport.

Du coup, tous les jours, il part avec l'équipage de l'appareil pour rejoindre l'île de Tahiti située à moins de 5 minutes de vol. En fait, au lieu de bronzer sur la plage avec les autres Gentils Membres, il passe ses journées avec les pilotes locaux à discuter aviation, machines volantes et aventures aéronautiques. Au cours de ses rencontres, il a même l'occasion de faire la connaissance d'un milliardaire fou d'aviation, célèbre pour posséder le seul avion

[1] Bimoteur à train fixe pouvant transporter une quinzaine de passagers.

CAP 10 du Pacifique. L'homme est également propriétaire d'un bi-turbopropulseur Cheyenne qu'il utilise pour se rendre dans son île privée. Un endroit paradisiaque dans lequel il a fait construire une piste d'atterrissage à côté de sa ferme perlière.

Au hasard de ses pérégrinations sur les aérodromes de l'archipel, Richard découvre un jour à Faa[2] un Piper Cherokee Six[3] peint d'une manière assez insolite. L'avion est bleu turquoise, ce qui n'a rien de surprenant pour la région. Ce qui l'est davantage, c'est qu'il est décoré d'une superbe sirène. Un dessin qui rappelle les peintures hyperréalistes que l'on peut voir sur les camions américains.

Intrigué, Richard s'approche.

Autour de l'avion, se trouve un groupe de Polynésiens en train de s'affairer à sortir des caisses en polystyrène blanc. Celles-ci sont aussitôt embarquées dans un camion frigorifique qui attend, moteur tournant. Les caisses sont pleines à ras bord de poissons brillants...

Richard détaille l'intérieur de la machine avec attention. Tous les sièges des passagers ont été démontés... La cabine n'est plus qu'une vaste soute dans laquelle on doit pouvoir empiler une demi-tonne de poisson. Bien que ce ne soit pas sa vocation première, l'avion a été transformé en cargo.

Sur le parking, les gens ne perdent pas de temps.

---

[2] Aéroport de Tahiti

[3] Appareil monomoteur équipé d'un moteur de 300 CV et pouvant transporter sept personnes.

Il est clair que les poissons doivent être livrés rapidement dans les plus grands hôtels de l'île et chaque seconde compte pour la fraîcheur de la marchandise.

Un peu en retrait de l'avion se trouve un homme qui surveille le déchargement. Un grand gaillard brun, de type italien, plutôt belle allure. A tout instant, l'homme donne des instructions brèves que les Polynésiens exécutent immédiatement. Personne ne discute...

Ce n'est pas le pilote de l'avion... A son attitude autoritaire, Richard comprend immédiatement qu'il s'agit du patron de la société qui vérifie le bon déroulement des opérations.

Richard s'approche et se présente :

- Bonjour, je travaille pour Info-Pilote.

L'homme sourit, serre la main tendue. Tout en continuant à surveiller la qualité de la livraison, il accepte de donner quelques explications sur son business. Il a monté récemment une petite société qui approvisionne les hôtels de Tahiti en poissons frais. Car aussi étrange que cela puisse paraître, il est très difficile de trouver ce genre de denrée dans les environs de l'île.

Grâce à son avion, il va chercher du poisson frais dans les îles Tuamotu situées à 450 kilomètres de Tahiti. Là-bas, les pêcheurs locaux stockent leurs prises dans des sortes de grands viviers en plein milieu du lagon et ils attendent les ordres.

Chaque matin, lorsqu'il a comptabilisé les commandes, le patron appelle les Tuamotu par radio. Il précise la quantité et la qualité de ce qu'il désire.

Aussitôt, le Cherokee Six décolle pour aller chercher la marchandise. Il faut environ deux heures de vol pour rejoindre les viviers. Une fois là-bas, on charge le poisson rapidement puis l'avion redécolle, grimpe en altitude pour bénéficier d'une température plus adaptée à la conservation du poisson et deux heures plus tard, il est de retour à Tahiti au grand bonheur des restaurateurs locaux...

Le système paraît simple, ingénieux et très rentable. Richard se dit que ce serait un excellent sujet d'article pour son journal. Les lecteurs seront sûrement intéressés d'avoir des détails sur ce commerce aérien inattendu dans cette région du monde.

- Est-ce que votre pilote pourrait m'emmener au cours d'une de ses rotations vers les Tuamotu ?

L'homme a d'abord l'air étonné. Visiblement, il n'a pas l'air très chaud pour embarquer un passager au milieu des dorades et des mérous fraîchement pêchés. Puis il doit finalement réaliser que cela peut représenter une bonne publicité pour sa société. Un peu soupçonneux, il demande :

- Est-ce que vous m'enverrez un double de l'article qui paraîtra ?

- Bien sûr, il n'y a aucun problème... Je vous enverrai même une dizaine d'exemplaires du magazine.

Finalement, l'homme se détend et sourit.

- D'accord, vous n'avez qu'à vous trouver demain matin à 5 heures au bord de la piste de Moorea et mon pilote se posera là-bas afin de vous récupérer. D'habitude, il part directement mais il fera un petit effort pour vous.

Richard a un petit pincement de bonheur dans la poitrine. Enfin, il va se passer quelque chose de vraiment intéressant dans ses vacances. Une traversée maritime de près de 900 kilomètres dans le Pacifique. Et en avion monomoteur par-dessus le marché, cela ne se présente pas tous les jours.

- Venez, je vais vous présenter mon pilote, reprend le patron.

Quelques secondes plus tard, arrive un petit jeune homme à l'allure un peu dégingandée. L'employé ne doit pas avoir plus de 23 ans et semble d'une nature plutôt nerveuse pour un navigant.

- C'est Max, précise le chef d'entreprise. C'est lui qui vous emmènera demain matin.

Le nouveau-venu tend une main crispée. Il ne sourit pas et ses yeux sont fuyants... Pas bien difficile de deviner que les ordres de son patron ne lui font pas vraiment plaisir.

- Il faut vraiment que j'emmène ce monsieur demain, demande-t-il d'une voix peu assurée.

- Ca te pose un problème?

- Ben... L'avion va être trop chargé...

Devant l'hésitation de son employé, le patron prend aussitôt l'attitude du chef d'entreprise habitué à décider vite.

- Aucun problème... Tu mettras 80 kilos de poissons en moins.

Le pilote baisse la tête, vaincu par l'argument.

- D'accord.

Puis il se tourne vers Richard et ajoute comme à contrecœur:

- Je passerai vous prendre à 5 heures, pile, sur la piste de Mooréa. Soyez à l'heure, je ne couperai pas le moteur.

Richard sourit.

- N'ayez aucune crainte. J'y serai en avance.

Il passe encore quelques minutes avec ses nouveaux interlocuteurs puis il prend congé car il doit profiter du Twin Otter d'Air Tahiti qui va le ramener au Club Med de Moorea.

Quelques minutes plus tard, comme à son habitude, il s'assoit dans le poste de pilotage du Twin Otter à la place du copilote.

- Tu as passé une bonne journée, demande le Commandant de bord en mettant le cap vers Mooréa.

- Géniale... En plus, tiens-toi bien, je pars demain matin dans les Tuamotu. J'ai un sujet d'article terrible.

- Les Tuamotu... Et tu y vas comment?

Richard commence alors à donner quelques explications sur l'avion qu'il va emprunter pour rejoindre les îles.

Le Commandant de bord l'arrête aussitôt. Il semble stupéfait.

- Ne me dis pas que tu vas partir dans le Cherokee "avec la sirène" ?

- Tu le connais?

Le pilote a une mimique étrange. Presque une grimace.

- Ben oui évidemment. Tout le monde les connaît dans le coin... On les surnomme les "Kamikaze".

A l'expression très inquiète de son interlocuteur, Richard ne peut que se demander si son idée de reportage est aussi bonne qu'il le croyait au départ.

- Pourquoi ça?

- Eh bien, ils ont déjà perdu un avion, il y a deux

mois. C'était avant qu'ils ne rachètent ce Cherokee Six... Tu n'étais pas au courant?

- Non... Comment ça s'est passé?

- On n'en sait rien... Ils avaient un bimoteur, un Piper Aztec.

- Et alors?

- L'avion s'est crashé dans des circonstances mystérieuses. On n'a pas retrouvé grand chose... Juste un de leurs casiers à poissons qui flottait sur l'eau. Le plus triste, c'est qu'il y avait un passager à bord, en plus du pilote... D'habitude, ils n'emmenaient jamais personne. Pour une fois qu'ils avaient fait une exception.

Richard sent sa gorge se serrer un peu...

- Ah bon?

- C'était une femme des Tuamotu qui voulait venir à Tahiti... Il paraît qu'elle avait insisté pour qu'ils l'emmènent...

- On les a pas retrouvés?

- Ni elle, ni le pilote. Tu sais, il doit bien y avoir quelques requins qui traînent dans la région.

- Qu'est-ce que tu en penses, demande Richard de plus en plus mal à l'aise.

Le Commandant de bord du Twin Otter se tourne un instant vers son interlocuteur.

- Tu veux mon avis, sincèrement?

- Évidemment.

- Ces gens-là ne travaillent pas comme des professionnels. Ils font un peu n'importe quoi... Si j'étais toi, je resterais sagement ici, au lieu de partir dans cet avion, il y aurait moins de risques.

Richard ne répond rien... Il est partagé entre son désir de partir pour ce nouveau reportage un peu fou et les craintes que fait naître en lui le Commandant de bord du Twin Otter.

Au bout de quelques secondes de réflexion, il reprend, un peu têtu.

- Enfin, tout de même... Ce n'est pas parce qu'ils ont eu un crash qu'ils sont foncièrement dangereux. Cet avion fait des vols aller et retour jusqu'aux Tuamotu tous les jours. Apparemment tout se passe bien.

Le Commandant de bord a un geste de dépit.

- Fais comme tu veux, mais moi, je sais que je ne partirais jamais comme passager sur ce taxi.

- Je vais réfléchir, réplique Richard, songeur.

En fait, malgré les mises en garde du professionnel, il sait en lui-même qu'il a déjà pris sa décision. L'homme est d'une nature plutôt aventurière. Il se dit que le transporteur de poissons vient de perdre un avion. Mathématiquement, il y a donc très peu de probabilités pour qu'il en perde un second maintenant.

- Je vais quand même y aller, déclare-t-il finalement.

- Comme tu voudras... Je t'aurai prévenu, ricane le Commandant de bord, mi-figue, mi-raisin.

Le lendemain matin à 4 heures 45, Richard est donc au rendez-vous. Comme convenu, il attend au bord de la piste de l'aérodrome de Moorea. L'avion n'est pas encore arrivé mais Richard ne s'inquiète pas puisqu'il a un quart d'heure d'avance.

Le soleil se lève à peine.

A l'horizon, on aperçoit l'île de Tahiti à une dizaine de kilomètres de là. La visibilité est bonne malgré une couverture nuageuse relativement importante. On est dans la saison des pluies. Hier soir, la météo de RFO a prévu un temps très médiocre sur le Pacifique...

Vu l'état du ciel, les météorologues ne se sont pas trompés. Il va y avoir du vent, une pluie tenace sur l'océan et même quelques violents orages tropicaux. Pas vraiment l'image de carte postale que les touristes croient trouver en débarquant à Papeete.

Le temps passe.

Arpentant la piste déserte, Richard ne voit rien venir. Il se dit que le manque de précision est un défaut qui ne convient pas vraiment aux gens de l'aviation où il faut être rigoureux, sérieux et ponctuel. Pourtant, il ne s'inquiète pas outre mesure.

5 heures et demie...

Richard regarde sans cesse sa montre... Trois quarts d'heure qu'il arpente le bord de cette piste et toujours personne... Il se dit que le patron de la société a dû changer d'avis après son départ. A moins que ce ne soit ce pilote qui ait volontairement oublié le rendez-vous. C'est vrai qu'il semblait si peu enclin à le prendre à bord...

Déçu, Richard est sur le point de rentrer au Club Med lorsque vers 6 heures moins le quart, il aperçoit enfin, un avion qui décolle dans le lointain de l'île de Tahiti.

Un Cherokee Six?

En quelques minutes l'appareil est sur Moorea. Il se présente directement en finale et se pose.

Rapidement, l'avion se dirige vers lui et s'arrête

à quelques mètres. La porte latérale s'ouvre...

Une main nerveuse s'agite par l'entrebâillement.

Sans même couper le moteur, le pilote fait signe à Richard d'embarquer. Celui-ci ne se fait pas prier et malgré la puanteur épouvantable qui règne à l'intérieur de la machine, il s'installe à côté du pilote.

Quelques secondes plus tard, ce dernier remet les gaz pour décoller.

- Je croyais que vous m'aviez oublié, lance Richard en criant pour couvrir le bruit infernal qui règne à l'intérieur de la cabine.

En fait, l'avion étant complètement vide, le fuselage réagit comme une caisse de résonance qui amplifie considérablement les vibrations du moteur. Par ailleurs, le jeune pilote porte un casque radio sur la tête. Visiblement, il devine les paroles de Richard plus qu'il ne les entend.

- On a eu des problèmes de batteries pour mettre en route, précise-t-il. C'est pour ça que je suis en retard.

Quelques secondes plus tard, les roues du Cherokee Six quittent le sol et l'avion monte vers l'épaisse couche de nuages qui recouvre l'océan.

La première chose qui frappe Richard, c'est l'état terriblement vieillot du tableau de bord. Les instruments sont démodés et hétéroclites. On se croirait au musée de l'air... Richard a d'excellentes connaissances en aviation. Il est pilote privé. Sans être professionnel, il lui arrive même de faire des vols avec des pilotes d'usine pour le compte de sa revue. De ce fait, il est au courant des dernières nouveautés qui se font en matière d'instruments de bord.

C'est la première fois qu'il voit un tel tableau de bord aussi fatigué sur un avion commercial...

Un détail étrange le fait sursauter... Il y a trois conservateurs de cap côte à côte. Pourquoi trois? Pour le lever de doute peut-être? Mais ils sont si vieux... Ce sont des modèles cylindriques datant des années 50...

La seconde chose qui frappe le journaliste, c'est que le pilote du Cherokee Six n'a pas l'air très sûr de lui... Il semble très nerveux et parfois même inquiet... Le jeune homme passe son temps à régler les trois directionnels, les uns par rapport aux autres. Ensuite, il tripote les radios sans raison apparente... Il change de fréquences et revient aussitôt sur la précédente sans avoir contacté personne. Finalement, il change les réglages des compensateurs de profondeur... D'abord à piquer, puis à cabrer puis le manège recommence...

Quel étrange pilote!

Richard a bien conscience qu'ils vont devoir survoler la mer pendant 900 kilomètres. C'est long lorsqu'il n'y a qu'un seul moteur sur votre avion... Pour faire ce genre d'expédition, il vaut mieux avoir du matériel récent et être psychologiquement à l'aise dans son travail.

Évidemment, Richard ne peut s'empêcher de se rappeler l'avertissement du Commandant de bord du Twin Otter : "Fais attention, ce ne sont pas des professionnels de l'aviation". Hier, il n'a pas voulu entendre les paroles du pilote d'Air Tahiti, maintenant qu'il est à bord, il se demande s'il ne va pas finir par le regretter.

En fait, il va le regretter...

Le pilote ne parle pas... Il passe au-dessus de la couche nuageuse et stabilise son avion au niveau 95. Même à cette altitude, il ne fait pas très beau... L'appareil n'est pas dans le ciel bleu. Il se trouve entre deux couches stratiformes et par moments, il pleut.

Et le voyage commence... Richard se console comme il peut en se disant que les nuages l'empêchent de prendre conscience qu'ils en ont pour plus de deux heures à survoler l'océan.

Il faut savoir qu'à cette époque, les GPS[4] n'existaient pas et que la navigation se faisait en utilisant uniquement les radiales VOR et radiocompas dont la précision était beaucoup moins grande. Or il n'y a aucune balise là où il vont. Ce n'est qu'un atoll minuscule perdu en plein milieu du Pacifique. Pour le trouver, il faut donc faire des recoupements précis et il est préférable de ne pas commettre d'erreur de calcul.

Une fois l'avion stabilisé sur son niveau de vol, Richard se dit qu'il pourrait peut-être essayer de discuter avec le pilote, histoire de penser à autre chose qu'à l'immense étendue d'eau qui se trouve sous les ailes. Par ailleurs, il voudrait bien avoir des informations concrètes à mettre dans son article.

- Vous devez sacrément connaître la région, demande-t-il, toujours en hurlant... Il y a longtemps que vous volez dans le coin ?

[4] Global Positioning System : système de navigation par satellites.

Le pilote retire ses écouteurs pour répondre.

- Pas du tout, réplique-t-il...

- Ah bon ?

- Je ne suis là que depuis un mois et demi. Avant, j'étais à Paris... Je fais ça pour avoir des heures de vol.

Richard a soudain du mal à avaler sa salive. Il croit comprendre mais n'ose pas encore imaginer dans quelle galère il s'est embarqué.

- Pour faire des heures de vol ?

- Je suis pilote privé.

- Vous êtes pilote privé ?

- Oui, j'ai vu une annonce dans un journal. La boîte cherchait un pilote privé pour faire un boulot en rapport avec l'aéronautique et je me suis dit que c'était un bon moyen de me faire de l'expérience. Alors, je suis venu sur un coup de tête. Mais c'est assez difficile comme boulot.

Cette fois, Richard ne peut réprimer une vilaine crampe à l'estomac. Il réalise avec effroi que sa situation est encore moins brillante qu'il ne l'imaginait. Non seulement il s'est embarqué dans un appareil qui semble très mal équipé pour le survol de l'eau mais le pilote ne possède aucune réelle qualification aéronautique. C'est un pilote d'aéroclub tout comme lui. Le gars n'a même pas le droit de faire ce travail puisque la législation n'autorise pas un privé à travailler en tant que pilote salarié.

Et comme si cela ne suffisait pas, le jeune homme est nerveux et semble n'avoir aucune confiance en ses propres capacités. Du coup, Richard se met à surveiller avec beaucoup plus d'attention ce qui se passe autour de lui. D'autant que plus le temps passe, et plus le pilote paraît mal à l'aise. Il sue à grosses gouttes... Sa respiration est un peu trop saccadée pour être normale... A tout instant, il saisit son crayon et griffonne pour faire et refaire les calculs de sa position. Lorsque Richard lui demande si ça va, il réplique d'une voix mal assurée.

- Ca pourrait aller mieux...

Au bout de deux heures de vol interminables au-dessus de la couche nuageuse, le pilote décide qu'il est temps de commencer la descente vers l'atoll.

- Vous êtes certain qu'on est au bon endroit, demande Richard, de moins en moins rassuré par l'attitude de son chauffeur d'occasion.

L'homme a un geste vague qui peut tout vouloir dire. Il ne répond pas et pousse doucement sur le manche. L'avion plonge donc dans les nuages et la descente vers la mer commence. De plus en plus inquiet, Richard surveille les chiffres qui défilent lentement sur l'altimètre antédiluvien.

4 000 pieds...

3 000 pieds...

2 000 pieds...

1 000 pieds.

L'avion est toujours dans les nuages et Richard commence vraiment à s'inquiéter...

- Vous êtes certain que ça va, demande-t-il d'une voix mal à l'aise.

Le pilote a une vilaine mimique.

- J'espère que ça ne va pas être comme la dernière fois. J'ai été obligé de remettre les gaz quand j'ai reçu les premiers embruns sur le pare-brise.

La phrase pourrait passer pour une boutade mais ce n'en est pas une. Richard n'a pas envie de rire. Il est conscient qu'ils sont en train de descendre dans la couche sans avoir la moindre idée de la base des nuages. S'il y a du brouillard, il est fort possible d'arriver jusqu'à l'eau.

Richard essuie les grosses gouttes de sueur qui perlent sur son front. Qu'est-ce qu'il est venu faire dans cette galère?

Finalement, le Cherokee Six sort de la couche à 800 pieds... et les deux hommes poussent ensemble un gros soupir.

Leur soulagement ne va pas durer très longtemps. Tout autour de l'avion, il y a de l'eau... C'est l'océan... Rien que l'océan...

Aucune trace de l'atoll recherché...

Aussitôt le pilote se met à gémir à haute voix.

- Putain, dit-il, je me suis encore gouré dans mes relèvements... Ca va faire comme la dernière fois. J'ai pas réussi à le trouver.

Richard a beau se dire qu'il y a assez de carburant dans l'avion pour rentrer à Tahiti, il sent une angoisse épouvantable monter en lui. Toute cette eau autour de l'avion. S'ils se crashent, on ne les retrouvera jamais. Indécis, le pilote se met à décrire des virages dans tous les sens pour tenter de repérer l'atoll dans cette immensité liquide. A mesure que le temps passe, la tension monte à l'intérieur du poste de pilotage.

- Bon sang, ça va faire comme la dernière fois, répète le jeune homme d'une voix de plus en plus geignarde.

Finalement, au bout d'un bon quart d'heure de

recherche frénétique, il finit par repérer l'île. Vue du ciel, ce n'est qu'un cil minuscule posé sur l'océan. C'est la première fois que Richard aperçoit un atoll isolé au milieu du Pacifique. Il convient pour lui-même que c'est en effet très difficile à repérer.

- Il faut que je fasse un passage au-dessus du village pour prévenir les pêcheurs qu'on arrive, précise le pilote.

- Pourquoi ? Ils devraient vous attendre puisque votre patron les a appelés par radio ?

- Ils sortent le poisson de l'eau à la dernière minute... Comme la piste est à l'autre bout de l'île, ils vont venir en bateau pour nous l'apporter.

L'avion se pose sur une piste en corail compacté située sur une des extrémités de l'atoll. La bande est assez courte mais l'appareil est léger et les freins semblent à peu près corrects. Malgré tout, l'atterrissage est assez difficile car il souffle un violent vent de travers qui doit dépasser 25 nœuds.

Lorsque les roues touchent le corail, Richard ne peut retenir un profond soupir de soulagement. Même s'il a bien conscience qu'il n'est qu'à la moitié du voyage car le plus difficile est certainement devant lui.

Au moment où ils ouvrent la porte de l'avion, les deux hommes doivent faire un effort pour retenir le battant qui leur échappe des mains.

- Dites donc, il y a un sacré vent, c'est toujours comme ça ?

Pour la première fois, le pilote esquisse un vague sourire de satisfaction.

- On a de la chance... grâce au vent, on ne se fera pas bouffer par les nonos.

- Les nonos?

- Ce sont des moustiques minuscules qui vivent dans les trous du corail. En temps normal, c'est infernal. Mais avec le vent, ils sont complètement balayés et on est tranquilles...

Quelques minutes plus tard, plusieurs bateaux viennent s'échouer sur le rivage. Des pêcheurs polynésiens édentés apportent près de 600 kilos de poissons qui viennent sans aucun doute d'être sortis des viviers car ils frémissent encore.

Les pêcheurs ont amené avec eux une balance avec laquelle ils pèsent soigneusement les poissons puis ils les mettent dans des bacs de plastique et les chargent dans l'avion.

L'opération dure près de deux heures et à mesure que les bacs s'empilent dans le fuselage, Richard commence à s'inquiéter.

- Dites donc, il y en a beaucoup...

Le pilote acquiesce doucement. Il a l'air de moins en moins bien sans sa peau. Il murmure simplement.

- Oui, il y en a beaucoup...

Puis il y a un long moment de silence et l'homme lance cette phrase incroyable que Richard n'est pas prêt d'oublier.

- C'est dans des moments comme ceux-là qu'on regrette de ne pas avoir son instructeur avec soi...

- Je comprends pas?

Le jeune homme bafouille.

- Ca va être difficile de repartir...

Cette fois, c'est le comble... Richard reste muet

de stupeur. Il vient de comprendre que le pilote ne sait même pas s'il est capable de redécoller avec un avion aussi surchargé.

Quelques secondes plus tard, le jeune homme lui demande d'une voix cassée :

- Et vous ? Qu'est-ce que vous feriez si vous étiez à ma place. Vous essayeriez quand même de décoller ?

Richard saisit aussitôt la balle au bond.

- Non, affirme-t-il d'une voix ferme. Moi, je n'irais pas. C'est beaucoup trop risqué. L'avion est trop chargé et il y a ce vent de travers... Je rendrai le poisson aux pêcheurs et je rentrerai à vide.

L'homme hésite un moment puis encouragé par les paroles censées de Richard, il reprend :

- Vous avez raison, réplique-t-il. Je vais appeler le patron et lui dire qu'on ne peut pas décoller. Il y a trop de vent, c'est pas possible.

D'un air décidé, le pilote rentre dans l'avion pour contacter son patron par radio H.F. La conversation est très courte. Lorsqu'il ressort de la cabine quelques instants plus tard, le jeune homme est livide. Visiblement, ça s'est mal passé.

- Qu'est-ce qu'il a dit, interroge Richard.

- Je me suis fait sacrément engueulé.

- Pourquoi ?

- Il est pas d'accord pour qu'on laisse le poisson ici. Vous comprenez, maintenant qu'on l'a sorti des viviers, il va falloir le payer, même si on l'emporte pas. De toute façon, il est fichu...

- Alors ?

- Alors, il veut qu'on ramène tout et il n'y a pas à discuter.

- Et vous allez le faire ?

Le jeune homme soupire.

- Vous savez, je crois que le patron ne m'a pas à la bonne. La semaine dernière, j'ai pas réussi à trouver l'atoll et je suis rentré à Tahiti sans le poisson... Il a été obligé de payer les pêcheurs... Inutile de vous dire qu'il était pas content du tout.

- Ne me dites pas que vous allez décoller comme ça, proteste Richard.

L'homme pousse un profond soupir de découragement.

- Je peux pas faire autrement.

Entre temps, le chargement de l'avion vient de se terminer. Le pilote se tourne vers Richard d'un air désolé.

- Je vais y aller... Qu'est-ce que vous avez décidé ? Vous restez là ou vous venez avec moi ?

- Si je reste là, comment est-ce que je peux regagner Tahiti ?

- Vous avez un bateau...

- Quand ?

- Dans une semaine.

- Vous rigolez ?

Le pilote a l'air sincèrement désolé.

- Malheureusement non... En plus, il est très lent. Il met presque 30 heures pour faire le voyage...

Dans la tête de Richard, les idées se bousculent à toute vitesse. Une semaine, c'est impossible... Sa femme n'est même pas prévenue. De plus, dans quatre jours, il doit rentrer en France. Il travaille lundi prochain.

La mort dans l'âme, Richard réalise qu'il n'a pas d'autre solution que de repartir par le même moyen que celui qui l'a amené ici. Sauf qu'à présent, il y a 600 kilos de fret supplémentaires dans une machine qui ne semble plus de première jeunesse.

Et il y a pire : à cet instant précis, Richard ne sait pas que les pêcheurs ont voulu vendre un maximum de leur pêche... Ils n'ont pas appliqué les ordres de diminuer la cargaison de 80 kilos pour compenser la présence du passager.

La seule chose que Richard sache vraiment, c'est qu'il n'a plus le temps pour réfléchir. Le jeune pilote est déjà installé aux commandes. Dans quelques secondes, il va appuyer sur le démarreur.

Il faut prendre une décision tout de suite.

- Et puis merde, il va bien décoller ce zinc, lance-t-il fataliste. Attendez-moi, j'arrive...

Avant de s'installer à bord, Richard fait quelques dernières photos de l'endroit. Après tout, il était venu ici pour écrire un article, il vaut mieux qu'il ait le maximum de documents pour l'illustrer.

Cinq minutes plus tard, le pilote remet le moteur en route. Il fait une check-list rapide et nerveuse puis vient aligner le Cherokee Six au centre de la piste de corail. Cette fois, l'instant de vérité approche. Richard a le pouls qui bat à 180... Cette piste, il ne l'a pas vraiment mesurée mais elle est terriblement courte. 700 mètres... Peut-être 800 mètres au grand maximum. Avec cet avion en surcharge, il se demande s'ils vont réussir à passer les troncs de cocotiers coupés qui matérialisent la fin de la bande. Juste derrière, il y a des rochers en léger contrebas.

Et puis après, c'est la mer...

Richard n'a pas prié depuis bien longtemps. Et pourtant, à cet instant, il voudrait bien se rappeler quelques anciennes prières de son enfance...

Sur le bord de la piste, les cocotiers sont violemment secoués par un vent qui doit maintenant frôler les 60 kilomètres à l'heure.

- Cette fois, il faut y aller, murmure le pilote avec le ton d'un martyr qui va partir au supplice.

Sa main gauche pousse la manette noire pour mettre les gaz à fond. Et il lâche les freins...

Ca bouge à peine... Les deux hommes ont la sensation d'être à bord d'un camion de 38 tonnes. Lentement, le Cherokee prend de la vitesse. Beaucoup trop lentement aux yeux de Richard qui meurt d'envie d'ouvrir la porte et de sauter sur le corail.

30 nœuds, 40 nœuds, 50 nœuds... L'extrémité de la piste arrive et l'avion n'est toujours pas en l'air.

Richard se dit que cette fois, c'est fichu. Les troncs de cocotiers semblent se précipiter sur eux. Ils ne vont pas réussir à les franchir lorsque le jeune pilote fait preuve d'un bon réflexe. Il applique la méthode préconisée dans ce genre de circonstances et saisit le levier des volets pour le tirer jusqu'au premier cran[5].

Du coup, l'avion a comme un léger sursaut. Il frémit... Les roues quittent le sol quelques secondes, juste le temps de franchir la haie des troncs de cocotiers puis il reperd immédiatement les deux

---

[5] Le Cherokee Six était un très ancien modèle équipé de volets manuels et non électriques comme les avions d'aujourd'hui.

mètres gagnés pour plonger vers la mer turquoise. Ca descend rapidement... L'eau transparente n'est plus qu'à quelques centimètres des pneus.

Dans la cabine, c'est l'angoisse absolue... L'avertisseur de décrochage hurle sans discontinuer. Richard serre les fesses instinctivement. A chaque instant, il s'attend à voir une immense gerbe d'eau gicler sur le pare-brise.... Si l'avion touche, il sait qu'il n'a aucune chance. Il va périr noyé dans la carlingue. Avec les 600 kilos de poissons qui vont lui dévaler sur la tête, il n'aura pas le temps d'ouvrir la porte pour s'échapper. Une image horrible flashe dans son cerveau. Ils sont bloqués dans la cabine par des milliers de dorades et l'appareil s'enfonce lentement sous l'eau.

Mourir et en plus de manière ridicule.

Les roues ne sont plus maintenant qu'à quelques centimètres de l'eau... Aïe...Ca va toucher.

Et puis soudain, l'avertisseur de décrochage se tait. La portance arrive insensiblement et le Cherokee réussit à gagner un petit mètre d'altitude. Puis encore cinquante centimètres qui le mettent à l'abri de la crête des vagues écumantes sous le vent du Pacifique.

A cet instant Richard se tourne instinctivement vers le pilote pour chercher un regard de réconfort. Il aurait mieux fait de garder les yeux droit devant lui car ce qu'il voit le cloue sur place de terreur.

L'homme tremble de tous ses membres.

Ce sont surtout les genoux qui sont agités de soubresauts convulsifs. Visiblement la peur a été telle que ses jambes sont prises de violents tics nerveux qu'il ne parvient pas à contrôler.

- Ne vous inquiétez pas, ça va aller, lance Richard en essayant d'avoir l'air moins effrayé que le pilote.

L'homme lâche une seconde le manche pour essuyer les gouttes de sueur qui dégoulinent de son front et lui brouillent la vision.

- J'ai une de ces trouilles, déclare-t-il d'une voix blanche.

Et l'avion poursuit péniblement sa route à deux mètres au-dessus de la mer avec ce vent violent qui continue à les secouer et les fait dériver de manière catastrophique. Il vole comme un fer à repasser mais il vole... Le problème, c'est qu'il n'est absolument pas dans la bonne direction pour rejoindre Tahiti...

Toujours en tremblant, le pilote entame donc un virage en "table de bistrot"[6] pour prendre le bon cap. Les ailes sont si proches de l'eau que le pilote a peur de toucher s'il incline trop sa machine.

Au bout d'un très long virage à plat, l'avion est stabilisé sur un cap mais il ne parvient toujours pas à monter. De temps en temps, l'avertisseur de décrochage se met à hurler pour rappeler qu'il ne faut surtout pas trop insister sinon les choses vont mal se terminer... Or, il est indispensable de prendre de l'altitude pour un grand nombre de raisons. En premier lieu, dans les basses couches, le moteur consomme trop. Si l'avion doit rester plein

[6] Sans incliner l'avion.

pot au niveau de la mer, il n'aura pas assez de carburant pour rentrer à Faa. Par ailleurs, en restant au ras de l'eau, on ne peut pas capter la balise VOR de Tahiti, il sera donc très difficile de trouver la bonne route pour rentrer à la maison... Enfin, et bien que ce soit beaucoup moins important, il fait très chaud au ras de l'eau et le poisson risque de s'avarier rapidement.

Au bout d'une demi-heure d'efforts et au prix donc d'une consommation excessive, le Cherokee réussit à se hisser péniblement à l'altitude de 3500 pieds[7].

Finalement, c'est Richard qui stoppe le pilote dans ses velléités de poursuivre la montée:

- C'est pas la peine d'insister. On ne pourra pas monter plus haut.

- Vous croyez, demande le jeune homme.

- Bien sûr. D'abord, ça ne sert à rien, on ne grimpe pas et puis surtout, à force de rester plein gaz, on est en train de consommer tout notre pétrole pour rien.

L'homme proteste timidement.

- Mais... Pour le poisson... Il fait trop chaud, il va s'abîmer.

- Si on finit au fond de l'océan, il sera fichu de toute façon, alors autant essayer d'atteindre Tahiti...

- Vous croyez vraiment qu'on n'aura pas assez de carburant pour arriver, redemande le pilote,

[7] Alors qu'il faut normalement un peu plus d'une minute à un avion de ligne pour atteindre cette altitude.

comme si c'était la première fois qu'il montait dans son appareil.

Du coup, Richard décide de prendre un peu les choses en main. Il n'est pas professionnel lui non plus mais il est difficile de faire pire que celui qui se trouve à côté de lui.

- Si vous continuez comme ça, c'est certain qu'on n'y arrivera pas, lance-t-il d'une voix autoritaire. Faites les calculs de consommation et débrouillez-vous pour qu'il nous en reste suffisamment jusqu'à Papeete.

Sans insister, le pilote met l'avion en palier et vérifie une fois de plus sa route et ce qui lui reste de carburant.

Côté météo, ce n'est pas brillant. A cette altitude, l'avion n'est pas en très bonnes conditions de vol. Il est en plein dans les nuages et il va falloir faire une percée aux instruments pour trouver Tahiti. Étant donné l'état calamiteux du tableau de bord, cela ne rassure guère Richard qui se demande jusqu'à quel point on peut avoir confiance dans ce vieil avion corrodé par l'eau de mer. D'ailleurs, s'il avait encore des doutes sur le manque de fiabilité des instruments, il en a une confirmation immédiate au moment où il a l'idée de brancher le pilote automatique. L'instrument ne semble pas en très bon état mais Richard se dit que ce sera moins fatigant que de tenir l'avion dans la couche jusqu'à la verticale de Tahiti. Il tend donc la main vers le petit levier rouillé qui enclenche le système.

Il n'a pas le temps de terminer son geste que le pilote pousse un véritable hurlement.

- Attention... N'y touchez pas...

Impressionné, Richard se bloque net sur place.

- Pourquoi, c'est dangereux?

Le pilote s'excuse mollement.

- Heu oui... La dernière fois que je l'ai mis, j'ai failli me retrouver en vol sur le dos avant d'avoir dit ouf...

Richard renonce donc prudemment à toute tentative d'utiliser le PA pour se concentrer sur la tenue de l'avion dans les nuages.

Inutile de dire que l'ambiance dans le poste de pilotage devient de plus en plus lourde. L'avion ne sort plus de la couche nuageuse... Et la météo empire peu à peu... C'est maintenant une grosse pluie tropicale qui frappe le pare-brise du Piper. Les énormes gouttes s'écrasent avec un bruit impressionnant de mitrailleuse. Comme si cela ne suffisait pas, une violente turbulence secoue la machine dans tous les sens.

- Je m'en souviendrai de ce reportage, murmure Richard dans sa barbe...

A mesure que les minutes s'écoulent, le pilote semble de plus en plus nerveux. Régulièrement, il se tourne vers lui et lance d'une voix presque tremblante :

- J'espère qu'on aura assez de pétrole pour rejoindre Tahiti...

Ambiance... Ambiance.

Richard tient toujours les commandes tandis que le jeune homme fait et refait ses calculs. Sans se rassurer pour autant... En cas d'urgence, il reste toujours la possibilité de se dérouter sur l'île de Ranguiroa mais, pour le pilote, c'est la dernière extrémité car le poisson sera perdu et il ne semble pouvoir se résoudre à affronter la colère de son patron.

Le temps passe. Trop lentement.

La pluie et la turbulence redoublent d'intensité. Par chance, au bout d'une heure de vol, l'avion capte le radiocompas de Tahiti et le moral remonte d'un cran. Puis ce sont les chiffres du DME[8] qui commencent à s'animer sur l'instrument. Cette fois, ils approchent : l'aéroport n'est plus qu'à 70 miles nautiques[9].

La tension baisse dans le Cherokee. Richard se dit qu'ils sont sauvés. Dans moins d'une heure, cette aventure infernale sera terminée. Les roues de cette épave volante se poseront sur le ciment de Faa et tout cela ne sera plus qu'un mauvais souvenir. Les yeux rivés sur le DME, Richard compte chaque minute qui le sépare de la terre ferme.

Tahiti approche...

C'est au moment précis où l'appareil n'en est plus qu'à 30 miles nautiques que le moteur se met à hoqueter...

- Il ne manquait plus que ça, soupire Richard au bord du découragement.

Ce ne sont d'abord que des ratés imperceptibles, puis ils augmentent d'intensité.... Rapidement, ça cogne très fort dans les pistons. La puissance diminue, l'aiguille de la pression d'admission bat de

---

[8] Distance Measuring Equipment : Instrument donnant la distance restant à parcourir jusqu'à une balise VOR.

[9] 180 kilomètres.

haut en bas et bien entendu, la vitesse chute d'une dizaine de nœuds.

- Qu'est-ce que je fais, demande aussitôt le pilote complètement affolé.

L'adrénaline coule à flots dans les veines de Richard mais il tente de raisonner sainement.

- Essayez de mettre le réchauffage carburateur, ordonne-t-il en se disant que les trombes d'eau qui tombent dehors sont peut-être à l'origine de ces cafouillages du moteur.

Réchauffage carbu enclenché... Aucun résultat.

De lui-même, le pilote tente de régler la mixture... Il augmente les gaz, les diminue. Rien n'y fait. Le moteur tourne comme si un des pistons était crevé.

Et il reste encore près de 70 kilomètres à parcourir au-dessus du pacifique... En désespoir de cause, le pilote se résout à appeler la tour de contrôle de Tahiti pour lancer un SOS.

Trois mots fatidiques retentissent alors sur la fréquence radio. Ceux qu'aucun navigant n'a envie de prononcer au cours de sa carrière aéronautique :

- Mayday... Mayday... Mayday. Notre moteur cafouille. On ne sait pas si on va pouvoir rejoindre le terrain...

Les contrôleurs aériens de l'île prennent note de l'emergency et annoncent qu'ils préparent tous les moyens de sécurité en cas de crash. Au sol, les pompiers et les ambulances se mettent en place pour attendre l'avion.

Trois quarts d'heure plus tard, toujours dans les nuages, avec un moteur qui cafouille de plus belle, le Piper s'approche de la verticale de Tahiti. En place gauche, le jeune pilote tremble au rythme de ses pistons...

Les yeux rivés sur la distance indiquée par le DME, Richard ne peut s'empêcher de frémir en pensant à la situation géographique de la piste de Tahiti. La bande cimentée occupe une position peu favorable aux atterrissages d'urgence. Il y a la montagne d'un côté et la mer de l'autre.

Gare aux erreurs...

Pour se raccourcir, le pilote décide de faire une percée aux instruments en utilisant la balise VOR. Il y a une autre possibilité beaucoup plus précise sur la piste opposée équipée d'un ILS[10], mais la procédure obligerait l'avion à survoler de nouveau la mer et c'est de plus en plus risqué.

Richard laisse faire.

Compte tenu des difficultés d'approche et des capacités du pilote qui ne semble pas vraiment maîtriser les finesses du pilotage, il se dit que si son "cocher" fait la moindre erreur, il finira soit dans l'eau, soit sur les flancs de la montagne toute proche. Dans les deux cas, il est mort...

Et la descente commence. Longue. Interminable. Angoissante...

Richard ne touche plus aux commandes. Il se dit que malgré ses faiblesses évidentes, c'est tout de même le type à côté de lui qui est le Commandant de bord de cet avion. Il se contente donc de surveiller attentivement ce qui se passe en croisant les doigts.

[10] Système d'atterrissage aux instruments.

2 000 pieds... Dans les nuages.

1 500 pieds...

1 000 pieds...Toujours dans les nuages...

Par moments, le moteur a des à-coups inquiétants. Il chute vers 2200 tours puis il remonte en hoquetant, déclenchant des violents battements de cœur dans la poitrine des deux occupants de l'avion.

800 pieds, toujours dans le gris...

Enfin à 500 pieds, l'avion sort de la couche nuageuse. Apparemment le pilote n'a pas fait d'erreur car la montagne est toute proche sur la gauche et juste devant le pare-brise s'étirent les trois kilomètres de ciment de la piste de Tahiti-Faa.

De part et d'autre de l'entrée de piste, se trouvent des camions de pompiers et des ambulances qui attendent de leur porter secours.

Une minute plus tard, les roues du Piper touchent le plancher des vaches... Richard ne peut retenir un immense soupir de soulagement. Après ce qu'il vient de vivre, il n'y croyait plus... Etrangement, il sait déjà qu'il n'écrira pas une seule ligne de reportage. Il n'a pas envie de parler.

L'arrivée au parking se fait comme dans les films catastrophes hollywoodiens. L'avion est escorté par une horde de camions anti-incendie. Ambulances, gyrophares, regards inquiets.

Sitôt le moteur arrêté, Richard Delahaye quitte l'avion. Pas question d'écouter les questions des premiers enquêteurs qui voudraient le faire parler sur les capacités du pilote. Il fonce au bar de l'aéroport et se fait servir une triple whisky. Il achète même un paquet de cigarettes qu'il fume en moins de temps qu'il ne faut pour le dire.

Depuis plusieurs mois, il avait cessé de fumer et il ne buvait plus une goutte d'alcool. Au diable les bonnes résolutions... Il faut profiter de la vie.

Les réactions du lendemain sont terribles... Est-ce la peur qu'il a ressentie pendant le vol, l'alcool ou la reprise de la cigarette? Richard est victime d'une jaunisse carabinée qui le cloue au lit pendant ses trois derniers jours de vacances. Pas toujours évident de profiter de la vie!

Quant au Cherokee Six, on trouvera un segment cassé sur un des pistons. Le moteur avait tellement chauffé qu'il ne lui restait plus que quelques minutes de fonctionnement avant qu'il ne rende l'âme définitivement.

Pour la petite histoire, il faut savoir que le jeune pilote rentrera en France quelques jours plus tard. Après plusieurs essais infructueux, il réussira à passer son brevet de pilote professionnel dans une école de Toussus le Noble mais sa carrière aéronautique sera très courte. Engagé par une petite compagnie d'avions-taxis, il sera licencié le jour où il se trompera d'aéroport avec des passagers à bord.

Tout le monde n'est pas fait pour piloter des avions...

LE PILOTE DU DC 10 RATE SON ATTERRISSAGE

21 décembre 1992.
7 heures 15 du matin
Portugal.

C'est le premier jour de l'hiver... D'après l'éphéméride, le soleil doit se lever dans 11 minutes exactement. Pourtant c'est toujours la nuit la plus sombre qui règne autour de l'avion.

Dans son poste de pilotage, le commandant de bord du vol MP 495 a beau regarder vers l'Est, il ne voit pas encore la moindre lueur de l'aube. Et pour cause, l'avion se trouve en plein milieu des nuages. C'est une grosse dépression qui recouvre tout le Sud du Portugal. Le mauvais temps est partout avec d'énormes averses de pluie et de grêle dure.

Au sol, les choses sont encore pires... Quelques secondes plus tôt, la tour de contrôle de Faro a fourni au pilote la dernière météo sur l'aérodrome : la température est de 16 degrés. Le vent souffle du 150 degrés pour 18 nœuds et le plafond descend par endroit à 500 pieds. Quant à la visibilité, elle atteint tout juste 2 500 mètres, ce qui en soi n'est pas catastrophique s'il n'y avait pas ces énormes orages disséminés tout autour de l'aéroport. Des cumulo-nimbus qui crachent des éclairs dans toutes les directions.

Le commandant est au courant de la situation météo depuis plus d'une heure et demie. Avant son décollage d'Amsterdam, il a eu l'occasion de jeter un coup d'oeil sur des photos satellites montrant le Portugal. Partout sur le Sud de l'Europe, c'est la même tempête avec du vent et des pluies torrentielles. D'ailleurs pendant le survol de l'Espagne, qui s'est effectué au niveau 370, l'équipage a dû éviter des "enclumes"[1] d'orage qui se développaient partout sur sa route. Seule la région de Lisbonne a semblé un peu épargnée par la fureur des éléments...

Pourtant, le commandant de bord n'est pas vraiment inquiet. Ce n'est pas un débutant... L'homme a 56 ans et 14 400 heures de vol. Il est qualifié sur de nombreuses machines : Airbus A-310, DC-8, DC-9 et évidemment l'appareil qu'il commande actuellement : un DC-10 (série 30-CF).

Par contre, son copilote est beaucoup moins expérimenté. Lui, n'a que 31 ans et seulement 2 200 heures de vol. Son parcours professionnel est assez atypique puisque le jeune homme a commencé à voler sur DC-10 alors qu'il n'avait que... 500 heures de vol, ce qui est extrêmement rare dans la profession. En général, il faut attendre plusieurs années au sein d'une compagnie et au moins 1 500 heures de vol avant d'avoir le privilège d'être

[1] Vu du ciel, le sommet d'un nuage d'orage prend souvent la forme d'une enclume.

aux commandes d'un avion de la classe du Jumbo Jet. Car le DC-10-30 CF est un gros porteur... Aujourd'hui, il transporte 327 passagers et 13 membres d'équipage. Il est immatriculé PH-MBN et porte le numéro d'usine 46924/218.

Étrangement et c'est également inhabituel, l'appareil appartient à l'armée de l'air hollandaise qui l'a loué à une compagnie de charter : Martinair Holland.

Ce 21 décembre 1992, le vol Martinair 495 a bien mal commencé puisque l'appareil a décollé d'Amsterdam avec 40 minutes de retard à cause d'un problème de "reverse" [2] sur le réacteur numéro 2 (celui qui est situé à l'intérieur de la queue). En fait, malgré l'intervention des techniciens, le problème n'a absolument pas été résolu. Finalement, l'avion a quitté l'aéroport de Schiphol à 5 heures 52 du matin avec le système de reverse en panne...

Il faut noter au passage que ce décollage est en contradiction totale avec le manuel opérationnel de l'avion qui impose que les trois "reverse" soient en état de marche pour pouvoir partir. Pas vraiment prudent... En outre, pour l'équipage, ce n'est jamais rassurant de savoir qu'en cas d'urgence, on ne peut pas compter sur tous les systèmes de freinage de son avion. Et puis maintenant, il y a ce mauvais temps qui règne sur le Portugal et c'est

[2] Système de freinage permettant d'inverser le flux des réacteurs quelques instants après l'atterrissage.

d'autant plus gênant que l'aéroport de Faro ne figure pas parmi les mieux équipés du monde. Il est dépourvu de système lumineux d'approche et la balise du VOR utilisée pour la percée, n'est pas dans l'axe de la piste. Elle est située au centre du terrain... Par beau temps, cela ne pose pas de problèmes mais aujourd'hui, avec les orages et la visibilité réduite, ces handicaps ne facilitent pas l'atterrissage.

Le commandant de bord en est parfaitement conscient puisqu'au moment où il a quitté son niveau de croisière, il a déjà averti son copilote que s'il y avait des problèmes pour se poser à Faro, il se dérouterait à Lisbonne. A présent, il est en approche à 4 000 pieds. L'avion est en plein dans la crasse et ce n'est pas très brillant.

Dans la cabine, beaucoup de gens sont inquiets en voyant les énormes nuages noirs qui entourent l'avion. Ce n'est pas tellement la turbulence qui les effraie car elle est ponctuelle et sèche mais il y a tous ces éclairs aveuglants qui zèbrent en permanence le petit matin. Même le personnel de cabine n'est pas très rassuré. Au moment où l'avion a commencé la descente, une hôtesse fait remarquer à une collègue "qu'avec tous ces éclairs, l'endroit ressemble aux portes de l'enfer..."

C'est le copilote qui est aux commandes... Le commandant de bord est PNF[3]. Il s'occupe donc

[3] Pilote Non en Fonction. Bien qu'il garde la responsabilité de l'avion, le commandant de bord laisse le copilote aux commandes en tant que PF : Pilote en Fonction.

des communications radio. Malgré les mauvaises conditions qui règnent, le "patron" laisse son second travailler comme il l'entend. Il lui a simplement conseillé de ne pas essayer de faire un atterrissage trop doux, car ce serait une erreur... Avec le vent de travers, il est en effet préférable de poser l'avion fermement pour éviter l'aquaplaning. Un *Kiss Landing*[4] ferait certainement plaisir aux passagers mais cela laisserait l'appareil en prise au vent de travers pendant quelques trop longues secondes et ce n'est jamais conseillé quand ça souffle très fort.

Le copilote va donc tenter d'appliquer les consignes de son commandant : poser l'avion fermement!

A 7 heures 24 minutes et 10 secondes, la tour de Faro autorise le DC 10 à descendre à 3 000 pieds dans le circuit d'attente[5] pour effectuer une percée VOR/DME en direction de la piste 11.

L'aéroport portugais est situé juste au bord de l'océan Atlantique, il n'y a aucun relief au Sud mais vers le nord, il convient d'être prudent car les collines culminent à 2 200 pieds. Si l'appareil maintient l'altitude de 3 000 pieds fixée par le contrôle, il est protégé de tous les obstacles alentour.

A 7 heures 25 minutes, l'avion passe exactement à la verticale du terrain de Faro et il pénètre dans

---

[4] Atterrissage doux comme un baiser.

[5] Circuit en forme d'hippodrome et permettant à l'avion de se retrouver en finale.

l'hippodrome qui doit normalement l'amener en finale pour la piste 11. Il va commencer par s'éloigner vers Albufeira puis reviendra se placer dans l'axe de la piste avec un cap qui serait au 111 s'il n'y avait pas de vent.

Mais ça souffle...

D'après les informations météo de la tour, le commandant sait déjà qu'il doit affronter un fort vent de travers venant de la droite. Et la turbulence commence à se manifester... Par moments, l'avion traverse des portions de ciel clair puis, soudain, il replonge dans une masse nuageuse instable et on aperçoit de nouveaux flashs menaçants.

- Quel temps de chien, murmure le copilote[6].

Au même instant, la porte du poste s'ouvre et une hôtesse passe la tête par l'entrebâillement.

La voix de la jeune femme semble inquiète.

- Les passagers n'arrêtent pas de demander quel temps il fait au sol... Qu'est-ce qu'on doit leur répondre?

Le commandant de bord n'hésite pas une seconde :

- Vous leur dites la vérité... Il fait vraiment très mauvais. Ca tonne de partout et il pleut très fort.

Puis, sans même se retourner, il répète les instructions qu'il a données à son copilote quelques minutes plus tôt :

- De toute manière, si on n'a pas les minimas, on n'insistera pas... on se déroutera sur Lisbonne.

[6] A l'exception des communications radio qui se font en anglais, les conversations entre les membres d'équipage sont en hollandais.

Sans un mot, l'hôtesse referme la porte du poste et se dirige vers sa chef de cabine pour transmettre le message du *Captain.*

L'avion commence sa percée.

Il réduit sa vitesse et prend un cap d'éloignement au 269. La procédure prévoit que lorsqu'il sera à 8 nautiques, il effectuera un virage à droite pour s'aligner face à la piste. Il descendra alors progressivement à 2 000 pieds.

A 7 heures 27, il se passe un événement qui va rassurer l'équipage sur les conditions météo qui règnent juste en dessous : alors que les deux hommes sont à l'écoute de la fréquence d'approche de Faro, il entendent un appareil de la même compagnie qui est en train de se poser.

Le vol porte le numéro Martinair 461. Pour l'équipage du DC 10 qui se trouve en ce moment dans la crasse, c'est plutôt bon signe. Si les collègues ont réussi à atterrir, il n'y a aucune raison pour qu'ils ne puissent pas y arriver eux aussi. Sur la fréquence de l'approche (119.4 mghz), on entend le contrôleur qui donne ses instructions au collègue.

7 heures 27 minutes 12 secondes (contrôle de Faro) : *Martinair 461, heu, au sol à 28. Roulez jusqu'au bout de la piste et prenez la dernière à gauche. Changez avec la tour 118.2.*

7 heures 27 minutes : 20 (Martinair 461) : *118.2. Bonne journée.*

La voix du collègue est parfaitement décontractée. Apparemment, le gars ne semble pas avoir éprouvé de difficultés particulières. A moins que sa décontraction ne vienne du soulagement d'être enfin sur le plancher des vaches.

Dans les nuages au-dessus, les secondes passent pour le DC 10.

***7 heures 27 minutes : 53 (commandant)** : On approche de 8 nautiques.*

***7 heures 27 minutes : 54 (copilote)** : Oui.*

C'est le moment prévu pour entamer le virage à droite qui permettra à l'avion de se retrouver exactement dans l'axe de la piste. Aussitôt, le commandant sélectionne la route à suivre sur l'instrument au tableau de bord.

***7 heures 27 minutes : 56 (commandant)** : Je t'affiche 111 degrés.*

***7 heures 28 minutes : 01 (copilote)** : On est à droite. Cap 080.*

Apparemment, le vent ne semble pas être celui annoncé par la tour puisque le copilote est obligé de faire une correction contraire pour rester sur l'axe de descente. La tour lui a dit qu'il soufflait de la droite, or il semble plutôt souffler de la gauche. En fait, comme toujours lorsqu'il y a des cumulonimbus, les vents sont irréguliers et soufflent par rafales. Ceci pourrait paraître un détail et pourtant, c'est un des facteurs qui vont jouer un rôle déterminant dans la suite des événements.

7 heures 28 minutes : 04 (commandant) : Cap 080. D'accord...

7 heures 28 minutes : 11 (commandant à la radio) : MP 495, on est en rapprochement.

Le DC 10 est maintenant dans l'axe de la piste mais celle-ci est encore loin devant lui. Elle se trouve à 8 miles nautiques exactement (15 kilomètres). Étant donnée, la visibilité réduite, les deux hommes ne l'aperçoivent pas encore mais ils savent qu'ils sont sur la bonne trajectoire.

7 heures 28 minutes : 17 (tour de Faro) : Reçu 495... Rappelez en passant les minimas[7] ou bien lorsque vous aurez la piste en vue. Je vous signale que la piste est complètement inondée.

Tout comme pour une voiture, la présence d'eau peut parfois poser des problèmes d'adhérence à un avion. Il ne faut pourtant pas exagérer les risques. Tant que le freinage est symétrique, le contrôle de la trajectoire sur une surface détrempée n'est pas d'une difficulté insurmontable. Ca ralentit simple-

[7] Altitude à laquelle, le pilote doit avoir la piste en vue. Si ce n'est pas le cas, il doit impérativement remettre les gaz. Il peut refaire une seconde approche ou se dérouter sur un autre aéroport. Dans le cas de l'approche du DC 10, les minimas étaient de 620 pieds).

ment moins bien... Surtout si on a une "reverse" en panne, comme c'est le cas du DC-10 de Martinair.

Apparemment, l'équipage ne semble pas se faire trop de souci sur ce point. A aucun moment sur la bande, on n'entend les pilotes exprimer des craintes de ne pouvoir s'arrêter à temps.

***7 heures 28 minutes : 26 (commandant) :** Roger, on vous appellera.*

***7 heures 28 minutes : 55 (commandant) :** Sept nautiques.*

Jusqu'ici, l'avion était en palier à 2 000 pieds. D'après la procédure, le point situé à 7 nautiques (13 kilomètres) est un point clé de l'approche finale. C'est en effet à cet endroit que l'avion peut commencer la descente vers la piste 11.

Il faut bien savoir que cette approche est relativement imprécise comparée à ce qui se fait dans les aéroports les mieux équipés. A Faro, aucun système sophistiqué ne peut confirmer directement au pilote qu'il se trouve bien sur la bonne pente d'approche.

Pour assurer la sécurité, celui-ci doit donc en permanence faire des recoupements entre son altitude et sa distance par rapport à la piste.

***7 heures 28 minutes : 57 (copilote) :** On peut sortir le train.*

***7 heures 29 minutes : 00 (commandant) :** D'accord, on sort le train.*

7 heures 29 minutes : 17 (commandant) : Le vent vient de la droite.

7 heures 29 minutes : 22 (commandant) : Le train est sorti.

7 heures 29 minutes : 23 (copilote) : D'accord, merci.

7 heures 29 minutes : 25 (copilote) : Les volets 35 degrés.

7 heures 29 minutes : 28 (commandant) : Volets 35...

7 heures 29 minutes : 32 (commandant) : Les volets sont à 35.

7 heures 29 minutes : 36 (copilote) : Vitesse verticale sélectionnée.

Le copilote vient d'informer le commandant qu'il modifie le mode d'action du pilote automatique. Jusqu'ici, le "PA" était en mode "maintien de l'altitude". Mais comme il est nécessaire de commencer à descendre, le copilote choisit la fonction "*Vertical Speed*" qui maintient un taux de chute constant de l'ordre de 700 pieds par minute.

Au même moment, on entend dans la radio un troisième avion qui commence à rouler sur l'aéroport de Faro.

7 heures 29 minutes : 36 (pilote au sol) : Air Colombus 1158, bonjour, on est avec vous maintenant.

7 heures 29 minutes : 38 (tour de Faro) : *Bonjour 1158, continuez à rouler.*

7 heures 29 minutes : 43 (copilote) : *Les volets à 50.*

7 heures 29 minutes : 47 (commandant) : *Les volets sont à 50.*

Voilà, le copilote vient de faire sortir toute la "tôle" et le DC 10 est pratiquement prêt à l'atterrissage. Il faut tout de même noter que le manuel de l'avion prévoit qu'en cas de vent de travers fort (ce qui est évidemment le cas aujourd'hui), il est préférable de sortir seulement 35 degrés de volets et non 50.

Le copilote agit certainement ainsi à cause de la piste recouverte d'eau. Il doit se dire que s'il n'utilise pas les pleins volets, il aura bien du mal à s'arrêter avant le bout de la bande cimentée (toujours cette reverse du réacteur numéro 2 qui est en panne...). Le raisonnement tient, sauf qu'avec 50 degrés, l'avion sera beaucoup plus difficile à contrôler au moment de l'atterrissage...

11 kilomètres... L'équipage n'a toujours pas la piste en vue car la pluie cogne toujours aussi fort sur le pare-brise.

7 heures 30 minutes : 00 (commandant) : *On est à 6 nautiques... 1730 pieds.*

Le commandant vient d'annoncer la distance restante jusqu'à la piste pour la comparer à l'altitude. Il recoupe les deux informations et vérifie sur sa fiche que l'avion est effectivement sur le bon plan de descente. Apparemment, jusqu'ici tout va bien. Pour plus de sécurité, il demande au copilote de s'assurer que les deux paramètres sont bien les mêmes de son côté.

7 heures 30 minutes : 05 (commandant) : *Vérification ?*

7 heures 30 minutes : 06 (copilote) : *OK, vérifié.*

7 heures 30 minutes : 08 (commandant) : *On est à 5 nautiques... 1430 pieds. Le vent vient de la droite. 30 nœuds. Ca nous fait 12 degrés de dérive.*

7 heures 30 minutes : 13 (copilote) : *D'accord.*

7 heures 30 minutes : 25 (mécanicien navigant) : *Vous êtes prêts pour la check-list d'atterrissage ?*

Pendant une trentaine de secondes, les hommes égrainent les différents points à vérifier et s'assurent que tout est effectivement en place pour l'atterrissage : le train, les volets, l'armement des spoilers, les réglages des altimètres, etc. Ils ne sont interrompus que par la radio dans laquelle on entend le pilote d'Air Colombus, toujours au sol et qui demande à s'aligner sur la piste 11 pour le décollage.

7 heures 30 minutes : 55 (mécanicien navigant) : *OK. La check-list d'atterrissage est terminée.*

7 heures 30 minutes : 57 (pilote d'Air Colombus) : *Air Colombus 1158, on est prêt pour le départ.*

Avant de donner l'autorisation attendue par l'appareil d'Air Colombus, le contrôleur veut savoir où se trouve le DC 10 en finale. C'est parfaitement logique... Il ne va pas autoriser un avion à pénétrer sur la piste alors qu'un autre trafic est sur le point d'atterrir.

7 heures 31 minutes : 05 (contrôle de Faro) : *Martinair 495, confirmez à quelle distance vous êtes de la finale?*

7 heures 31 minutes : 08 (commandant) : *Nous sommes à 4 nautiques.*

4 nautiques (7,5 kilomètres) cela représente un peu moins de 2 minutes de vol. Aux yeux du contrôleur, c'est un peu trop court pour faire décoller l'avion d'Air Colombus (on n'est pas à Chicago!). Il décide donc de le maintenir au sol quelques minutes supplémentaires.

7 heures 31 minutes : 10 (contrôle de Faro) : *Reçu... Air Colombus 1158, maintenez position.*

7 heures 31 minutes : 13 (Air Colombus) : *On maintient position, Air Colombus 1158.*

Pour l'instant, dans le DC 10, la principale préoccupation de l'équipage est d'apercevoir la piste. Ce n'est toujours pas évident... *Le Cockpit Voice Recorder* enregistre tous les bruits dans le poste de pilotage et on entend distinctement le crépitement des énormes gouttes de pluie qui s'écrasent sur le pare-brise. Puis vient s'y ajouter un étrange sifflement cadencé. Ce sont les puissants essuie-glaces que l'équipage vient de mettre en marche (la station météo de Faro relèvera qu'au moment de l'atterrissage du DC-10, il est tombé 65 millimètres de pluie en moins de 10 minutes). Tout à coup, le commandant pousse une exclamation presque joyeuse.

***7 heures 31 minutes : 14 (commandant) :** Oui, je vois la piste...*

L'équipage commence à respirer... A 7 kilomètres dans la grisaille du petit matin, on devine une longue bande lumineuse qui scintille à travers les gouttes de pluie. Pour faciliter la tâche des pilotes, le contrôleur de la tour a réglé l'intensité des lampes au maximum. L'atmosphère se détend dans le poste.

***7 heures 31 minutes : 24 (commandant) :** 3 nautiques... 820 pieds...*

***7 heures 31 minutes : 37 (commandant) :** Martinair 495, nous sommes en finale piste 11.*

***7 heures 31 minutes : 40 (contrôleur de Faro) :** Confirmez que vous avez les lumières de la piste en vue.*

***7 heures 31 minutes : 43 (commandant) :** Affirmatif.*

***7 heures 31 minutes : 44 (contrôle de Faro) :** Autorisé à l'atterrissage. Vent du 150 pour 15 nœuds, avec des rafales à 20 nœuds.*

7 heures 31 minutes : 52 (commandant) : *Reçu 495, on est autorisé à l'atterrissage piste 11.*

Le DC 10 poursuit sa descente... Malgré la pluie qui redouble, l'équipage voit maintenant distinctement les lumières de la piste. Encore une petite minute et les roues toucheront le ciment et cette approche "sous l'eau" prendra fin.

Puis tout à coup, alors que l'altimètre indique 750 pieds, l'approche devient brusquement très instable. Ce n'est pas vraiment de la turbulence, les secousses ne sont pas violentes mais le taux de descente se met à fluctuer de manière désordonnée. Sur le tableau de bord, le variomètre évolue entre 100 pieds et... 1 300 pieds par minute. Malgré des corrections incessantes, le plan de descente suit une trajectoire dangereusement ondulante.

7 heures 31 minutes : 55 (contrôle de Faro) : *Confirmez que l'intensité lumineuse n'est pas trop forte ?*

De toute évidence, le contrôleur craint que les lumières de la piste n'éblouissent les pilotes. Cela peut parfois être le cas, surtout comme aujourd'hui lorsqu'il pleut fortement et que la piste est très mouillée. Apparemment, le phénomène ne gène pas l'équipage.

7 heures 31 minutes : 58 (commandant) : *Non, ça va très bien. Laissez comme ça.*

7 heures 32 minutes : 00 (mécanicien navigant) : *500 pieds.*

L'approche est toujours aussi instable. Mauvais signe... Les procédures de la compagnie Martinair prévoient qu'il faut abandonner l'atterrissage si l'avion n'est pas stabilisé à 500 pieds. Et justement, c'est le cas. L'appareil est à 500 pieds et ça "ondule" toujours avec un variomètre entre 200 et 1000 pieds par minute. De véritables montagnes russes....

Mais le commandant de bord n'applique pas la consigne qui lui dicterait de remettre les gaz. Il laisse le copilote poursuivre la descente.

La longue bande de ciment est toute proche à présent. C'est dans les tout derniers mètres que les choses vont se compliquer. Ca commence sournoisement par une diminution progressive de la vitesse. Ce n'est pas une brutale chute de portance comme dans le cas du Boeing 747 d'Anchorage. Non, juste un léger avertissement que le copilote ne va pas comprendre immédiatement. C'est donc le commandant qui le rappelle à l'ordre.

7 heures 32 minutes : 20 (commandant) : *Ta vitesse est un peu faible... Ta vitesse est un peu faible.*

Le copilote réagit en ajustant la poussée et tout revient en place.

7 heures 32 minutes : 24 (commandant) : *OK, la vitesse est OK.*

Comme pour s'excuser le "copi" se plaint du manque de visibilité.

***7 heures 32 minutes : 29 (copilote) :** Dégivrage pare-brise. Je n'y vois rien du tout.*

Puis de nouveau, l'aiguille de l'indicateur de vitesse régresse dangereusement, et le commandant s'inquiète de nouveau.

***7 heures 32 minutes : 34 (commandant) :** Un peu faible... Un peu faible... Un peu faible...*

Avant que le commandant n'ait eu temps de faire un geste, c'est l'ordinateur de bord lui-même qui réagit pour rétablir la situation. En moins de deux secondes, l'auto-manette[8] augmente la poussée à 102 %. Du coup, l'avion se stabilise et la vitesse se rétablit. Tout va mieux...

Ces deux alertes successives auraient dû mettre la puce à l'oreille de l'équipage. Il est évident que le vent est très instable et qu'il y a des cisaillements sournois. Ca vient de l'arrière... C'est dangereux... Il faudrait anticiper les problèmes en augmentant la vitesse d'au moins 10% par rapport à la vitesse de référence et se préparer à augmenter l'assiette si le badin régresse brutalement.

Apparemment le commandant n'y pense pas.

***7 heures 32 minutes : 36 (copilote) :** Oui, oui...*

---

[8] Le pilote automatique réagit de lui-même pour compenser la chute de la vitesse et il avance les trois manettes de gaz vers l'avant. Il faut savoir malgré tout que le pilote automatique ne peut en aucun cas remplacer l'homme et avoir la même rapidité de réflexes.

7 heures 32 minutes : 37 (commandant voyant que la vitesse se rétablit) : *OK... OK, OK. Le vent est du 190 pour 20 nœuds.*

A cet instant, l'avion n'est plus qu'à 200 pieds, le copilote débranche alors le pilote automatique pour reprendre l'avion en manuel.

Le DC 10 approche du sol, il n'est plus qu'à 50 mètres, 40 mètres, 30... Pour contrer le vent qui souffle de la droite, le nez de l'appareil n'est pas exactement dans l'axe de la piste, il est tourné de 7 degrés vers la droite. Rien d'anormal à cela, le copilote effectue une approche "en crabe" pour corriger le vent de travers. Une technique classique qu'on enseigne aux élèves-pilotes dans toutes les écoles de pilotage. Au moment de l'arrondi, il faudra annuler la dérive pour remettre la machine dans l'axe et mettre un peu de manche dans le vent. Même si l'avion est un Jumbo, la méthode est la même que pour un petit Jodel d'aéro-club.

Il y a quelques secondes de silence troublé par la voix de synthèse du radio altimètre qui annonce la hauteur de l'avion par rapport au sol.

7 heures 32 minutes : 47 (voix de synthèse) : *50 pieds...*

7 heures 32 minutes : 48 (commandant) : *Les gaz réduits.*

Au même moment, les trois manettes de poussée sont ramenées en arrière à 40 % de la puissance.

Mais le mouvement est beaucoup trop brutal et

surtout, il est prématuré. Étant donné, la situation tangente dans laquelle se trouve l'appareil, il aurait été judicieux de laisser un peu de puissance quelques secondes de plus, juste au cas où...

Le DC 10 reste cabré.

Il a le nez en l'air comme s'il hésitait...

C'est à cet instant que les choses se gâtent sérieusement... L'assiette est un peu trop forte. L'avion est toujours à 50 pieds... Le copilote met alors du pied à fond à gauche[9] pour remettre la machine dans l'axe de la piste. Le mouvement est brutal et certainement excessif. L'aile gauche perd alors de la portance. Elle s'enfonce... Évidemment, le copilote réagit en braquant les ailerons à fond à droite. Pas vraiment recommandé quand on est à basse vitesse.

Le commandant sentant que les choses se passent mal décide d'intervenir. Il reprend les commandes pour... cabrer l'avion...

Les pilotes qui font de la voltige reconnaîtront sans peine que ces actions étant exécutées quasi simultanément et à fond sur les commandes sont tout simplement la méthode la plus efficace pour... partir en vrille. Évidemment, un DC 10 n'a rien à voir avec un avion acrobatique mais les lois de l'aérodynamique sont les mêmes pour tous, petits et gros.

A toutes ces erreurs grossières vient s'ajouter une méchante rafale de vent arrière et la vitesse

---

[9] A cette instant, la boîte noire montre que la gouverne est complètement braquée en butée à - 22,5 degrés

s'écroule à 126 nœuds. Cette fois, c'en est trop... le commandant a beau remettre précipitamment les gaz à fond, rien n'y fait. Les trois réacteurs repartent lentement. Il est trop tard... Toujours à 50 pieds en vol dissymétrique avec une assiette bien trop forte, le pilote ne peut reprendre le contrôle de sa machine.

C'est l'aile droite qui s'enfonce d'abord. Puis l'aile gauche part avec une inclinaison maximum de 25, 318 degrés.

Puis de nouveau l'aile droite... Moitié départ en vrille, moitié décrochage.

Et là, ça devient très, très grave. A partir de cet instant, les pilotes ne peuvent plus rien faire. Terrorisés par ce qui leur arrive, ils ne parlent plus...

Il est déjà arrivé, dans l'histoire de l'aviation, que des avions de ligne partent involontairement en vrille (parfois même avec des passagers à bord)[10], mais cela s'est produit en altitude et les pilotes ont pu ramener l'avion en position normale après une perte d'altitude plus ou moins importante. Cette fois c'est différent, car le DC 10 se trouve au ras du sol.

Le rapport des enquêteurs du NTSB indique que, d'après la boîte noire[11], à 7 heures 33 minutes et 28 secondes, l'avion est incliné à droite à... 96,33

---

[10] Voir "FRISSONS DANS LE CIEL" du même auteur chez Altipresse.

[11] Il s'agit là de la seconde boîte noire : le DFDR (Digital Flight Data Recorder) qui enregistre tous les paramètres du vol (vitesse, inclinaison, assiette, puissance des moteurs etc.).

degrés. Son assiette est "à piqué" de -6, 39 degrés et son cap est au 172. Pour le lecteur, tous ces chiffres peuvent paraître très abstraits... Il faut donc les expliquer clairement car ils révèlent une position absolument incroyable : le DC-10 est très légèrement en vol sur le dos... On peut imaginer la réaction affolée des passagers qui ont l'impression de se retrouver brusquement dans un manège de fête foraine... Car non seulement les ailes sont perpendiculaires au sol, ce qui est tout de même très inhabituel pour atterrir mais le nez de l'avion plonge vers le sol.

Quant à l'axe longitudinal de l'appareil, il est carrément en travers de l'axe d'atterrissage.

Comme il a été dit précédemment, il s'agit d'un départ en vrille... On est très loin de ce qui pourrait arriver à n'importe quel pilote qui rate son atterrissage.

Rappelons qu'il s'agit d'un avion de ligne d'une taille à peine inférieure à celle d'un Boeing 747... C'est une machine de 263 tonnes qui entraîne ses occupants dans une superbe figure de voltige.

Le DC-10 mesure 50,41 mètres d'envergure. Comme il est encore à 15 mètres de hauteur, il est évident que, dans cette position acrobatique, l'aile droite ne passe pas...

Il a beau se rétablir de quelques degrés à la dernière seconde, il manque au moins 5 mètres...

A 7 heures 33 minutes et 30 secondes, l'aile droite prend durement contact avec la piste. Elle est arrachée d'un coup au niveau de l'emplanture. Le train d'atterrissage et le réacteur droit giclent dans l'espace. Le choc est d'une violence terrible quand le reste de l'avion prend contact avec le ciment... Immédiatement, une flamme gigantesque jaillit des réservoirs éventrés.

Étant donné son cap, l'appareil quitte aussitôt la piste pour s'enfoncer sur le bas côté. A plus de 200 kilomètres à l'heure, il soulève une immense gerbe de boue. Des débris métalliques sont projetés dans toutes les directions. Les réacteurs sont arrachés, les volets se déchirent comme s'ils étaient en carton. Dans l'impact, les ailerons montent à plus de 30 mètres de hauteur.

Puis les réservoirs de l'aile gauche se déchirent à leur tour. Le carburant gicle sur le fuselage et les flammes entourent la carlingue comme une gangue de feu.

Ca brûle de partout...

L'appareil désemparé poursuit sa course folle à travers la terre détrempée qui borde la piste. Ce n'est plus un avion mais une énorme boule de feu à l'intérieur de laquelle les passagers hurlent. L'aile gauche s'enfonce dans la boue, se désintègre à son tour. Le fuselage se brise en deux tronçons. Chaque section se couche sur le côté gauche et poursuit sa course séparément. Ce sont deux météorites incandescentes qui foncent au ras du sol.

Quant aux débris de l'aile droite, brisée dès le premier impact, ils poursuivent leur progression à 150 kilomètres à l'heure sur une trajectoire parallèle à celle du fuselage. Les pneus enflammés roulent à côté de l'épave.

A l'avant de l'appareil, la situation est terrible... Au moment du décrochage, le nez a piqué encore plus vers le sol. Dès le premier impact, le pare-brise du poste de pilotage a explosé. La boue a envahi le réduit comme de la lave sous pression. En quelques secondes, l'équipage a été submergé par ce fleuve gluant. Les trois hommes étouffent...

Il faut près de 1 100 mètres pour que les débris de l'avion finissent par s'arrêter. Lorsqu'enfin plus rien ne bouge, c'est un spectacle de fin du monde qui règne dans l'enceinte de l'aéroport. L'avion est en miettes... Il a tracé un long sillon dans la terre détrempée. Une énorme tranchée parsemée de dizaines de foyers d'incendie. Un champ de bataille.

Depuis l'intérieur de la tour, les contrôleurs ont assisté en direct à la catastrophe... Abasourdis, ils déclenchent aussitôt l'alerte. Étant données les flammes gigantesques et l'ampleur du crash, ils sont certains qu'il n'y aura aucun rescapé. Comment pourrait-on survivre à un tel déluge de feu et de métal incandescent.

Les pompiers se précipitent au volant de leurs énormes camions tout terrain... Ils foncent vers les débris du DC-10. Mais la boue est omniprésente autour des taxiways. Difficile de traverser.

Les gros véhicules s'enlisent. Seules quelques voitures 4 x 4 légères réussissent à passer.

Lorsque les premiers sauveteurs parviennent sur le lieu du crash, ils sont presque surpris d'entendre des gémissements retentir au milieu des craquements sinistres des incendies.

Les gens appellent à l'aide de partout.

.Incroyable, il y a des survivants...

Ils sortent des décombres en rampant... Ce ne sont que des zombies couverts de boue et de sang mais ils sont vivants...

C'est alors une succession de cafouillages incroyables qui seraient comiques s'il ne s'agissait de porter secours aux victimes d'une catastrophe aérienne:

Les gros véhicules des sauveteurs patinent longtemps dans la terre détrempée et ont du mal à atteindre l'épave. Par contre, on ne peut empêcher des centaines de curieux de franchir les murs d'enceinte de l'aéroport pour envahir les lieux du sinistre. Les gens pataugent dans la boue. Ils gênent considérablement le travail des sauveteurs. On cherche des médecins partout, on n'en trouve pas. Inimaginable, on ne parvient même pas à contacter l'infirmière qui devrait être de permanence à l'aéroport!

Dans certains cas, Ubu n'est pas loin : pour éviter de s'enliser, les conducteurs de certains camions de pompiers décident de s'alléger en vidant l'eau contenue dans leurs citernes, ce qui les rend évidemment totalement inutiles lorsqu'ils réussissent à atteindre l'épave en feu. Certains incendies sont éteints rapidement mais, dès que les pompiers s'éloignent pour s'activer sur un autre foyer, le feu repart de plus belle. C'est seulement après 7 heures d'efforts désordonnés qu'on parviendra à maîtriser véritablement la situation et à comptabiliser toutes les victimes[12].

Les pilotes et le mécanicien navigant sont sains

[12] A l'exception d'un passager enfoui sous la queue dans la boue qui ne sera retrouvé que 24 heures plus tard.

et saufs. Ils ne sont pas les seuls : on réussira à sauver 284 personnes sur les 340 qui étaient à bord de l'avion. Compte tenu des circonstances du drame, c'est déjà un miracle mais le plus extraordinaire est que parmi les survivants, 178 sont totalement indemnes... Rien... Pas une égratignure...

Miraculeux quand on sait que l'avion a été complètement pulvérisé et qu'il a brûlé dans l'accident.

LE PARACHUTISTE PERCUTE UN PLANEUR

Aérodrome de GAP Tallard.
29 juin 1995
14 heures 40...

Il ne fait pas très beau... Exceptionnellement, le ciel de Provence est chargé de gros nuages noirs qui n'annoncent rien de bien réjouissant pour la fin de l'après-midi. Près du Pic de Bure, on aperçoit l'ombre menaçante d'un énorme orage en train de se former rapidement. Au nord-ouest, une grosse averse éclate en ce moment sur les reliefs.

Malgré cela, l'activité aéronautique se poursuit sur l'aérodrome de Gap...

Accroché à ses deux turbines PT6 A-20, le Twin Otter immatriculé F GHRK arrive à 1500 mètres et en dépit de l'altitude qui augmente rapidement, il poursuit sa montée sur une pente stable. Ca grimpe bien malgré les dix huit parachutistes équipés qui ont embarqué à bord de l'avion.

Avec ses deux moteurs de 579 chevaux, cette machine a une silhouette étrange. Des ailes hautes haubanées, un train fixe et une dérive taillée d'un seul coup de crayon... on dirait un énorme insecte lourd et maladroit. L'impression est trompeuse car, en réalité, le Twin Otter est un avion bourré de qualités : il décolle sur des distances ridiculement faibles, grimpe haut et descend très vite sans risque pour ses moteurs. En outre, il peut se poser sur des pistes très courtes non préparées.

Tous les dirigeants de clubs vous diront qu'avec le Pilatus PC6, c'est un des meilleurs avions civils pour pratiquer le parachutisme sportif.

Comme c'est l'usage pour ce genre de travail aérien, la porte du Twin Otter a été carrément enlevée. A la place, ce n'est qu'un trou béant qui s'ouvre sur le vide. Dès que l'avion sera à la bonne altitude, les chuteurs vont se précipiter en grappe par l'ouverture. Certains ne pourront pas s'empêcher de pousser des hurlements de bonheur au moment où ils plongeront dans le vide.

L'extase absolue...

Pour l'instant, il faut monter... Et plus les minutes s'écoulent, plus l'air qui pénètre dans la cabine est glacial. L'instabilité de l'atmosphère provoque des turbulences sèches qui secouent durement la machine, mais personne n'y prête la moindre attention. Chacun se concentre sur la préparation des gestes indispensables à un saut parfait. Les 18 chuteurs n'ont qu'une idée en tête : améliorer leurs performances au cours du saut qu'ils vont exécuter dans quelques minutes.

Une chute libre d'une quarantaine de secondes...

Frank M. est assis juste en face de l'ouverture.

Réussir son saut... C'est justement ce qui occupe entièrement l'esprit de ce jeune parachutiste de 17 ans, élève de l'EPA[1]. Chuter dans le vide à plus de 180 kilomètres à l'heure lui procure des sensations extrêmes dont il ne peut plus se passer. Dans quelques instants, Frank va réaliser son 146 ième saut. Sur la feuille de stick[2], il est prévu qu'il sorte de l'avion parmi les premiers.

Sans être un grand champion de chute libre, Frank possède déjà une certaine expérience qui lui permet de progresser rapidement dans la discipline.

Le parachutisme est une véritable drogue pour ce jeune homme qui, depuis quelque temps, ne rêve que de voile et de suspentes.

L'avion arrive maintenant à 2 500 mètres... Il doit monter encore puisque le largage est prévu à 3 800 mètres.

De temps en temps, Frank se penche en avant vers le vide pour voir le paysage qui défile sous les ailes. D'habitude, la visibilité à cette altitude est extraordinaire. Aujourd'hui, ce n'est vraiment pas terrible.

A côté de lui se trouve Jean Vatopoulos, le "vidéoman". C'est lui qui, avec une caméra fixée sur son casque est chargé de filmer toutes les évolutions des chuteurs. Pendant le saut, Jean restera toujours au-dessus du groupe pour enregistrer chaque mouvement. Dès le retour au sol, on visionnera la bande avec soin pour corriger les erreurs et

---

[1] Ecole des Pupilles de l'Air.

[2] Détermination de l'ordre de sortie de l'avion.

faire progresser les stagiaires. Le vidéoman scrute lui aussi par un des hublots pour essayer d'apercevoir la petite piste d'atterrissage de Gap nichée au fond de la vallée. Avec le mauvais temps, ce n'est pas facile... On la devine par moments, sur la droite, dans les rares trous entre les nuages... C'est là-bas quelque part que se trouve le hangar des paras devant lequel les 18 hommes vont se retrouver dans quelques minutes.

Malgré la couche nuageuse, le spectacle est superbe pour les parachutistes... Les Alpes, toutes proches, sont magnifiques et c'est un panorama que peu de gens ont l'occasion d'admirer en avion par une porte ouverte sur le vide... Par beau temps, on pourrait voir distinctement tous les sommets qui se découpent en dents de scie sur le ciel. A partir de 3 000 mètres d'altitude, on pourrait même distinguer la silhouette du Mont-Blanc au loin vers le nord-est.

Vers le Sud, il y a Saint Auban avec son petit terrain de vol à voile juste au bord de la ville. Au nord, près du relief, c'est le lac de Serre-Ponçon dont les eaux transparentes scintillent sur des dizaines de kilomètres jusqu'à Embrun.

Non seulement cette région est extraordinaire mais, grâce à un de ces miracles dont la nature a le secret, l'endroit jouit d'un micro climat quasi unique au monde : même lorsqu'il fait très mauvais dans la région, il est bien rare qu'il n'y ait pas, comme aujourd'hui un petit trou dans les nuages qui permette de voler malgré tout.

Gap ? Un coin de paradis... Sûrement.

Inutile de préciser que les amoureux des sports

aériens se sont vite aperçus de l'intérêt exceptionnel que présentait cette vallée. A Tallard, il y a donc, non seulement des parachutistes mais aussi un aéro-club... une section de vol à voile... des ULM... la société de travail aérien de Tarade-Aéro Service avec son biplan Pitts S2. Et tout ce joli monde s'en donne à cœur joie pour voler au maximum des possibilités qu'offre la plate-forme.

Frank M. répète son saut dans sa tête. Il sourit... Le jeune homme ne sait pas encore qu'il a rendez-vous avec son destin.

Une heure plus tôt, un planeur a décollé du centre de voile de Saint Auban. L'engin est un Janus C[3]. Un superbe biplace fabriqué en Allemagne par Schempp-Hirth et dont les performances sont époustouflantes. L'engin a décollé tracté par un Pawnee de 235 chevaux.

Pour les nombreux touristes présents aux alentours du terrain d'aviation, c'est toujours un spectacle fascinant que de voir un avion s'élever dans le ciel en tractant derrière lui un planeur au bout d'un câble.

Aux commandes du planeur se trouvent deux Anglais : Jonathan May, le plus expérimenté et Philip Woodruffe, un des ses amis. Les deux hommes ont une trentaine d'années, ils sont passionnés de vol à voile et sont venus tous les deux

[3] C signifiant : en fibre de carbone.

de Bristol pour pratiquer leur sport favori pendant leurs vacances.

C'est Jonathan qui pilote.

Dans cette atmosphère assez turbulente, la maîtrise du planeur lui demande beaucoup de concentration. Pas facile de garder "le fil au milieu" [4] avec les rafales qui secouent la machine. C'est surtout pendant le remorquage qu'il faut se concentrer... Car même pour un pilote expérimenté, c'est justement lorsque le planeur prend de l'altitude attaché à l'avion remorqueur qu'il faut être prudent. Pas facile de se bagarrer avec son appareil pour garder le câble bien tendu... ne pas glisser à droite et à gauche... maintenir un bon étagement par rapport à l'avion... pas trop bas et surtout pas trop haut[5]. Malgré ses 900 heures de vol, Jonathan serre les dents pour réagir rapidement à chaque mouvement du Pawnee et trouver la bonne place.

Cinq minutes plus tard, l'avion et le planeur sont arrivés à 300 mètres du sol. Le pilote du remorqueur a été efficace... Pour faciliter la tâche des Anglais, il les amenés là où il fallait le long de la pente.

Le gars connaît bien la montagne... A cet endroit, il est certain que le pilote pourra trouver des

[4] On colle un morceau de laine sur le pare-brise du planeur. Le but est de maintenir le fil de laine dans l'axe longitudinal du planeur. Cette technique simple et rudimentaire permet au pilote de vérifier d'un simple coup d'oeil que l'appareil ne vole pas en attaque oblique.

[5] Si le planeur se plaçait trop haut par rapport au remorqueur, il lui soulèverait la queue et pourrait le mettre dans un piqué extrêmement dangereux.

ascendances qui lui permettront de rester en l'air une bonne partie de l'après-midi.

Sous son cockpit de plexiglas, Jonathan ne peut retenir un sourire de satisfaction. L'aiguille du variomètre[6] commence à s'agiter frénétiquement vers le haut, c'est signe que les "pompes" sont au rendez-vous. D'ailleurs, les grandes ailes blanches du Janus se soulèvent régulièrement à droite et à gauche... L'appareil va pouvoir se libérer de l'avion remorqueur.

- Je crois qu'on peut larguer le câble ici, confirme Philip, assis en place arrière. C'est vraiment très bon par ici.

- *You bet, it's great*, confirme Jonathan en saisissant la poignée jaune au tableau de bord pour la tirer fermement vers lui.

Un "cloc" sonore retentit aussitôt dans le nez de l'appareil... Il y a comme un coup de frein dans la cellule. Le câble qui le reliait au remorqueur part brusquement en avant. Le cordon ombilical est rompu...

Là-bas, dans son avion, le pilote du Pawnee a senti lui aussi la secousse qui l'a libéré de son fardeau. Son travail est terminé. D'un brusque mouvement du manche à gauche, il bascule sur une aile pour rejoindre la piste.

Tout change alors brusquement pour le planeur. L'engin est maintenant entièrement livré à lui-même. Si le pilote est maladroit, il ne lui faudra

---

[6] Instrument indiquant la vitesse verticale du planeur et permettant de chercher les ascendances qui font pousser le planeur vers le haut.

que quelques minutes pour se retrouver par terre. Ce ne sera certainement pas le cas aujourd'hui.. Avec les superbes "pompes" qui traînent un peu partout, il pourra certainement tenir en vol jusqu'à la tombée de la nuit...

Jonathan surveille attentivement le variomètre qui lui indique à quel endroit sont les meilleures ascendances qui vont l'aider à grimper...

Dans le cockpit, c'est maintenant le silence... On n'entend plus que les filets d'air qui glissent le long du fuselage. Le pilote s'approche un peu plus de la pente. Il sait que plus il sera près et mieux ça montera.

Le versant boisé est maintenant tout proche. Il est soufflé par un vent bien établi. L'air rebondit sur le relief et envoie des "vagues" aérodynamiques qui éclatent vers le ciel... et le petit jeu commence. Le planeur monte doucement... Comme un goéland qui glisse le long de la dune battue par le vent.

Un jeu extraordinaire qui va permettre au grand oiseau blanc de rester plusieurs heures en l'air.

Comme tout va bien, il prend la direction de l'aérodrome de Gap situé à 40 kilomètres vers le nord...

A l'arrière, Philip donne son avis sur la route à suivre pour rejoindre.

- On devrait suivre la Durance sur le versant Est... Ca devrait grimper bien mieux de ce côté-là.

Jonathan hoche la tête en prenant un cap vers le sommet des Monges.

- De toute façon, il sera difficile de faire autrement, sourit-il en montrant les versants Ouest de la vallée qui sont complètement noyés dans le mauvais temps.

Au sol, les rares promeneurs qui arpentent la montagne lèvent les yeux en entendant le sifflement de l'air sur les ailes du planeur.

Avec application, Jonathan stabilise sa machine dans le flux ascendant. A mesure qu'il progresse vers le Nord, il ne peut s'empêcher de penser que le vol à voile est un sport magnifique, en parfaite harmonie avec la nature.

Aucun bruit... Pas de pollution... Des ailes immenses... Une esthétique à couper le souffle. Autour du planeur, la nature est d'une pureté exceptionnelle. Rien à voir avec la grisaille humide qui recouvre Bristol pendant la moitié de l'année... Jonathan trouve que la vie est vraiment belle et qu'il a beaucoup de chance de pouvoir être là aujourd'hui... D'ailleurs son instinct lui dit que, malgré la météo, cette journée va être extraordinaire pour lui.

Il est maintenant 14 heures 50. Le planeur a parcouru du chemin... Il arrive dans les environs de Gap. La météo ne s'améliore pas. Un gros cumulonimbus est en formation dans les environs... Pour rester en l'air, le planeur doit se placer au ras de la base des nuages instables qui l'aspirent fortement vers le haut. Il se trouve à 2 000 mètres d'altitude. Grâce aux ascendances permanentes, il peut se déplacer avec une vitesse qui approche 160 kilomètres à l'heure.

Au même moment, beaucoup plus haut, le Twin Otter arrive à 3800 mètres... Dans l'avion les chuteurs se préparent... On a beau être à la fin du mois de juin, il fait maintenant très froid à cette altitude. La température doit avoisiner les - 5 degrés.

Le pilote a relevé son col de fourrure pour mieux supporter les rafales glacées qui lui ébouriffent les cheveux. Avec précision, il place son appareil sur l'axe de saut. Pour cela, il utilise les informations que lui transmet le GPS[7] de bord. Il n'y a pas moyen de faire autrement. Vu de cette altitude, l'aérodrome de Gap n'est plus qu'une petite bande de ciment perdue en dessous de la couche des nuages.

On approche du moment fatidique... Les parachutistes ont ajusté leurs petites lunettes de saut. Les coeurs battent plus vite... Le taux d'adrénaline monte d'un cran dans l'organisme

Un peu à droite... à gauche maintenant pour rester sur le bon axe...

Puis tout à coup, le chef donne le signal. C'est parti... En moins de quatre secondes, les mains ont saisi les montants latéraux de l'avion... Une grappe humaine a giclé du Twin Otter pour plonger dans le vide. Aucune appréhension... Juste une intense volonté de rechercher la perfection dans le moindre geste.

Les 18 sportifs sont sortis de l'avion quasiment ensemble. Aussi proches que possible les uns des autres. De cette manière, ils perdront un minimum de temps pour se mettre en place en chute...

Frank est sorti le troisième en poussant un hurle-

[7] Global Positioning System. Système de repérage par satellites.

ment de bonheur... Le vent relatif agit aussitôt sur lui comme un matelas d'air. Il lui déforme presque douloureusement le visage mais le chuteur n'en a rien à faire. Au contraire, il aime cette sensation extrême qui le libère de tout.

La chute, c'est le "pied" absolu...

Moins de quatre secondes après être sorti de l'avion, les sportifs ont déjà maîtrisé leur position de vol et il peuvent se mettre en place les uns par rapport aux autres.

A cette altitude, leur vitesse de chute est d'environ 200 km à l'heure. Pourtant, à mesure qu'ils vont se rapprocher du sol, l'air va devenir un peu plus dense et ils vont "ralentir" vers 180 à l'heure.

La chute se prolonge.

10 secondes...

20 secondes...

30 secondes...

Au-dessus du groupe, le vidéoman filme sans arrêt... Les images sont bonnes. C'est excellent. A travers les visages déformés par la vitesse, on devine la joie d'avoir bien travaillé.

40 secondes...

Plus le temps d'en rajouter, il faut penser au retour sur terre. A présent les secondes commencent à compter comme des heures... Sur le poignet de Frank, l'altimètre indique 2 600 mètres .... Il va bientôt être temps de se séparer des copains pour que chacun puisse ouvrir en sécurité... Dans quelques secondes, les chuteurs vont pénétrer dans la couche nuageuse et il serait dangereux d'être trop près les uns des autres. Au signal, Frank s'est écarté de ses camarades. Toujours en position de chute, les bras et les jambes bien en place, il continue à plonger, mais il est seul dans l'espace maintenant. Le sol se rapproche à la vitesse de 50 mètres par seconde.

Tout va très vite...

La couche nuageuse grossit. Elle devient comme un épais tapis blanc qui se précipite vers lui... Puis brusquement, il pénètre dans le nuage. Il ne voit plus rien... La sensation est étrangement ouatée. C'est un brouillard humide qui l'entoure. S'il n'y avait toujours le vent relatif qui lui fouette le visage, Frank pourrait se croire à l'arrêt dans une masse cotonneuse.

Le jeune homme attend sans paniquer. Il sait qu'il va sortir rapidement de la couche. Il verra immédiatement la piste juste en dessous, avec les voitures garées près de la tour de contrôle et les silhouettes des spectateurs qui l'attendent près du hangar.

Dans quelques instants, il va ouvrir son aile. Ce sera la fin du rêve d'Icare. La magie de la chute va disparaître brusquement dans le déploiement des 60 mètres carrés de la toile multicolore. D'un seul coup, le chuteur va redevenir un humain aux pieds lourds.

Toujours en positon, Frank savoure les dernières secondes de chute libre... Il est heureux...

Au même instant, dans son planeur, Jonathan a lui aussi le sourire, il vient de placer sa machine dans une belle ascendance. Sa vitesse frôle 95 nœuds[8]. Il est à 2050 mètres et la base des nuages est toute

---

[8] 170 kilomètres à l'heure

proche... Et ça monte encore à plus de 2 mètres par seconde. C'est très bon... L'aiguille du variomètre est stabilisée vers le haut.

Derrière lui, Philip examine la carte au 500 000 qu'il a emportée par sécurité pour surveiller la navigation..

- On doit sûrement pouvoir prendre la vallée vers le barrage de Serre-Ponçon sur la droite, murmure-t-il.

Jonathan l'entend à peine. Il n'a plus d'yeux que pour l'aiguille du variomètre qui lui semble si favorable aujourd'hui...

Quelle superbe journée...

Soudain, il y a un choc terrible sur la gauche. Comme une forte explosion qui retentit dans le cockpit. Dans la même seconde, l'aile gauche s'enfonce comme attirée vers le sol par un puissant aimant. Jonathan a l'impression que l'appareil vient d'être touché par un obus.

Il n'a pas le temps de comprendre ce qui lui arrive que déjà le manche lui échappe brutalement des mains.

L'horizon bascule.

- *What?*

A l'arrière Philip a réagi avec une rapidité incroyable. Il s'est précipité sur les commandes pour aider son ami à stabiliser une machine qui devient brusquement incontrôlable.

Il hurle :

- Qu'est-ce qui nous arrive?

En une fraction de seconde, le pilote tente de braquer les ailerons à fond à gauche mais c'est soudain très dur. Le manche est comme bloqué, on dirait que la timonerie est cassée... Il a beau contrer le mouvement, le Janus C continue à basculer sur l'aile gauche.

De toutes leurs forces conjuguées, les deux hommes tentent de remettre la machine en ligne de vol mais ils comprennent immédiatement qu'ils n'y parviendront pas. L'appareil part dans une vrille brutale. La ligne d'horizon tourne dans tous les sens et les crêtes de la montagne se retrouvent brusquement pointés à l'envers.

- *I don't know what's happening,* crie Jonathan...

- *We have been hit by something...*

Ses yeux se portent vers la gauche de l'appareil et il comprend qu'il ne parviendra pas à rétablir la machine.

L'aile est brisée au niveau de l'aileron...

Dans le cerveau du pilote, les choses vont très vite. La terre et le ciel tourbillonnent autour d'eux dans une sarabande infernale. Une sorte de kaléidoscope fou... A l'arrière, Philip, lui aussi a vu l'aile brisée. Il a compris... Le planeur est en vrille. Ils sont perdus... L'aiguille de l'altimètre tourne à toute vitesse sur le cadran. Ils ne sont qu'à 1400 mètres de hauteur par rapport au sol, il ne faudra que quelques dizaines de secondes pour qu'ils s'écrasent.

- Il faut sauter, hurle Jonathan.

Sans perdre une seconde, il déverrouille les sécurités qui retiennent la grande verrière monobloc. Ca fait un "plouf" lorsque le plexiglas s'envole en tourbillonnant derrière l'appareil. Brusquement, les deux Anglais se retrouvent en plein vent.

- *Eject, Eject, Eject*, hurle de nouveau Jonathan à pleins poumons.

- *I never did that...*

- *Eject!*

Aiguillonné par son ami, Philip réalise qu'il n'a pas d'autres solutions. Le planeur n'est évidemment pas équipé de siège éjectable, il faut se débrouiller tout seul pour en sortir. Ce n'est pas facile. Surtout en vrille... Les deux hommes sont plaqués sur leur siège par la force centrifuge. Avec des gestes nerveux, Jonathan parvient à ouvrir la boucle du harnais qui le retenait sur son siège.

Ca tourne dans tous les sens. Emportés dans la spirale terrible qui les colle à l'intérieur du cockpit, les deux hommes ont beaucoup de mal à s'extraire.

Le sol se rapproche dangereusement.

- *Hurry up*, s'époumone Philip pour s'encourager lui-même.

C'est Jonathan qui réussit à s'extirper en premier de la machine désemparée. Au moment où il se retrouve dans le vide, il n'est plus qu'à 300 mètres du sol. La main droite se précipite maladroitement sur la poignée d'ouverture.

C'est beaucoup plus difficile pour Philip Woodruffe. Plaqué par la force centrifuge, il ne parvient pas à s'extraire du cockpit. A chaque fois qu'il se redresse pour s'échapper du piège mortel, il est renvoyé brutalement en arrière par le vent. Le planeur plonge vers la terre... Au sol, les témoins horrifiés croient que tout est fini pour lui. La vrille s'accélère. Le planeur n'est plus qu'à une centaine de mètres du sol et l'Anglais n'est toujours pas sorti.

Et puis soudain, le pilote parvient à se dégager. Poussé par l'énergie du désespoir, il gicle dans le vide. Poignée d'ouverture. Claquement du parachute de secours GQ 850 qui s'ouvre.

La petite voile de 45 m2 ne met que deux secondes pour se déployer. Incroyable... -

Pratiquement au même moment, Philip est freiné et il touche le sol. Le cauchemar est fini...

Les deux hommes ne sont qu'à quelques centaines de mètres du terrain. Miracle, ils n'ont que quelques contusions sans gravité.

Le planeur, quant à lui, tombe en vrille sur des arbustes à une centaine de mètres de la route qui mène à Tallard. Il ne fait aucune victime.

Frank M. est mort sur le coup.

Il était encore en chute libre lorsqu'il a percuté le planeur. Son corps a fait littéralement exploser l'aile du Janus. Connaissant la solidité d'un planeur en fibre de carbone, on pourrait s'étonner des dégâts terribles causés à l'appareil. Un calcul simple montre que l'énergie d'une masse de 80 kilos lancée à 180 kilomètres à l'heure correspond à celle qu'aurait un obus de guerre d'un kilo à 1 900 km/h[9]. La structure du Janus ne pouvait pas résister à un tel choc... Quant à la probabilité pour que le parachutiste percute le planeur, elle était infime mais elle était pourtant là, bien dissimulée parmi des milliards de chances pour que le jeune homme passe à côté.

Miracle pour les deux Anglais... Pas de chance pour Frank ce jour-là... Sauf peut-être qu'il n'a pas vu la mort arriver et qu'il est parti au ciel dans un moment d'une extrême intensité...

Aussi incroyable que cela puisse paraître, le planeur a été récupéré et réparé.

Il vole de nouveau aujourd'hui.

[9] Energie cinétique = $1/2\ mV^2$.

L'AVION DE LIGNE TRAVERSE LES ARBRES

12 Novembre 1995
Minuit

Les 73 passagers du vol Américan Airlines 1572 ne sont pas de très bonne humeur... Le vol a quitté Chicago à 23 heures 05, c'est-à-dire avec plus d'une heure et 40 minutes de retard sur l'horaire normal. Même si le commandant de bord a annoncé qu'il allait faire tout son possible pour rattraper le temps perdu, personne n'y croit vraiment. Chacun sait bien que dans le meilleur des cas, l'avion n'atteindra *Bradley Windsor Locks, Connecticut*[1] que vers une heure et demie du matin.

Pour corser encore davantage ce voyage aérien qui a mal commencé, il ne fait pas beau sur le nord des Etats-Unis. Un vrai temps de chien et les passagers frissonnent déjà à l'idée de débarquer en pleine nuit dans le froid et la pluie. Il faut dire que la météo a annoncé un vaste système dépressionnaire qui s'étend du Canada au Québec jusqu'à l'état de New-York. Bourrasques de pluie, vents

[1] A environ 180 kilomètres au nord-est de New-York.

violents, avis de tempête en mer... pas vraiment le temps idéal pour envisager une promenade à pied au clair de lune.

A mesure que le temps passe, la mauvaise humeur des passagers se transforme en appréhension, car le vol devient pénible. Les turbulences qui secouent l'avion sont de plus en plus violentes... Ca monte et ça descend au rythme des rafales et personne n'aime vraiment ça.

Pour atténuer les effets de la turbulence, le commandant de bord a bien annoncé qu'il quittait son altitude de croisière de 33 000 pieds pour monter jusqu'à 35 000 pieds. On a senti que l'appareil se remettait en montée puis il s'est stabilisé de nouveau mais cela n'a pas changé grand chose.

L'avion a continué à bouger dans tous les sens...

Les consignes lumineuses *"Fasten seat belts"*[2] sont donc restées allumées au plafond et de nombreux passagers inquiets n'ont pu s'empêcher de s'accrocher aux accoudoirs de leur siège à chaque fois que l'avion bougeait brusquement.

Le pilote a demandé aux trois membres du personnel de cabine de servir un rafraîchissement supplémentaire aux passagers, histoire de leur faire oublier le retard et de les décontracter quelque peu. Peine perdue... Les gens ont bu du bout des lèvres des boissons que les hôtesses ont eu toutes les peines à leur servir, tant il leur était difficile de rester debout dans l'allée centrale.

En fait, la dépression provoque la formation de

---

[2] Attachez vos ceintures.

nuages d'orages élevés qui bourgeonnent un peu partout sur le nord-est du continent. Toute l'atmosphère est instable sur plusieurs centaines de kilomètres.

L'avion d'American Airlines est un McDonnell Douglas MD 83. C'est un appareil moderne. Equipé de deux réacteurs Pratt & Whitney JTD8D-219, il peut transporter 155 passagers sur une distance de 4 655 kilomètres.

Pour ce vol, le MD 83 doit parcourir un peu moins de 1 500 kilomètres, il a donc suffisamment de carburant pour aller jusque dans le Connecticut. En cas de problème, il pourrait même revenir se poser à Chicago.

Le commandant de bord a 39 ans, il est pilote de ligne et totalise 8 000 heures de vol. Son copilote a exactement le même âge mais son expérience professionnelle est moins importante. Il n'a que 5 100 heures sur son carnet de vol.

Dans le poste de pilotage, le commandant de bord sait que ce soir, l'approche sur l'aéroport de Bradley, ne sera pas facile. Tous les bulletins météo qu'il a reçus avant de décoller lui indiquent qu'il pleut beaucoup là-bas. Et puis surtout, il y a ce vent très violent qui doit provoquer une turbulence encore plus brutale que celle qu'il endure en ce moment. La finale avant l'atterrissage risque d'être particulièrement chahutée. Les passagers vont souffrir... Par ailleurs, il y a un "détail météorologique" auquel le commandant de bord n'a pas vraiment porté attention au moment où on lui a transmis le dossier météo : du fait de l'arrivée rapide de cette très grosse perturbation, la pression atmosphérique est en chute rapide dans la région de New York. La valeur actuelle du QNH[3] est de 986 Hpa. C'est déjà très bas, mais cela continue à descendre. Or, cette chute de pression va avoir des conséquences dramatiques sur l'évolution des événements qui vont suivre

Le vol dans la turbulence se poursuit donc en direction du Connecticut avec des passagers qui sont de plus en plus crispés sur leur siège. Leurs malheurs ne font hélas que commencer...

A minuit 31 minutes, le commandant de bord reçoit un message d'alerte envoyé par le dispatcher de la compagnie : deux avions d'American Airlines viennent tout juste de se poser à Bradley Windsor Locks. Les pilotes indiquent qu'ils ont subi des turbulences inhabituelles et des cisaillement de vent très dangereux. La plus grande prudence est donc recommandée pour l'atterrissage.

En réalité, le commandant de bord ne le sait pas encore mais le vent à Bradley est si fort qu'une des vitres de la tour de contrôle vient de se briser. Les contrôleurs sont en train de déménager en catastrophe pour ne pas être trempés. La pluie pénètre par rafales dans le bâtiment. Impossible de tra-

[3] Le QNH est la pression atmosphérique de l'aérodrome ramené au niveau de la mer.

vailler normalement. On est obligé d'improviser à la hâte... Les hommes descendent se réfugier dans la salle radar située au rez de chaussée. Cet endroit est normalement utilisé pour le contrôle des avions lorsqu'ils circulent au sol.

Pour le vol American 1572, c'est maintenant le moment de commencer la descente... Le MD 83 reçoit du contrôle aérien de Boston l'autorisation de quitter le niveau de vol 350[4] pour rejoindre le niveau 190[5].

Une fois arrivé au 190, il est de nouveau autorisé à continuer vers 4 000 pieds... Etrangement, le commandant de bord a coupé le radar météo. Avant de commencer la descente, il a noté qu'il n'y avait plus de nuages dangereux devant lui et il a estimé qu'il n'y avait plus lieu d'utiliser l'instrument.

Loin de se calmer, la turbulence continue à se manifester fortement tout au long de la descente. Les secousses sont tellement fortes que l'équipage a enfilé les harnais d'épaules qui les maintiennent serrés sur leur siège. C'est le commandant de bord qui est aux commandes et le copilote qui s'occupe des communications radio avec le contrôle aérien.

Sur l'aéroport de Bradley, il souffle un vent du 170 degrés pour 30 noeuds[6]. Ce vent violent pose non seulement un problème parce qu'il secoue

[4] 35 000 pieds.

[5] 19 000 pieds.

[6] 54 kilomètres à l'heure.

l'avion mais également parce qu'il impose à l'appareil de se poser sur la piste 15. Impossible avec une telle bourrasque de se poser vent arrière. Or, cette piste n'est pas équipée d'un système d'atterrissage ILS qui permet une approche avec une grande précision. Le pilote va devoir faire une approche de type VOR dont la rigueur est loin d'être aussi grande. Il va estimer une pente de 3,5 degrés sans avoir d'instruments qui lui permettent de vérifier qu'il est effectivement sur le bon plan de descente. Cette imprécision relative est malgré tout compensée par le fait que l'avion est suivi en permanence par le radar de Bradley.

A minuit, 49 minutes et 41 secondes, le vol American Airlines 1572 reçoit l'autorisation de commencer son approche sur l'aéroport. Les paroles reportées ci-après en italique sont extraites de la "boîte noire" de l'avion : Ce sont les mots exacts prononcés par les différents intervenants et enregistrées par le CVR : *Cockpit Voice Recorder.*

00 heure 49 minutes : 41 secondes (contrôleur d'approche) : *American 1572, vous êtes à 5 miles nautiques*[7] *de la balise MISTR. Vous devez passer MISTR à 3 500 pieds ou au-dessus. Autorisé pour une approche VOR piste 15.*

En clair, l'avion n'a pas encore l'autorisation d'atterrissage mais il peut commencer à suivre la trajectoire spécifique autour de la balise VOR. Cette

[7] 9 kilomètres.

trajectoire qui a la forme d'un hippodrome doit lui permettre de se retrouver exactement en finale dans l'axe de la piste.

Comme l'exige la réglementation, le copilote accuse réception du message. Il en répète les points clés. Le plus important étant que sous aucun prétexte, il ne doit descendre en dessous de 3 500 pieds[8].

***00 heure 49 : 49 (copilote) :** OK, nous... heu, nous sommes autorisés pour l'approche. Et nous passerons MISTR à... heu...3500 pieds. Reçu American 1572.*

***00 heure 49 : 55 (commandant de bord à l'intention de son copilote) :** On y va pour la descente*

***00 heure 49 : 57 (contrôleur d'approche, d'une voix un peu gênée) :** American 1572, Roger... Et heu...je vous informe que, heu, la tour est fermée en ce moment. C'est une fermeture temporaire, due à un problème avec une des vitres. Alors, j'aurai besoin heu... de quelques minutes pour descendre, mais vous pouvez rester sur cette fréquence.*

***00 heure 50 : 16 (copilote) :** Roger et qu'est-ce qui est arrivé à cette vitre ?*

***00 heure 50 : 19 (contrôleur d'approche) :** Elle est juste tombée. On a fait appel à des menuisiers. Ils sont en train de boucher le trou.*

---

[8] Environ 1 200 mètres.

***00 heure 50 : 23 (copilote) :** Elle a été soufflée par le vent !*

Cette dernière phrase n'est pas adressée à la radio mais directement au commandant de bord. On perçoit aisément une intense stupéfaction dans la voix du copilote. Visiblement, celui-ci se dit que si le vent a pu faire éclater une vitre dans la tour de contrôle, c'est qu'il doit être particulièrement violent. L'atterrissage risque d'être plutôt difficile pour eux.

***00 heure 50 : 23 (contrôleur d'approche) :** Mais une fois que ce sera réparé, on rouvrira la tour.*

***00 heure 50 : 25 (copilote) :** Reçu.*

L'équipage a bien compris que les conditions météorologiques sur l'aéroport de Bradley sont absolument déplorables. Comme l'avion approche de la balise VOR, le commandant décide de procéder à la lecture de la check-list préparant l'avion à l'atterrissage.

***00 heure 50 : 28 (commandant de bord) :** Volets 11 degrés...*

Aussitôt, le copilote pose la main sur la palette grise et annonce :

***00 heure 50 : 30 (copilote) :** Vous les avez...*

4 secondes plus tard, la boîte noire enregistre

une succession de bruits brefs et sourds dans le poste de pilotage. L'avion vient de passer dans une rafale de turbulence encore plus violente que les autres. Les chocs ont été si durs qu'on devine que c'est toute la cellule de l'appareil qui souffre dans la tempête.

En cabine, certains passagers inquiets n'ont pu retenir quelques cris étouffés. Personne ne proteste plus à présent. Même les habitués qui prennent la ligne régulièrement n'en mènent pas large.

00 heure 50 : 51 (copilote discutant de la percée qu'ils se préparent à effectuer) : *OK, 500 pieds maintenant. Ca semble bon... Vous pourrez descendre vers 2 000 pieds vers 5 miles nautiques.*

00 heure 50:58 (commandant de bord): *Quel est ton....*

Le commandant de bord ne peut terminer sa phrase. La bande magnétique du CVR ne retient que quelques paroles incompréhensibles. On entend de nouveau une série de bruits sourds dus au passage dans une zone de turbulence.

Visiblement, les deux hommes ont beaucoup de difficultés à garder l'avion sur sa trajectoire. Ils ont tenté de laisser le pilote automatique en marche pour qu'il fasse l'approche à leur place mais l'instrument se déconnecte tout seul. Il ne parvient pas à faire une correction suffisante. Le vent de travers semble de plus en plus fort à mesure que l'avion approche du sol. En désespoir de cause, le commandant de bord doit se résoudre à tout faire lui-même "à la main"[9].

00 heure 51 : 03 (copilote) : *Je pense que ça devrait être plus calme, une fois qu'on sera sorti des nuages.*

00 heure 51 : 05 (commandant de bord) : *Oui.*

00 heure 51 : 10 (copilote) : *OK, on arrive à 3 500 pieds.*

00 heure 51 : 16 (commandant de bord) : *OK... on est autorisé à descendre jusqu'où ?*

00 heure 51 : 17 (copilote) : *On est autorisé à descendre jusqu'à 2 000 pieds sol vers la balise DILLN*

00 heure 51 : 21 (commandant de bord) : *OK... 2 000 pieds affiché et armé.*

Le commandant poursuit la lecture de la check-list... Il demande la sortie des volets d'atterrissage à 15 degrés puis fait diminuer la puissance des réacteurs pour réduire la vitesse de l'avion.

35 secondes plus tard, l'appareil est à 18 kilomètres de la piste. C'est à ce moment que le contrôleur de Bradley le rappelle :

00 heure 51 : 56 (contrôleur, voix un peu gênée) : *American 1572, heu, est-ce que vous vous présentez pour la finale ? Il semble que vous êtes, heu... un peu à gauche.*

[9] Jargon signifiant que l'on n'utilise pas le Pilote Automatique.

Le contrôleur a parfaitement raison. L'analyse de l'enregistrement du radar montre effectivement que le MD 83 a été déporté à deux kilomètres à gauche de la trajectoire idéale pour la finale... Le vent souffle très fort de la droite et le fait dériver fortement.

Le commandant est bien conscient de cet état de fait car sur son tableau de bord, l'aiguille de l'instrument VOR est déviée complètement à droite.

Il confirme l'information pour son copilote.

00 heure 52 : 01 (commandant de bord) : *Ouais, on dirait qu'on est à gauche de l'axe.*

00 heure 52 : 02 (copilote à la radio) : *Bien reçu.*

00 heure 52 : 03 (contrôleur d'approche) : *American 1572, Roger et le vent est maintenant du 170 degrés pour 24 noeuds avec des rafales à 30*[10].

Il faut savoir pourtant que les indications météo que le contrôleur vient de donner au pilote correspondent à ce qui se passe au sol sur l'aéroport de Bradley. Or, le vent est toujours plus fort en altitude (et il vire généralement à droite dans l'hémisphère nord). Il est donc probable que l'avion subit en réalité un vent plein travers du 250 degrés pour une vitesse qui doit approcher 50 noeuds.

Peut-être même davantage...

---

[10] Vitesse du vent : 43 kilomètres à l'heure avec des rafales à 55.

00 heure 52 : 07 (copilote) : *Roger.*

00 heure 52 : 11 (commandant de bord) : *Et si on sortait le train d'atterrissage, s'il te plaît...*

00 heure 52 : 12 : *(la bande magnétique du CVR enregistre le claquement sourd des roues qui sortent de leur logement et se verrouillent sous le poste de pilotage).*

00 heure 52 : 24 (copilote) : *On atteint 2 500...*

00 heure 52 : 24 (contrôleur d'approche) : *American 1572, heu, il y a maintenant quelqu'un dans la tour de contrôle. Elle n'est pas encore officiellement rouverte mais vous pouvez changer sur la fréquence 120.30.*

00 heure 52 : 34 (copilote) : *OK, vous allez avoir besoin d'un moment de répit ? (pour remonter là-haut dans la tour).*

00 heure 52 : 36 (contrôleur d'approche) : *Négatif.*

00 heure 52 : 39 (copilote) : *A plus tard.*

00 heure 52 : 39 (contrôleur) : *Bonsoir.*

00 heure 52 : 42 (commandant de bord) : *OK, on maintient à 2 000 pieds jusqu'à 5 miles de la piste.*

00 heure 52 : 45 (copilote après avoir vérifié sur la fiche de percée) : *C'est ça.*

***00 heure 52 : 46 (commandant de bord) :** On s'y remet... Les volets 28 degrés.*

Pendant une demi-minute, l'équipage poursuit sa check-list. Il vérifie l'armement des spoilers, la sortie du train d'atterrissage et la procédure d'approche. Pendant ce temps, l'avion est stabilisé à 2 000 pieds en attendant le passage de la balise DILLN INT. C'est seulement lorsqu'il l'aura passée qu'il pourra commencer à descendre vers la piste.

Comme le commandant avait dérivé à gauche de l'axe, il a fait une forte correction de trajectoire pour reprendre la bonne trajectoire de descente. Cependant, cette correction est trop forte puisque maintenant, il est passé carrément de l'autre côté de l'axe. A mesure qu'il approche, les conditions météo ne s'améliorent pas pour autant.

Loin de diminuer, la turbulence se fait au contraire de plus en plus forte.

Lorsque l'avion est à 11 kilomètres de la piste, le copilote contacte la tour de contrôle qui semble de nouveau en état de fonctionner

***00 heure 53 : 27 (copilote) :** Bonsoir la tour. Ici American 1572, nous sommes à 6 miles en finale pour la piste 15*

***00 heure 53 : 32 (contrôleur de la tour) :** American 1572, ici Bradley tour. Autorisé à l'atterrissage. Le vent est du 170 degrés pour 25 noeuds avec des pointes à 40 noeuds. Et la piste est dégagée. Vous pouvez atterrir et rouler à votre convenance jusqu'à votre porte.*

00 heure 53 : 43 (copilote) : *On est en train de passer à travers l'axe...*

Le copilote fait remarquer au commandant que la correction qu'il a effectuée est beaucoup trop forte et qu'ils sont maintenant à droite de l'axe de descente. Par réflexe, il s'enquiert immédiatement auprès de la tour pour savoir si le vent a changé. Peut-être est-il moins fort que prévu.

00 heure 53 : 46 (copilote à la radio) : *Etes-vous.. heu... et heu... Qu'est-ce que vous avez comme vent de la droite maintenant*

00 heure 53 : 50 (contrôleur de la tour) : *170 degrés pour 24 noeuds.*

00 heure 53 : 53 (copilote) : *Reçu.*

00 heure 53 : 58 : *(de nouveau, la boîte noire enregistre une succession de bruits sourds provoqués par des rafales de turbulence).*

00 heure 54 : 01 (commandant de bord) : *Les volets 40 degrés.*

Cette fois, l'avion est tout à fait prêt à atterrir. Comme c'est la procédure, le copilote récapitule rapidement les points essentiels de sécurité à vérifier.

00 heure 54 : 04 (copilote) : *OK, on a les trois vertes*[11]*. Les volets et les becs à 40 - 40. Et l'atterris-*

sage... on est autorisé à se poser.

L'avion est maintenant en descente. Il rejoint peu à peu l'axe de la finale mais reste malgré tout encore un peu à droite de la bonne trajectoire. La procédure de la percée lui impose de faire un palier à 1 008 pieds jusqu'au moment où le pilote apercevra les lumières de la piste. C'est seulement à cet instant qu'il pourra reprendre la descente et se poser. Si, à cette altitude de sécurité, l'équipage ne voit pas la piste, les instructions sont impératives et sans appel : il faut remettre les gaz et refaire une autre approche. Si cela ne marche pas, l'avion doit se dérouter sur un autre aéroport.

En aucun cas, ils ne sont autorisés à poursuivre la descente en-dessous des minima pour "aller voir" [12].

***00 heure 54 : 22 (commandant de bord) :** Préviens-moi quand on atteindra 1 000 pieds.*

Le commandant est très concentré pour stabiliser l'avion dans la turbulence, il demande donc logiquement à son copilote de surveiller l'altimètre et de le prévenir lorsqu'ils atteindront l'altitude

---

[11] Le train d'atterrissage est sorti et verrouillé. Chaque lumière verte correspond au verrouillage d'une jambe du train.

[12] L'expression "aller voir" fait partie du jargon des pilotes. Elle signifie que le pilote continue à descendre dans le noir au-delà des ses minima. Il arrive que certains s'y risquent. C'est fortement déconseillé pour la sécurité surtout s'il y a des passagers à bord.

minimale autorisée (qui est en réalité de 1 008 pieds mais l'altimètre n'est pas précis à 8 pieds près)

***00 heure 54 : 23 (copilote)** : 1 000 pieds, on y est...*

A cet instant, le commandant de bord lève instinctivement les yeux. A travers son pare-brise battu par la pluie, il aperçoit les balises lumineuses de la piste à 6 kilomètres devant lui. Il l'a bien en vue. La procédure lui permet donc de poursuivre sa descente. Il croit que tout va bien.

En fait, tout va mal...

Si l'on examine le diagramme montrant le plan de descente suivi par le MD 83, on s'aperçoit que l'appareil est beaucoup plus bas que le pilote ne le croit (rappelons-nous la chute de pression atmosphérique rapide dans la région mentionnée plus haut. Or, cette variation de pression n'a pas été prise en compte par l'équipage).

Dans l'axe de la piste se trouve une colline dont le sommet est à 700 pieds...

Les 60 secondes qui vont suivre sont à présent capitales... L'avion est trop bas, les collines sont toutes proches. Le vent est violent et provoque un dangereux phénomène de cisaillement[13].

---

[13] Wind-shear : la vitesse du vent varie brutalement sur des distances très courtes. Ces cisaillements peuvent provoquer de brusques pertes de portance pour l'avion.

00 heure 54 : 41 (copilote) : *On est encore loin (de la piste).*

00 heure 54 : 51 (contrôleur de la tour) : *Alerte de cisaillement de vent : au centre du terrain 170 degrés pour 25 noeuds. Au nord-est : 170 degrés pour 24 noeuds. Au sud-est 190 degrés pour 12 noeuds.*

L'information que vient de fournir le contrôleur est capitale. Elle montre clairement que les rafales de vent au sol ont des vitesses très variables suivant les différents secteurs de l'aéroport. Ces cisaillements de vent sont de véritables "fractures aérodynamiques" qui se produisent dans l'écoulement de l'air à tous les niveaux. Or, ils peuvent amener un avion de ligne au bord du décrochage.

Pour ne pas se faire surprendre, le pilote devrait impérativement augmenter sa vitesse d'approche de 10 à 20 %. Il ne le fait pas... Dans quelques secondes, il va en subir les conséquences. Elle seront terribles.

00 heure 55 : 01 (copilote répondant à la tour) : *C'est noté.*

00 heure 55 : 06 (copilote faisant la dernière vérification pour le commandant) : *On est toujours à 1 000 pieds. On a 40-40 et nous sommes autorisés à l'atterrissage.*

00 heure 55 : 09 (commandant) : *OK.*

00 heure 55 : 11 (copilote) : *900 pieds...*

L'avion est en-dehors des nuages. Le copilote a les lumières de la piste en vue, loin devant lui. Cette soudaine perte d'altitude de 100 pieds est bien évidemment involontaire. Bien que minime, elle devrait alerter l'équipage. Il faudrait remettre la poussée et augmenter la vitesse. Mais l'homme s'active à contrôler les violentes rafales qui secouent son avion et il ne réagit pas. L'étude de l'enregistreur de vol montre que la réaction va arriver trop tard.

00 heure 55 : 14 (commandant) : *D'accord.*

00 heure 55 : 18 : *(La bande magnétique de la boîte noire enregistre de nouveau une succession de coups sourds dus à de violents passages dans la turbulence).*

00 heure 55 : 26 (copilote, voix angoissée) : *Vous êtes en train de descendre en dessous des...*

Le copilote n'a pas le temps de finir sa phrase. Il veut évidemment parler des "minima", l'altitude au-dessous de laquelle il n'est plus en sécurité. A cet instant, le taux de chute augmente à plus de 1100 pieds par minute. L'appareil approche de 800 pieds. Le vent de face a brusquement diminué. Le MD 83 est en train de perdre sa portance.

Il s'enfonce brusquement.

Exactement 5 dixièmes de seconde plus tard, une voix métallique résonne dans le poste de pilotage. C'est le système d'alerte de synthèse de l'ordinateur de bord qui se déclenche :

00 heure 55 : 26 5/10 (voix de synthèse) : *Attention au taux de chute... Attention au taux de chute...*

Quatre secondes plus tard, c'est le début de la catastrophe :

00 heure 55 : 30 : *(bruit violent de l'impact entre l'avion et des obstacles au sol.)*

A partir du moment où l'avion a percuté les premiers obstacles, on peut normalement considérer que ses occupants sont perdus. N'oublions pas qu'il fait nuit noire, le pilote ne peut rien contrôler. Les risques d'explosion sont énormes.

Or, il se passe alors un phénomène extraordinaire qui permet de classer ce crash comme un véritable miracle : l'avion a bien touché des arbres au sommet d'une colline et il continue à perdre de l'altitude mais par chance, il suit exactement la courbe de la pente. Bien sûr, il accroche en permanence les cimes des arbres mais sans jamais s'enfoncer complètement dans la végétation. Il ne vole plus vraiment. Il se trouve sur une trajectoire balistique qui décrit exactement la courbe de la colline boisée.

A ce moment, l'avion est encore à plus de 4 kilomètres de la piste...

Les deux hommes ont entendu les coups violents résonner sous le ventre de leur avion mais ils ne se rendent pas vraiment compte de ce qui arrive. Ils se débattent avec les commandes pour empêcher l'appareil de perdre de l'altitude. Leur première réaction est évidemment de tirer sur le manche.

Ca ne sert à rien...

L'avion manque cruellement de vitesse pour que les commandes soient réellement efficaces. Puis de nouveau, la voix de synthèse de l'ordinateur retentit dans le poste de pilotage.

00 heure 55 : 31 (voix de synthèse) : *Taux de chute... Cisaillement de vent... Taux de chute.:*

00 heure 55 : 32 (commandant) : *remise...*

L'homme voudrait dire remise des gaz évidemment mais l'avion bouge tellement qu'il a du mal à parler. La décision de remettre les gaz a été prise en une seconde exactement. Cela peut paraître rapide... C'est déjà beaucoup trop lent. L'avion a accroché des arbres élevés et il continue à racler les cimes. Ses réacteurs ingèrent des centaines de branches par leurs entrées d'air. Le copilote répète l'ordre de remise de gaz et repousse les deux manettes de poussée vers l'avant.

00 heure 55 : 32 secondes 9/10 (copilote) : *Remise des gaz.*

00 heure 55 : 33 (commandant, en criant) : *On remet les gaz, on remet les gaz, remise, de... remise de gaz...*

Cette fois, l'angoisse est palpable dans le poste de pilotage...

Les 4 secondes qui suivent ne sont qu'une succession confuse de klaxons d'alarme, de voix de synthèse annonçant que le taux de chute de l'avion est trop fort ou que le train n'est pas rentré et qu'il faut faire attention aux cisaillements de vent. Les coups continuent sur le fuselage. L'avion vole au milieu des arbres

La vitesse diminue encore... Un klaxon d'alarme retentit encore plus fort que les autres... le MD 83 est sur le point de décrocher...

00 heure 55 : 39 (commandant) : *Les volets 15 degrés... Vario positif... Train rentré.*

00 heure 55 : 43 (copilote) : *Vous voulez qu'on rentre le train ?*

00 heure 55 : 43 (commandant) : *Oui...*

La suite de l'enregistrement est encore ponctué d'alarmes qui préviennent l'équipage que l'avion est dans une configuration très dangereuse. La vitesse diminue encore... Le vibreur de manche se déclenche. Puis, 10 secondes plus tard, le commandant de bord pousse tout à coup un cri d'angoisse.

00 heure 55 : 53 (commandant) : *Le moteur gauche est en panne.*

00 heure 55:57 (copilote) : *Il y a la piste juste devant !*

A cet instant, le MD 83 est véritablement au bord de la catastrophe. Il est au ras d'une colline qui descend vers la plaine de l'aéroport. Il continue à perdre de l'altitude et il se trouve encore à 2 kilomètres de la piste.

Le réacteur gauche l'a lâché. Le réacteur droit a lui aussi ingéré des branches d'arbres et il ne donne pas sa pleine puissance. Même les gouvernes ont été très endommagées par les centaines d'impacts dans la forêt...

Objectivement, à cet instant, les chances de survie des passagers sont tout à fait minimes.

00 heure 55 : 58 (commandant) : *OK... Dis-leur que nous tombons. Dis-leur que nous avons un grave problème.*

Aussitôt, obéissant aux ordres, le copilote se précipite sur le micro de la VHF. Sachant que les secondes sont comptées pour eux, l'homme parle très vite.

00 heure 56 : 02 (copilote à la radio) : *La tour, nous avons une emergency. Nous avons... Nous descendons... vers la piste.*

00 heure 56 : 06 (copilote parlant toujours très vite à l'intention du commandant de bord) : *Vous voulez que je ressorte le train ?*

00 heure 56 : 07 (commandant) : *Oui, grouille-toi de le sortir.*

00 heure 56 : 10 (voix de synthèse) : *Attention au taux de chute... Attention au taux de chute.*

00 heure 56 : 12 (commandant) : *Oh mon Dieu !*

Cette dernière exclamation du pilote est poignante. A cet instant précis, l'homme a compris qu'il ne peut rien faire pour rattraper les choses. Le réacteur gauche est mort, le droit est plein gaz mais il cafouille de plus en plus. Au tableau de bord, l'aiguille de l'EPR[14] bat au rythme des variations de la poussée. L'indicateur de vitesse régresse vers des valeurs inavouables. Le nez en l'air, l'avion s'enfonce rapidement vers le sol.

Dans quelques secondes, il va décrocher...

A l'intérieur du poste de pilotage c'est un tintamarre incroyable d'alarmes et de klaxons. Dans la même seconde, on entend la voix de l'ordinateur qui hurle l'inévitable avertissement sur le taux de chute. Il y a aussi le haut-parleur qui transmet les appels angoissés de la tour : le contrôleur appelle pour avoir des précisions sur ce qui arrive. Au milieu de cette cacophonie, les deux hommes sont obligés de crier pour s'encourager mutuellement. Leur seul espoir est de parcourir ces 2 kilomètres qui les séparent encore de la piste.

00 heure 56 : 12 (copilote) : *Vous allez y arriver...*

00 heure 56 : 12 (commandant) : *OK..*

00 heure 56 : 13 (copilote) : *Les volets ?*

---

[14] Engine Pressure Ratio. Indicateur de puissance du réacteur.

00 heure 56 : 17 (commandant) : *Tu les sors...*

00 heure 56 : 20 (commandant) : *Qu'est-ce qui nous arrive ?*

Le commandant de bord vient de poser cette question parce qu'il y a eu de nouveaux raclements violents sous le ventre de l'avion. Ca a crissé tout le long du fuselage. Puis ce sont encore des coups sourds... Le MD 83 vient d'accrocher d'autres arbres situés cette fois juste dans l'axe de la piste 15. Pendant une seconde, l'équipage croit que tout est fini puis soudain le copilote lance cette phrase folle comme s'il était stupéfait de ne pas être mort.

00 heure 56 : 21 (copilote) : *Nous volons encore...*

En fait, l'appareil est en vol comateux au ras du relief. Il est cabré au maximum de ses possibilités... Poussé par son unique réacteur sur le point de défaillir, il se traîne péniblement à moins de 20 mètres du sol pour tenter d'atteindre la piste juste devant lui.

00 heure 56 : 23 (commandant) : *Mon Dieu...*

00 heure 56 : 23 (copilote) : *Continuez à le tenir... Vous allez y arriver.*

00 heure 56 : 25 (copilote) : *Continuez à le tenir.*

00 heure 56 : 25 (contrôleur de la tour) : *Vent du 170 degrés pour 22 noeuds.*

L'alarme de proximité du sol se déclenche... La voix de synthèse annonce maintenant que l'avion vole trop bas... Le copilote ne l'écoute pas, il lance un véritable appel à l'aide à la tour.

00 heure 56 : 27 (copilote) : *Appelez les secours... Appelez les moyens d'incendie..*

00 heure 56 : 30 (contrôleur de la tour) : *Ils arrivent... Ils arrivent...*

Les balises lumineuses de la piste approchent, elles ne sont plus maintenant qu'à un kilomètre devant l'avion. Le réacteur donne tout ce qu'il a dans sa tuyère. C'est-à-dire pas grand chose car les ailettes du compresseur sont déformées et frottent sur le stator...

00 heure 56 : 32 (copilote) : *Vous allez l'avoir mec... Vous allez l'avoir.*

00 heure 56 : 33 (commandant) : *OK. Les volets 40 degrés. Tout sorti. 40 degrés... Tout sorti.*

Le commandant de bord a réagi juste au bon moment. L'extension des volets d'atterrissage à cet instant précis crée un effet "parachute" bien connu sur MD 83 qui lui fait gagner quelques centaines de mètres vers la piste. Maintenant, l'avion n'est plus qu'à 5 mètres du sol. Il va "gratter" encore quelques dizaines de mètres.

00 heure 56 : 38 (copilote) : *OK, ils sont sortis.*

00 heure 56 : 39 : (commandant parlant à l'avion) : *OK, mon gars... Tiens encore un peu, comme ça.*

00 heure 56 : 46 (commandant parlant à l'avion) : *Vas-y. Continue jusqu'à la piste...*

Malheureusement, malgré tous les efforts du pilote, l'appareil n'atteint pas son but. Il s'en faut de près de 300 mètres pour que les roues n'arrivent sur le ciment de la piste 15... Le MD 83 percute les antennes de l'ILS et les balises lumineuses de la rampe d'approche.

L'impact est violent...

A cet instant, le bruit est infernal. Ca heurte de partout. L'avion fauche les tiges blanches et rouges comme un skieur fou arrachant les poteaux d'un slalom... Le vacarme se répercute à travers le fuselage. Ca résonne très fort...

En cabine, les passagers se mettent à hurler.

00 heure 56 : 47 secondes et 7/10 : *(bruit de l'impact... Puis violentes vibrations qui durent pendant 9 secondes).*

Puis sur sa lancée, le MD 83 atteint le ciment de la piste 15 et continue sa course folle en zigzaguant comme une voiture aux pneus crevés. Le commandant se bagarre pour le garder dans l'axe. Il freine de toutes ses forces pour arrêter les 60 tonnes de métal qui foncent entre les rangées de lumières qui matérialisent la piste d'atterrissage.

00 heure 56 : 48 (commandant) : *Reste comme ça,*

mon pote... Reste comme ça... Reste comme ça... Reste comme ça... Reste comme ça... Reste comme ça...

Finalement, dans un dernier hurlement de freins martyrisés, le MD 83 finit par s'arrêter à l'intersection de la piste 06/24, pratiquement au pied... de la tour de contrôle.

A ce moment, le copilote ne peut s'empêcher de laisser éclater sa joie d'être vivant :

***00 heure 56 : 53 (copilote) :** Dieu vous bénisse. Vous avez réussi...*

Il se passe trois secondes de silence ponctué par la voix de synthèse de l'ordinateur qui continue à hurler que le train d'atterrissage n'est pas sorti, (ce qui est inexact). Puis le commandant reprend ses instructions au copilote.

***00 heure 56 : 59 (commandant) :** Coupe les moteurs.*

On entend alors le sifflement des réacteurs qui meurt doucement. Quelques soupirs de soulagement... Puis, sans dire un mot, le commandant montre du doigt les deux manettes coupe-feu qui déclenchent les extincteurs à l'intérieur même des réacteurs. Il craint qu'un incendie ne se déclare et préfère prendre toutes les précautions.

***00 heure 57 : 03 (copilote) :** Je les coupe tous les deux ?*

***00 heure 57 : 06 (commandant) :** Oui, tu tires les deux manettes coupe-feu.*

En cabine, c'est brutalement le silence après la tempête. On entend les gémissements d'une femme vers l'arrière. Elle n'est pas blessée, c'est simplement le choc nerveux. Les passagers comprennent qu'ils sont sauvés. Tout le monde a senti les chocs successifs avec les arbres. On a entendu les branches racler le long des hublots puis le hurlement du réacteur qui peinait pour tirer l'avion jusqu'à la piste. Même si les gens n'ont pas vraiment analysé ce qui vient de se passer, chacun est bien conscient que la mort est passée juste à côté.

Comme le commandant de bord vient d'ordonner l'évacuation de l'avion, les trois hôtesses se sont aussitôt levées de leur siège de service pour se précipiter vers les issues. Avec des gestes précis, les jeunes femmes basculent les grands leviers d'ouverture et repoussent les portes vers l'extérieur. Aussitôt, les toboggans qui sont en position "automatique" se gonflent et se déploient de part et d'autre de l'avion.

C'est à cet instant qu'il va se passer un incident tragi-comique qui aurait pu avoir des conséquences très graves : alors que les premiers passagers se précipitent vers les issues, les hôtesses leur ordonnent d'abandonner leurs bagages à main dans les coffres, ce qui peut se comprendre, mais également d'enlever les chaussures et de les laisser dans l'allée centrale.

Pas de discussions... toutes les chaussures, quel que soit le modèle, doivent être ôtées pour avoir le droit de quitter l'avion. Un peu étonnés, les passagers obéissent. Aucun d'entre eux n'a envie de rester une minute de plus dans cet appareil sous prétexte qu'il tient à garder ses chaussures.

La procédure est évidemment stupide...

Il est bien prévu, dans certains cas de demander aux femmes qui portent des talons aiguilles de les prendre à la main pour éviter de crever les toboggans gonflables, (qui d'ailleurs sont conçus de nos jours pour résister à des agressions bien plus fortes). Mais en aucun cas, il n'est prévu d'exiger que tous les passagers quittent l'appareil en chaussettes.

Le résultat est que ce sont des dizaines de chaussures (156 exactement) qui s'accumulent rapidement au beau milieu de l'allée centrale. Un tas de bric à brac qui gêne considérablement la progression des passagers vers les issues et les fait trébucher, d'autant plus facilement que ceux-ci sont pieds nus, évidemment. Il est certain que si la situation avait été plus critique, s'il y avait eu un début d'incendie, cet amoncellement de souliers de toutes sortes aurait été à l'origine de blessés, voire même de victimes.

Quoi qu'il en soit, les pauvres passagers, se retrouvent les pieds nus sous une pluie battante. Après des émotions aussi violentes, on aurait vraiment pu leur éviter ce genre de désagrément supplémentaire.

En tentant maladroitement d'éviter les flaques d'eau, les rescapés montent dans les véhicules de l'aéroport venus à leur secours. C'est seulement lorsqu'ils sont à l'abri dans les autobus qu'ils prennent le temps de jeter un coup d'oeil vers cet avion dans lequel il viennent d'avoir la plus belle peur de leur vie :

Le MD 83 est très endommagé...

Les ailes sont enfoncées de toutes parts. Des morceaux de bois sont plantés un peu partout sous le ventre. A plusieurs endroits, la tôle est déchirée en de longues éraflures de plusieurs mètres. Les phares d'atterrissage sont cassés... Le compas du train d'atterrissage gauche est faussé et les roues ne sont plus vraiment dans l'axe... Les trappes ont été arrachées.

Du côté des deux réacteurs c'est pire. Les entrées d'air sont complètement cabossées. Dans le moteur gauche, on aperçoit une grosse branche d'arbre qui dépasse vers l'avant. Visiblement, elle est coincée en travers des ailettes du compresseur. On comprend aisément que, dans ces conditions, le rotor ait rendu l'âme. Le moteur droit n'est pas dans un meilleur état, il est lui aussi rempli de morceaux de bois et c'est un miracle qu'il ait continué à fonctionner pour amener le MD 83 jusqu'au bord de la piste.

Les causes de ce crash spectaculaire sont multiples : il y a bien entendu les conditions atmosphériques difficiles qui régnaient ce 12 novembre 1995 mais elles n'expliquent pas tout, loin s'en faut.

La principale cause de l'accident est une erreur grave de l'équipage qui avait mal réglé ses altimètres par rapport à la pression au sol de l'aérodrome au moment de la préparation de la descente. Cette faute étonnante a fait passer l'avion beaucoup trop bas par rapport au plan de descente normal prévu dans la percée. Par ailleurs, la chute rapide de la pression atmosphérique a encore augmenté de façon dramatique cette erreur d'affichage. Ces deux facteurs, conjugués à la rencontre d'un brutal cisaillement de vent a amené l'appareil à percuter la forêt. Il s'en est fallu de quelques mètres que l'avion ne soit pulvérisé dans l'impact...

Notons que si les enquêteurs ont signalé l'erreur d'affichage altimètrique grave commise par l'équipage, ils ont par ailleurs souligné les excellentes réactions des deux hommes au cours de la crise. Grâce à leurs réactions rapides et précises, aucun passager n'a été blessé.

L'HOTESSE TOMBE DE 10 000 MÈTRES...

26 janvier 1972.
16 heures GMT.

L'avion appartient à la compagnie aérienne yougoslave JAT (Jugosloveski Aero Transport).

C'est un DC 9-32, immatriculé YU-AHT. Il porte le numéro de série 47482/592.

L'appareil a décollé de Belgrade à 15 heures 01 et il se rend à Berlin. A son bord se trouvent 23 passagers, ce qui est très peu comparé aux capacités de l'appareil qui peut emporter jusqu'à 158 personnes. Il y a également 5 membres d'équipage dont 3 hôtesses parmi lesquelles se trouve Vesna Vulovic, une jeune femme qui va vivre une aventure absolument stupéfiante au cours de ce vol.

Contrairement aux autres avions de ligne de l'époque, on ne trouve pas de mécanicien navigant dans le poste de pilotage, il n'y a que le commandant de bord et son copilote... Le DC 9 a été parmi les premiers avions de ligne au monde à pouvoir être piloté par un équipage à deux[1].

---

[1] Voir note en bas de page suivante

L'avion a été construit aux USA par la firme McDonnell Douglas. C'est une machine bien équipée et performante.

Pour les passagers yougoslaves, tout semble étonnamment confortable et moderne à bord. Pendant l'embarquement, les plus observateurs ont même pu remarquer que leur appareil était pourvu de son propre escabeau latéral électrique se rétractant à l'intérieur du fuselage, juste sous la porte avant. Pour la compagnie, plus besoin de faire appel à une assistance extérieure pour embarquer et débarquer les passagers !

A cette époque de guerre froide, la JAT est une des rares compagnies appartenant à un pays du bloc de l'Est à acheter régulièrement des avions de fabrication occidentale : elle possède ainsi des Caravelle, des Convair et des DC 6. C'est assez étonnant car tous les autres pays frères de l'Union Soviétique ont acquis des Tupolev, Illyushin et autres Antonov.

Plus ou moins obligés...

Avant de poursuivre ce récit, il est important de rappeler qu'à cette époque, la Yougoslavie était encore une Fédération d'Etats. Or, le début des

---

[1] (Note de la page précédente) Le fait est assez étonnant pour être signalé car dans les anciens pays de l'Est, il était habituel d'augmenter volontairement le nombre de membres d'équipage indispensables pour piloter l'avion. Cette technique permettait de diminuer les risques de défection vers l'Ouest. On a vu ainsi certains postes de pilotage soviétiques exiger six navigants "techniques" pour faire voler l'appareil.

années 70 marque le réveil des différents nationalismes. Manifestations et protestations contre le centralisme sont les premiers soubresauts qui feront voler en éclats l'unité du pays quelques années plus tard.

En fait, la Fédération Yougoslave ne tient que grâce à l'habileté politique de Tito. Pourtant, malgré une poigne de fer, le vieux maréchal ne parvient pas à juguler les organisations extrémistes qui se lancent dans des actions toujours violentes. Et c'est en Croatie que les mouvements les plus durs se manifestent. Les Oustachis sèment la terreur : émeutes, bombes, assassinats et finalement, terrorisme aérien deviennent un moyen de lutte pour les groupes terroristes croates qui refusent l'unification de la Yougoslavie[2].

Les actions violentes contre les avions sont relativement faciles à mener car à cette époque, les aéroports ne sont pas équipés pour lutter efficacement. Les procédures d'enregistrement des bagages sont relativement laxistes. Il n'y a pas d'examen aux rayons X et il est relativement facile de trouver des complicités locales pour placer un paquet dans un avion.

C'est ainsi que ce 26 janvier 1972, les Oustachis ont réussi à introduire une valise piégée dans la

[2] Pendant le seconde guerre mondiale, les membres de cette société secrète s'allièrent même aux nazis pour diriger une Croatie indépendante. Depuis cette période, ils ont acquis une réputation de cruauté et de violence extrême.

soute à bagages avant du DC 9 yougoslave. C'est un engin de fabrication artisanale, élaboré à partir d'engrais azotés et d'une minuterie rudimentaire, mais dont la puissance est très importante.

En cabine, les 23 passagers ne se doutent pas qu'ils sont assis à proximité d'une bombe. Ils sont partis une heure plus tôt de Beograd. Quelques minutes après le décollage, les hôtesses leur ont proposé des rafraîchissements parmi lesquels on trouve du... Coca Cola, boisson symbole du capitalisme triomphant, servie à bord d'un avion appartenant au bloc de l'Est.

Le commandant de bord vient de leur donner quelques informations à propos du déroulement de leur vol : ils croisent au niveau 310, ce qui correspond à une altitude d'environ 10 000 mètres. La température extérieure est de - 55 degrés centigrades et ils approchent de la frontière qui sépare l'ex-RDA et la Tchécoslovaquie.

On est en plein hiver et la météo n'est pas très bonne sur l'Europe Centrale. Une vaste perturbation traverse l'Allemagne et la Tchécoslovaquie pour descendre jusqu'aux confins de la Roumanie. Elle provoque d'importants passages pluvieux qui se transforment en neige à partir de 1 500 mètres d'altitude.

Tout le continent grelotte...

Dans la cabine du DC 9, les passagers ne pensent pas au mauvais temps. Aucun d'eux n'a vraiment conscience que l'épaisse couche nuageuse qu'ils survolent représente des milliers de tonnes de pluie glaciale. Ils sont assis bien au chaud dans le confort douillet de leur siège.

A 16 heures 08, le DC 9 survole la Bohème Septentrionale, il se trouve à une centaine de kilomètres au nord de Prague.

C'est à ce moment que la bombe explose...

La déflagration est terriblement violente car elle se produit dans un espace confiné et clos ce qui augmente terriblement les effets dévastateurs du *blast*[3]. Ce sont les pires conditions...

Sous la violence du souffle, la porte de la soute avant est projetée à plusieurs mètres vers l'extérieur. En s'arrachant de ses charnières, elle entraîne son propre cadre et une partie du fuselage. Des dizaines de bagages éventrés sont aussitôt expulsés dans le vide. Des vêtements calcinés s'envolent dans le souffle de l'avion.

Juste au-dessus de la soute, le plancher en aluminium se déforme et repousse les sièges vers le haut. C'est une énorme cavité qui se creuse autour du point d'explosion. En un centième de seconde, le revêtement cède sous la pression des gaz brûlants. Il se produit alors une large déchirure dans le métal. A l'intérieur de la cloison toute proche se trouvent les câbles de commandes et les circuits électriques. Ils ne peuvent résister à la force d'arrachement.

En cabine, la déflagration est ressentie douloureusement par tous les occupants dont les tympans subissent une surpression brutale sous l'effet de blast. Puis dans la fraction de seconde qui suit, c'est au contraire une violente dépression qui les

[3] Effet de souffle.

assaille. Dans un sifflement strident, l'air pressurisé s'échappe vers l'extérieur. Cette soudaine détente provoque une condensation quasi instantanée de la vapeur d'eau présente dans l'avion. Un brouillard se forme aussitôt autour des passagers.

Au plafond, les trappes rectangulaires s'ouvrent immédiatement pour libérer des masques à oxygène en plastique transparent.

Une seconde plus tard, un vent glacial envahit la cabine. C'est une véritable tornade qui balaie tout sur son passage. Des gobelets en plastique sont projetés en tout sens. Des papiers s'envolent, attirés vers l'avant comme par un gigantesque aspirateur. Les mains sur la tête, les malheureux hurlent de douleur. Ceux situés à l'avant saignent des oreilles.

Personne ne comprend ce qui arrive...

Les passagers éprouvent soudain des difficultés à respirer. C'est comme s'ils avaient un énorme poids sur la poitrine. Ils ont du mal à gonfler leurs poumons. L'air se raréfie autour d'eux. Plus assez d'oxygène...

Certains ne réagissent pas assez vite. Il leur faudrait se précipiter sur les masques qui pendent devant eux, mais ils sont affolés et ne le font pas... Ils suffoquent. Leurs forces les abandonnent rapidement.

Dans le poste de pilotage, les deux hommes ont ressenti eux aussi l'explosion jusqu'au plus profond de leurs poumons. Malgré la douleur, ils ont eu le réflexe de saisir leur masque à oxygène pour ne pas perdre connaissance. Ils ont compris qu'ils venaient d'être victimes d'une dépressurisation explosive. C'est une emergency... Dans ce cas, la procédure prévoit d'engager l'avion dans une descente rapide jusqu'à 10 000 pieds. A cette altitude, l'air y sera respirable pour les passagers.

Mais ils n'ont même pas le temps de pousser sur le manche...

Tout va mal.

De violentes vibrations secouent l'appareil. Des détonations sourdes résonnent dans la cellule. Puis soudain, le DC 9 plonge de lui-même vers le sol. Il s'engage dans un piqué vertigineux de plus de 60 degrés...

Le commandant de bord tente de stabiliser son avion. Presqu'instinctivement, il réduit la poussée mais rien ne se passe. C'est comme s'il n'y avait plus aucune liaison entre les commandes et les moteurs. Alors il affiche de nouveau plein gaz sans plus de résultats. On retrouvera les manettes de deux réacteurs JT8D-11 de 15 000 livres de poussée dans la position plein avant.

Malgré tous ses efforts, l'avion lui échappe comme un animal blessé. La pression hydraulique est en chute libre. Les commandes deviennent brusquement très dures... Elles ne répondent plus. Bien que les deux hommes tirent à fond sur le manche, le nez du DC 9 plonge encore plus fort dans son piqué à la verticale. L'aiguille de l'altimètre tourne de plus en plus vite sur le cadran... Au centre du tableau de bord, les demi-cercles bleus et noirs qui matérialisent l'horizon artificiel sont chahutés dans tous les sens.

L'appareil tourne sur lui-même dans une spirale

infernale. Il pénètre dans la couche nuageuse. En quelques secondes, l'équipage perd toutes références extérieures. Ca chute.

25 000 pieds...

22 000 pieds...

18 000 pieds...

A partir de 15 000 pieds, c'est la fin... Les couches d'air plus denses de l'atmosphère exercent des forces aérodynamiques gigantesques sur les surfaces de l'avion. Sous l'effet de la vitesse qui augmente toujours, les tôles sont arrachées tout autour de la cavité creusée par la bombe. Les ailes plient. Des dizaines de pièces métalliques tourbillonnent derrière l'avion en détresse.

La cellule gémit sous les contraintes.

En cabine, c'est l'horreur absolue pour les rares passagers qui ont réussi à enfiler leur masque à oxygène. Ils sont les seuls à être encore conscients. Les malheureux sentent leur siège qui se dérobe. Une chute interminable qui provoque des haut-le-cœur épouvantables. L'air glacial siffle à leurs oreilles. Le bruit devient infernal. Puis tout à coup, il y a un craquement terrible... Des fissures se forment dans les cloisons. La lumière apparaît dans les interstices.

L'avion se désintègre.

Les ailes se détachent du fuselage qui lui-même se disloque comme un Lego d'enfant. Des centaines de morceaux d'aluminium désemparés tourbillonnent vers le sol.

Au moment de l'explosion, Vesna Vulovic était debout à l'arrière de la cabine juste à côté des toilettes. Elle préparait les boissons qui allaient accompagner les plateaux repas.

Lorsque la dépressurisation s'est produite, elle a poussé un cri de douleur et a porté ses mains à ses oreilles. Le piqué a été si soudain que l'hôtesse n'a pas eu le temps de rejoindre son siège de service pour y boucler sa ceinture ni même de saisir un masque à oxygène. L'avion a plongé vers le sol et elle a été projetée au plafond comme une poupée de chiffon. En hurlant de toutes ses forces, elle a tenté de s'agripper avec ses ongles à la moindre aspérité.

En vain...

Désespérée, elle s'est accrochée au rideau gris qui sépare le réduit de la cabine mais la protection dérisoire n'a servi à rien.

Cauchemar indescriptible, l'hôtesse a compris qu'ils étaient tous perdus... Ses poumons se sont faits lourds.. Elle a tenté de gagner quelques secondes de vie... Mais le manque d'air et le froid extrême ont rapidement eu raison de sa volonté de résistance. Au bout de quelques secondes d'horreur, la jeune femme a perdu connaissance.

A 14 000 pieds, l'avion a explosé...

Les 45 tonnes de métal disloqué sont descendues vers le sol comme une myriade de feuilles mortes, emportant dans leur chute les 28 occupants de l'appareil.

Tout à coup, le carburant prend feu en plein ciel. Avec les pleins complets, le DC 9 peut embarquer 13 925 litres de kérosène. Après une heure et demie de vol, il lui restait environ 8 tonnes dans les réservoirs. C'est donc une énorme explosion qui secoue l'ouest des Monts Krussne Hory[4].

Et c'est à cet instant que s'est produit le miracle...

Tout l'avion s'est désintégré à l'exception du tronçon situé sous la queue, en arrière des entrées d'air des deux réacteurs. Cette minuscule section de fuselage est restée relativement intacte à partir des toilettes. L'espace y est très réduit, à peine un mètre sur deux mais c'est dans cette minuscule partie de l'avion que se trouve *Vessna Vulovic*[4].

Les débris de l'appareil tombent à proximité du village de Ceska Kamenice à 88 kilomètres au nord de Prague.

La frontière de l'ex-RDA n'est qu'à 30 kilomètres.

Les habitants de la région voient avec stupeur des débris enflammés illuminer le ciel comme une pluie de lave. Même ceux de la ville de Ceska Lipa située à 12 kilomètres au sud lèvent la tête en apercevant les longues traînées lumineuses qui déchirent l'horizon.

Sur le moment, personne ne comprend ce qui arrive, feu d'artifice pour haut dignitaire du parti ou vision de fin du monde ?

Le temps que mettent les différents fragments de l'avion pour parvenir au sol est très variable. Tout dépend de leur poids et de leur forme. Après l'explosion, les morceaux les plus lourds et les plus aérodynamiques piquent vers le sol à des vitesses vertigineuses. Certains atteignent 1 000 kilomètres

[4] Egalement appelés les "Monts Métallifères".

à l'heure. C'est presque la vitesse du son.

Au contraire, d'autres fragments présentent une grande surface portante. C'est notamment le cas pour la queue du DC-9 en forme de T. C'est à cet endroit que se trouvent toujours accrochés les bâtis qui supportaient les réacteurs mais aussi le petit tronçon de fuselage.

L'empennage est construit en aluminium léger avec des bords de fuite de gouvernes recouverts de fibre de verre. Cette partie de l'avion est très légère mais elle est particulièrement résistante. Sa traînée aérodynamique est plus importante que les autres débris du DC 9. La queue descend donc en tourbillonnant au milieu des flammes mais elle descend moins vite que le reste de l'avion.... Il faut environ une minute pour qu'elle parvienne au sol.

A quelle vitesse l'ensemble queue-section arrière percute-t-il? Impossible de le dire avec certitude. On peut cependant raisonnablement estimer que la masse de métal dans laquelle se trouve toujours l'hôtesse évanouie est arrivée au sol entre 200 et 350 kilomètres à l'heure.

Il y a de nouvelles explosions au moment où certains débris entrent en contact avec le sol tchécoslovaque.

Les premiers sauveteurs qui arrivent sur place sont les habitants du petit village de Ceska Kamenice. La plupart viennent à pied jusque sur les lieux du drame. Ce sont des curieux qui ne disposent pas d'équipement médical sophistiqué. Ils sont stupéfaits par ce qu'ils découvrent. C'est-à-dire : pas grand chose. Les débris au sol ne ressemblent plus du tout à un avion. Sur des centaines de mètres, ce ne sont que des morceaux de tôles éparpillés dans les vallons. Vu de loin, on dirait des papiers gras jetés au hasard au milieu des champs.

Par acquis de conscience, on fait appel aux ambulances de Liberec, une grosse bourgade tchèque située à 50 kilomètres à l'Est mais personne ne croit que les véhicules de secours puissent devoir porter assistance à qui que ce soit. Etant donnée l'explosion et la violence de l'impact, il semble impossible de retrouver âme qui vive dans ces débris répartis sur plusieurs hectares.

L'alerte s'organise pourtant... Plutôt lentement... On prévient les autorités à Prague qui promettent d'envoyer des secours. Mais il y a plus de 100 kilomètres par la route. Chacun devine qu'il va leur falloir des heures pour arriver sur place. Pour le moment, on doit se contenter des vieux camions des *Strazak*[5] qui arrivent des petites villes des environs. Lorsqu'ils parviennent sur place les paysans sont déjà très nombreux à fouiller les morceaux encore fumants. Il fait très froid... Il tombe une bruine glaciale. La nuit ne va pas tarder à tomber.. Le terrain est vallonné. Les recherches sont difficiles. Les débris de l'appareil sont répartis sur différents types de reliefs, il y en a dans les champs, d'autres dans les bois situés au nord du village. Un morceau d'aileron est même planté à la verticale en plein milieu d'un étang boueux.

On fouille sans y croire.

---

[5] Pompiers.

Et pourtant, vers 18 heures, un groupe de paysans arrive en criant à la mairie de Ceska Lipa.

- *Pomos szyepko...* [6] Dépêchez-vous.

Les hommes prétendent avoir trouvé une femme dans ce qui reste de la queue de l'avion. Elle est vivante... On croit d'abord à une plaisanterie de mauvais goût. Qui pourrait avoir survécu dans une telle catastrophe? Mais comme les paysans insistent, une équipe de sauveteurs finit par les suivre. Presque à contre cœur.

Les villageois les conduisent jusqu'à un amas de ferraille qui ressemble vaguement à la queue du DC 9.

L'empennage de l'avion est planté dans une terre gorgée de pluie. Les gouvernes sont déformées par la violence de l'impact. On dirait une énorme pointe de flèche qui se serait écrasée contre un mur. Juste en dessous de la dérive, il y a un petit tronçon de fuselage complètement écrasé.

Les sauveteurs examinent cette étrange cavité cabossée accrochée à la dérive. C'est là-dedans que se trouve la jeune femme. Celle-ci est couverte d'ecchymoses. Du sang coule de sa bouche et de ses oreilles. Avec ses bras repliés en arrière, elle est dans une position effrayante comme si elle était désarticulée. Dès qu'ils l'ont découverte, les paysans ont tenté de la dégager du réduit mais ils ont vite renoncé, de peur de la blesser encore davantage. Ils ont préféré attendre l'arrivée des sauveteurs.

---

[6] Au secours, vite.

Un médecin glisse un stéthoscope jusqu'à sa poitrine. Incroyable... Les villageois tchèques n'ont pas menti. Vesna Vulovic est bien vivante. Elle a des centaines de factures, elle a subi un traumatisme crânien très grave mais elle vit...

L'hôtesse est transportée à l'hôpital. Elle restera un mois dans le coma... Il lui faudra un an et demi avant qu'elle puisse retrouver une vie normale.

Comment Vessna Vulovic a-t-elle pu survivre à une telle catastrophe ?

Comme c'est souvent le cas lors d'un crash d'un avion, la queue du DC 9 est restée relativement intacte. C'est un phénomène fréquent. Même lorsque le fuselage de l'avion est pulvérisé, il arrive que la partie arrière soit épargnée. La queue étant par définition située en arrière de l'avion, elle est l'endroit où l'énergie reçue est la plus dissipée par l'écrasement du reste de l'appareil.

Quelles que soient les explications physiques, il n'en reste pas moins que c'est un miracle et que l'hôtesse de la JAT est une véritable revenante.

L'Histoire de l'Aviation a vu d'autres accidents au cours desquels des hommes sont tombés de leur

---

[7] En 1944, un aviateur de la Royal Air Force a abandonné son bombardier en feu à 5 500 mètres. Il n'avait pas de parachute... L'homme est tombé dans la neige et s'en est sorti sain et sauf.

avion. Cela a été le cas notamment pendant la guerre[7], mais aucun d'eux n'a fait une chute aussi importante que Vesna Vulovic avec son record de plus de 10 000 mètres.

ACCROCHÉ À LA QUEUE DE L'AVION

(Photo au dos du livre)

17 mars 1963.
Aérodrome de Montpellier Fréjorques.
11 heures 30.

C'est dimanche...

Il fait très froid malgré le superbe ciel bleu de printemps qui règne sur tout le Languedoc.

Christian de la Baume vient juste d'arriver à l'aérodrome de Fréjorques... Le jeune homme travaille comme pilote largueur au sein du Para-club de l'Hérault. Avec son copain Albert, ils se relaient, un week-end sur deux, pour faire sauter les accros de la chute libre.

Un job qui n'en est pas vraiment un puisqu'il est bénévole mais cela permet surtout aux deux jeunes gens de "faire des heures" et d'acquérir une expérience aéronautique précieuse. La plupart des grand pilotes ont commencé comme ça au sein d'un aéro-club ou dans une association aéronautique.

Au début des années 60, l'aéroport de Montpellier n'a rien à voir avec l'immense aérogare que l'on connaît aujourd'hui. Les infrastructures modernes qui permettent d'accueillir des lignes internationales n'existent pas encore. Fréjorques n'est qu'un petit terrain d'aviation dont l'activité est concentrée sur la petite piste 13/31 à l'ouest (encore utilisée aujourd'hui pour l'école des pilotes de ligne)... Quelques hangars... Des locaux modestes... Une vieille aérogare en bois qui accueille parfois quelques rarissimes passagers[1]. Mais quelle ambiance sympathique et chaleureuse! Tout le monde se connaît sur le terrain et s'apprécie.

Le bon temps de l'aviation, disent les anciens avec nostalgie...

Ce 17 mars 1963, c'est normalement le tour du "collègue" de larguer les paras. Christian n'est donc pas venu au terrain pour travailler mais pour emmener un de ses amis faire un baptême de l'air sur un avion de l'aéro-club.

Christian de la Baume a 26 ans. C'est un vrai passionné d'aviation. Il faut dire qu'il est tombé dans la marmite de l'aéronautique dès son plus jeune âge. Son père et sa mère aiment les avions et ils ont tous les deux leur brevet de pilote... Quant au jeune de la Baume, il s'est mis aux commandes d'un avion à l'âge de 15 ans. Il a même eu le privilège d'être un temps le plus jeune pilote de France. Au moment de ces faits, il totalise 350 heures sur son carnet de vol.

Christian est à peine sorti de la voiture que

[1] Les bâtiments en bois ont entièrement brûlé mais la vieille tour existe toujours.

Jackie Vedel, le responsable du Para-club, lui fonce dessus.

- Quelle chance que tu sois là... Albert n'est pas venu. C'était son jour et on ne sait même pas où le joindre... Tu peux le remplacer ?

- Eh bien, c'est à dire que...

- Pas de blague, s'insurge Jackie. Il faut que tu nous largues, on est coincés au sol depuis deux heures. Regarde ce temps de curé, il y a pas un souffle de vent. Les gars deviennent fous...

En d'autres occasions, le pilote aurait accepté la proposition avec enthousiasme. Mais aujourd'hui, il a promis d'emmener son copain en vol. L'autre va être terriblement déçu s'il doit rester au sol.

- Je peux pas...

Le para ouvre des yeux étonnés.

- Si tu nous laisses tomber, la journée est fichue pour tout le monde.

Christian comprend vite qu'il n'a pas le choix. Tout le monde n'attend que lui pour faire tourner le Para-club. D'ailleurs, en quelques secondes, tous les membres présents se regroupent autour de lui pour tenter de le convaincre. Ils sont déjà harnachés et prêts à y aller.

- D'accord, d'accord, lâche-t-il, à la fois déçu et ravi. Laissez-moi prévenir mon copain et je viens dans 5 minutes...

Visiblement, c'est déjà trop long pour les mordus du Para-club car Jackie Vedel lance d'une voix pressée.

- Grouille-toi. L'avion est prêt, on l'a sorti nous-mêmes.

En effet, un peu plus loin près du hangar, le

Stampe attend déjà son cocher. C'est un bel appareil de couleur grise qui appartient à l'aéro-club de l'Hérault. Il est immatriculé F-BCQQ.

Rien à voir avec les Twin Otter utilisés de nos jours pour le largage simultané de 18 parachutistes. Le Stampe SV4 n'a que deux places, ce qui ne permet évidemment d'emmener qu'un seul passager. C'est un petit biplan de construction belge équipé d'un moteur Renault un peu poussif[2]. Une machine de légende qui vole merveilleusement bien malgré l'odeur d'huile chaude qui se répand en permanence le long du fuselage.

Il y a eu plusieurs modèles de Stampe se différenciant principalement par leur moteur. Celui que Christian de la Baume va piloter est alimenté pour le vol dos. Il peut donc faire de la voltige "négative", (même si elle n'a aucun rapport avec celle que nous connaissons aujourd'hui). C'est l'appareil qui a formé des générations de pilotes après guerre. Un avion école suffisamment difficile à piloter pour permettre aux instructeurs d'apprécier immédiatement les qualités (ou les défauts) d'un élève.

Quelques minutes plus tard, Christian revient au hangar. Il a enfilé une combinaison de vol et porte son serre-tête de cuir à la main.

Juste à côté de l'avion, un parachutiste attend impatiemment. Christian le connaît bien... Visage carré, cheveux coupés courts et nets, c'est Chionno, un légionnaire du 1er REP. Un vrai baroudeur qui

---

[2] A l'origine, ce moteur était monté sur les autobus parisiens.

a fait l'Indochine et l'Algérie. L'homme a une quarantaine d'années. En tant que parachutiste, le type est tout sauf un débutant puisqu'il a près de 1 000 sauts à son actif, y compris en opération de guerre. C'est un sacré gaillard.

Il faut quand même préciser qu'en 1963, le parachutisme sportif n'a que très peu de rapport avec la discipline que l'on connaît aujourd'hui. Les ailes ultra performantes n'existent pas encore. Les hommes se lancent avec des parachutes de type militaire "6520". Des voiles rondes de conception ancienne, qui arrivent très vite au sol. Choc à l'ouverture, maniement difficile et atterrissages parfois violents ne permettent pas la moindre excentricité. Le roulé-boulé à l'arrivée est indispensable. A la moindre erreur, on y laisse une cheville.

- C'est moi qui dois sauter en premier, lance le légionnaire visiblement soulagé de pouvoir enfin se bouger.

- D'accord, tu peux t'installer dans l'avion, pendant que je fais la visite prévol, annonce Christian.

Avec soin, le pilote fait le tour de son appareil pour voir si tout va bien. Il examine attentivement cette machine légendaire. Apparemment, il n'y a aucun problème. Pas trop d'huile sous le capot, la tension des haubans semble bonne, la toile est saine, la pression des pneus est correcte...

- On va pouvoir y aller...

Alors que Christian enjambe le montant latéral du Stampe, il jette un coup d'œil vers le baquet de la place avant. Fébrilement, Chionno s'est déjà installé sur son siège. Comme d'habitude, le pilote sera à l'arrière et le parachutiste à l'avant. Pour ce dernier, l'endroit n'est pas très confortable : il n'y a presque plus rien à l'intérieur de l'habitacle. Pour faciliter le saut, on a enlevé tous les coussins et le manche à balai a été carrément démonté. Même les ceintures ont été soigneusement repliées... Pour le para, pas besoin de s'attacher... Ca diminue les risques d'accrochages imprévus au moment de la sortie de l'avion. Car le largage n'est pas vraiment simple. Il doit normalement se dérouler de la façon suivante : une fois arrivé à la bonne altitude, le passager avant se lève de sa place, il s'accroche aux haubans et enjambe le montant latéral pour se tenir sur le marchepied de l'aile.

Pour sortir de l'avion, il n'y a pas besoin d'ouvrir la verrière pour la bonne raison qu'il n'y en a pas. En Stampe on vole avec la tête dans le vent. Tous les instructeurs assurent que c'est le meilleur moyen de sentir l'écoulement du moindre filet d'air.

Pour le pilote, assis à l'arrière, il n'est pas toujours évident de tenir l'avion dès que le parachutiste s'agrippe aux haubans. En effet, l'énorme traînée que représente la prise au vent du bonhomme déstabilise la machine. Celle-ci se met à voler en crabe... Mais on se débrouille comme on peut, en mettant du palonnier pratiquement à fond du côté opposé.

On est dans l'époque glorieuse de l'Aviation...

Normalement, tout revient en place lorsque le type se laisse tomber pour quitter définitivement l'avion. Ce ne sera pas vraiment le cas au cours des événements extraordinaires qui vont suivre.

Christian est maintenant sanglé bien serré sur son siège. Il termine d'ajuster son serre-tête de cuir. Avec soin, il enfile par-dessus ses grosses lunettes de vol. Le moment de la mise en route approche.

Au sol, les amis du club de l'Hérault se sont déjà écartés pour ne pas gêner le lancement du moteur.

Un rapide coup d'œil vers la place avant : le parachutiste est prêt. Tout ce que le pilote peut apercevoir de lui, c'est une nuque puissante sous un casque de cuir. Mais le pouce est levé et Christian est prêt à parier que le type arbore un grand sourire.

On va pouvoir mettre en route...

Christian penche la tête à l'extérieur pour crier le traditionnel :

- Personne devant?

Au sol, une voix confirme que le champ de l'hélice est dégagé. Le pilote enclenche alors le démarreur "Viet" (un système à air comprimé qui a disparu sur les avions d'aujourd'hui).

Sifflement... l'hélice tourne par à-coups... Nuage de fumée... Quelques secondes plus tard, le moteur émet un claquement caractéristique. Un ronflement sec qui fait tourner toutes les têtes sur le terrain.

Chacun sait que la bête s'est réveillée.

Tout en savourant l'instant magique, Christian laisse chauffer doucement pour préserver la mécanique puis, lorsque tous les cadrans sont dans la zone verte, il fait enlever les cales.

De nouveau, les pouces se lèvent autour de l'appareil. Le roulage commence.

Pas de contact radio... Il n'y a pas encore de fréquence pour la tour de contrôle à Fréjorques[3]. Il n'y en a pas besoin, le trafic est inexistant sur la plate-forme.

Christian roule en zigzag pour mieux voir le taxiway qui s'étire devant le long capot. Un petit coup d'œil à la manche à air. Il souffle un tout petit vent du nord. Ce sera donc la piste 31 en service. Pour communiquer avec son passager, le pilote dispose de "l'Aviaphone", une sorte d'entonnoir relié à un tuyau souple qui court entre les deux habitacles. Le système sert successivement de haut-parleur et de micro. Interphone rustique mais qui présente l'avantage non négligeable de ne jamais tomber en panne.

- Est-ce que ça va, demande-t-il au légionnaire qui se tortille devant lui pour se caler dans l'habitacle.

L'autre lève un pouce bien visible avant de crier dans l'entonnoir.

- C'est parfait...

Quelques minutes plus tard, le Stampe arrive au point d'attente. Christian place l'appareil à 45 degrés de l'axe de piste et entame les vérifications d'usage sous la forme d'un "ACHEVER"[4]. Rien à voir avec une check-list de Boeing 747. Ce ne sont que quelques points concernant les actions vitales

---

[3] Chacun sait que Montpellier est aujourd'hui un des aéroports les plus actifs de France et qu'il n'y a pas moins de 13 fréquences en comptant les ATIS, SOL, TWR, APP, VOR, Locator et autres ILS...

[4] Moyen mnémotechnique sur avions légers pour ne rien oublier de la check-list

avant de décoller : les commandes, la pression d'huile et quelques réglages primaires.

Puis, vers 13 heures 25, le biplan s'aligne enfin sur la piste 31 et il décolle.

Comme le taux de montée n'est pas foudroyant, les deux hommes ont le temps de jeter un coup d'œil aux étangs qui entourent l'aérodrome. Le paysage est magnifique...

Virage à gauche vers l'ouest pour prendre de l'altitude. Puis de nouveau à gauche vers Palavas qui n'est encore qu'un village de bord de mer.

Quatre minutes plus tard, le Stampe arrive à l'altitude de 500 mètres. Le saut est normalement prévu à 1 500 mètres mais avant de poursuivre la montée, il est indispensable d'évaluer la vitesse du vent.

- Je vais faire un passage à la verticale pour voir ce que ça donne, crie Christian dans l'Aviaphone.

Aussitôt, il se met à battre des ailes pour se placer exactement au-dessus de la piste en herbe. C'est, en effet à cet endroit que le "légionnaire" a prévu d'atterrir.

Christian s'applique... Bien sûr, le gars devant est très bon mais il vaut quand même mieux ne pas faire d'erreur car avec son vieux parachute "rond", il n'a pas beaucoup de défense contre le vent. S'il est largué au mauvais endroit, c'est dans l'eau qu'il risque de finir. Ce ne serait pas la première fois qu'on serait obligé d'aller récupérer quelqu'un dans la vase au beau milieu d'un étang. Il vaut quand même mieux éviter...

Pour évaluer la force du vent, la méthode est toujours la même. On commence par passer à la verticale du point choisi et on largue un *Siky*, un long morceau de toile qui descend relativement lentement vers le sol. En fait, au Para-club de Montpellier, on utilise une vieille gaine de parachute comme siky, une sorte de longue chaussette de toile bien repérable... Et on regarde à quel endroit de l'aérodrome elle tombe. En fonction de la dérive constatée pendant la chute, le pilote désaxera ensuite son avion à droite ou à gauche de la piste pour larguer son client. Si la correction de vent est bien exécutée, ce dernier arrivera à bon port. Sinon... Dieu sait où il tombera.

L'avion est donc en train de tourner à la verticale du point. C'est le légionnaire qui est chargé de larguer le siky...

Malgré la vitesse, l'homme sort le bras à l'extérieur du cockpit. Pas facile de se mettre en bonne position dans l'étroit fuselage du Stampe. D'autant que Chionno est non seulement équipé de son parachute dorsal qui l'écrase contre le tableau de bord mais il y a aussi le parachute ventral qui lui remonte sous le menton à chaque fois qu'il fait un geste trop brusque[5].

C'est le comble de l'inconfort mais le légionnaire s'en moque complètement puisqu'il n'a pas l'intention de rester très longtemps à bord de l'appareil....

La main dehors avec le siky, l'homme se tortille

[5] Il est prévu que les occupants de Stampe soient équipés de parachutes mais ce sont des parachutes "fessiers" qui servent également de coussins.

donc sur lui-même, tente de sortir la tête pour mieux apercevoir le sol. De temps en temps, il doit faire de grands signes au pilote pour lui demander d'incliner le Stampe davantage.

Un peu à droite... un peu à gauche...

Enfin, Chionno décide de lâcher le *siky* vers le sol. Aussitôt, la gaine tombe à toute vitesse comme un long drapeau.

Réflexe immédiat : le légionnaire se retourne pour voir de quel côté le morceau de tissu est en train de dériver. Mais il le perd de vue. Il attend quelques secondes, se retourne de nouveau.

En vain, le siky est caché par la queue de l'avion.

Soudain, à force de gesticuler à l'intérieur du cockpit, ce qui devait arriver se produit.

La poignée d'ouverture du parachute dorsal s'accroche dans le montant latéral du fuselage. Il y a aussitôt un froissement soyeux et le petit parachute extracteur gicle vers le haut.

- M...

Chionno se rend compte immédiatement de ce qui vient de se produire. Les deux mains par-dessus ses épaules, il tente d'agripper l'extracteur mais tout va très vite. Le petit parachute est pris par le vent relatif, il s'échappe vers l'extérieur comme un papillon fou.

Instinctivement, l'homme frappe de la main le long du fuselage pour tenter de rattraper le morceau de toile et son ressort. Il n'y parvient pas.

Dans un mouvement de colère, il pousse un terrible juron qui se perd dans le vent relatif.

Trop tard!

Tiré brusquement par l'extracteur, le parachute

sort de son sac. A cet instant, il est encore soigneusement plié dans sa gaine et n'oppose donc pas une grosse résistance. Claquant dans le vent, l'ensemble file le long du fuselage et se glisse sous le hauban qui maintient le plan fixe de la gouverne de profondeur. Les mains toujours par-dessus ses épaules, Chionno tente nerveusement de rattraper les suspentes qui se mettent en traction et se délovent à leur tour.

Cette fois, la toile claque bruyamment dans le souffle.

Le parachute sort de sa gaine...

- Noooon!

Tout s'est passé en quelques secondes... Aux commandes du Stampe, Christian de la Baume a vu les suspentes se délover brusquement le long du fuselage. Juste devant ses yeux, cet espèce de long serpentin s'est brusquement tendu pour devenir un double câble d'une solidité à toute épreuve...

Il y a eu un plouf bruyant et le parachute s'est ouvert derrière l'avion déployant d'un coup ses 60 mètres carrés de toile.

Devinant ce qui allait se passer, le pilote a rentré la tête dans les épaules. Les suspentes se sont tendues comme les cordes d'un piano.... En une fraction de seconde, le légionnaire devant lui est littéralement éjecté de son siège comme s'il n'était qu'un pantin de chiffon.

Avec un hurlement de rage, l'homme a bien tenté de se rattraper au tableau de bord mais la force de la traction est irrésistible. Il n'est qu'un vulgaire bouchon de champagne dont on a secoué violemment la bouteille. Chionno est projeté vers l'arrière. Son corps désemparé passe au-dessus de la tête du pilote. Au passage, il fait exploser le petit pare-brise de plastique qui protège la place arrière.

Le gars essaie désespérément de se retenir au fuselage mais rien n'y fait.

A pleine vitesse, il percute la queue de l'avion. Il y a un craquement terrible qui se répercute durement jusque dans le manche à balai de Christian... Le choc est si violent que la dérive du Stampe est pulvérisée.

C'est à cet instant précis que toute cette aventure extraordinaire se joue. Car au lieu de se libérer totalement et de filer loin derrière dans le ciel, le parachute reste accroché à l'avion par deux suspentes. En fait, les deux cordes se prennent dans le câble de direction et s'y emmêlent pour former un joli noeud d'écoute.

Pour le pilote aux commandes, c'est un coup de frein terrible qui lui projette brutalement la tête en avant... C'est comme s'il venait de rentrer brusquement dans un mur.

Par réflexe, il se retourne pour voir ce qui se passe. C'est incroyable... L'énorme corolle est gonflée à craquer à quelques mètres derrière le Stampe. La queue de l'appareil a disparu. A la place, il n'y a plus que quelques débris de bois fracassés, par-dessus lesquels claquent des lambeaux du tissu qui recouvrait les gouvernes[6]. Quant au légionnaire, il flotte désem-

---

[6] Comme beaucoup d'avions anciens, le Stampe était construit en bois et en toile.

paré à trois mètres en arrière juste devant la grande toile de soie blanche.

Le moteur du petit avion n'est évidemment pas assez puissant pour résister à l'énorme traînée du parachute déployé. Le nez plonge donc naturellement vers le sol dans un piqué à la verticale.

On ne peut pas dire que ce soit une situation d'avenir pour les deux acteurs de cette histoire...

Par réflexe, Christian tire sur le manche pour tenter de redresser sa machine mais ça ne sert à rien. Avec un claquement métallique sans résistance, le manche vient aussitôt en butée. C'est normal puisque la gouverne de profondeur n'existe plus... Quant au palonnier, il est bloqué à fond à gauche du fait que les suspentes sont accrochées dans le câble de direction. La seule commande qui reste encore efficace, c'est le gauchissement. Malheureusement, dans la position où se trouve l'avion, cela ne sert pas à grand chose pour le stabiliser. Elle permet tout juste d'empêcher l'appareil de tourner sur lui-même comme un ventilateur de plafond.

En quelques secondes, la vitesse régresse aux environs de 90 kilomètres à l'heure et l'étrange attelage entame sa chute vers le sol. Dans l'ordre de descente, on trouve donc, l'avion avec son pilote à bord, le parachutiste flottant en plein vent et enfin le parachute. (Voir photo au dos du livre)

Christian de la Baume comprend immédiatement que la situation est désespérée. Il raisonne vite... Quoi qu'il fasse sur les commandes, il ne pourra pas empêcher le Stampe de percuter le sol. Le plus important est donc d'arrêter le moteur qui tourne toujours et tire l'ensemble vers la planète. Quitte à plonger à la verticale, autant que ce soit avec le minimum de vitesse. Il vaut mieux donc annuler cette traction qui ne sert plus à rien.

Contacts coupés, mélange sur étouffoir : le claquement du Renault se transforme aussitôt en un chuintement. L'hélice continue à tourner quelques secondes en moulinet avant de s'arrêter. Puis c'est le silence.

Le sol se rapproche.

Christian reste étrangement calme. Il n'a pas le temps d'avoir peur... Par sécurité il actionne l'extincteur pour diminuer les risques d'incendie qui vont survenir au moment de l'impact.

Au sol, les quelques spectateurs qui suivaient distraitement la descente du siky se lèvent d'un coup en voyant le changement de tableau incroyable. Le Stampe est pendu au parachute comme un jouet d'enfant. Même du sol, on peut apercevoir une forme sombre qui se débat vigoureusement entre l'avion et la toile blanche.

L'ensemble avion/légionnaire/parachute est maintenant à environ 300 mètres d'altitude. Est-ce un effet d'optique mais, vu d'en bas, il semble accélérer à mesure qu'il se rapproche du sol.

Fort à propos, un dentiste, membre de l'aéro-club fonce vers son sac de pique-nique et en sort un appareil photo. Il cadre le tableau extraordinaire et appuie sur le déclencheur. Grâce à ce cliché extraordinaire, l'aventure des deux protagonistes restera à la postérité. Elle fera d'ailleurs la couverture de Paris-Match la semaine suivante.

Puis tout à coup, quelqu'un crie au sol.
- Hé ! Regardez. Il y en a un autre...
Tout le monde plisse les yeux... Cette fois, ce n'est pas une illusion d'optique, un second parachute est bien en train de se déployer derrière l'avion.

Malgré la situation pour le moins inconfortable dans laquelle il se trouve, Chionno ne panique pas le moins du monde. Dans un premier temps, il a bien essayé de s'agripper aux débris de la queue de l'avion pour retourner dans l'habitacle. Il a très vite compris que c'était totalement impossible. Il n'est qu'un sac de sable chahuté dans les tourbillons d'un avion que son pilote ne parvient plus à contrôler.

Lorsque l'appareil s'est mis à la verticale, le légionnaire s'est retrouvé les pieds en bas à quelques centimètres de ce qui reste de la dérive. Cette fois, la position est un peu moins désagréable mais l'homme sait bien que ce n'est pas une situation d'avenir car l'avion descend beaucoup trop vite.

D'après son estimation, ils sont au moins à 100 à l'heure et ça risque de faire très mal quand ça va percuter.. Pas facile de réfléchir quand on est pendu sous 60 mètres carrés de toile et qu'on retient un avion sous ses pieds avec deux bouts de corde... Et pourtant, le légionnaire en a vu d'autres dans sa vie. Et il réfléchit vite et bien. L'avion descend trop rapidement. Il y n'a qu'un moyen de le ralentir : ouvrir le parachute ventral. C'est brillamment raisonné... Certains diront peut-être que c'était évident. Facile, quand on est assis dans un fauteuil confortable avec ce livre à la main. C'est une toute autre paire de manches que de faire fonctionner son cerveau quand on est dans la situation dramatique de Chionno.

Poignée de secours. Déploiement de la toile qui claque à son tour dans le vent...

Le second parachute vient donc se placer à côté du premier. Sa surface est un peu moins importante que le dorsal. Il ne fait que 45 mètres carrés mais il permet malgré tout de ralentir "l'attelage fou" de façon appréciable.

Pendant ce temps, Christian de la Baume doit faire face à un nouveau problème. Non seulement, le pilote est pendu dans son harnais vers l'avant mais il est maintenant copieusement aspergé par de l'essence qui gicle par la prise d'air du réservoir.

Et ça ne lui plaît pas du tout...

D'autant que sur ce point le jeune homme a déjà un très mauvais souvenir personnel à propos de carburant. Au cours de son service militaire comme contrôleur à Sidi Slimane au Maroc, il a failli griller dans l'incendie d'un Boeing 707 sur lequel on faisait des exercices de vidange. On comprend aisément qu'il n'apprécie que très peu de recevoir de l'essence sur le visage. Si l'avion prend feu au moment de l'impact, imbibé comme il l'est, il n'a aucune chance de s'en sortir.

Il décide donc de sortir lui aussi de l'habitacle et de se réfugier sur le bord de fuite de l'aile gauche.

En mettant carrément les pieds sur le tableau de bord, puis en s'agrippant aux haubans, le pilote parvient à s'extraire du cockpit. C'est une gymnastique acrobatique digne d'un trapéziste de cirque. En dessous, c'est le vide et l'artiste travaille sans filet. Surtout ne pas perdre l'équilibre et ne pas lâcher prise... Pas évident. Au moindre mouvement un peu brusque, l'avion se met à balancer de droite à gauche tout en tournant sur lui-même.

Finalement après bien des contorsions, Christian réussit à poser les deux pieds sur le bord de fuite de l'aile gauche. Ce qui a pour effet de provoquer le basculement de l'aile vers le vide mais le jeune homme s'agrippe fermement au montant latéral du cockpit. Puis, lorsque la prise est ferme, il se retourne pour faire face au vide.

Non sans jeter rapidement un petit coup d'œil vers le ciel.

Là-haut au-dessus de la queue, Chionno est toujours accroché dans ses suspentes. Pendant une fraction de seconde, les regards des deux hommes se croisent. Ils savent qu'ils sont tous les deux embarqués dans la même galère et qu'il ne leur reste plus beaucoup de temps. Malgré la camarde qui commence à aiguiser sa longue faux, ni l'un ni l'autre n'a peur. En fait, ils sont tous les deux animés d'une farouche volonté de survivre. Dans leur cerveau, ça tourne à 100 000 tours pour trouver un moyen de s'en sortir.

Les secondes passent. Avec le recul, aucun témoin ne saurait dire combien il faut de temps pour que l'avion en détresse parvienne au sol : une ou deux minutes... peut-être même davantage car, depuis que le second parachute est ouvert, la vitesse a vraiment diminué. Pourtant, cette fois le sol approche. C'est l'instant de vérité. Christian craint toujours que l'avion ne prenne feu au moment de l'impact. Il a donc décidé de quitter le navire quelques secondes avant le choc décisif.

50 mètres...

20 mètres...

10 mètres...

Dans un élan, il plonge vers le vide en poussant très fort sur ses jambes pour s'éloigner au maximum du fuselage.

Comme évidemment, il n'a pas de parachute, il dépasse le Stampe et atterrit en premier dans l'herbe.

Alors qu'il effectue un roulé-boulé impeccable, il croit instinctivement que la partie est gagnée... Il est au sol et il sent qu'il n'est pas blessé. Malheureusement, il n'a pas le temps de se réjouir. Un énorme craquement retentit à quelques mètres de lui. On dirait un énorme échafaudage qui s'écroule.

Le Stampe vient de percuter à son tour.

L'appareil touche d'abord de l'hélice. Il reste une fraction de seconde en équilibre comme s'il hésitait de quel côté il allait tomber puis, finalement, il bascule sur le dos. Incroyable... Dans le mouvement, le noeud d'écoute qui retenait le parachutiste, se dénoue et le légionnaire se pose tranquillement à deux mètres de l'épave. Doucement, la toile du parachute se dégonfle et s'affale sur le fuselage.

Au même moment, Christian pousse un hurlement de douleur. Le bord d'attaque de l'aile vient de lui écraser la jambe droite.

De tous les coins de l'aérodrome, les spectateurs affolés se précipitent.

Bien que la blessure soit très grave, Christian réussit à se relever. En clopinant il parvient à faire quelques mètres pour aller s'accrocher à l'épave de l'avion. Mais l'effort est trop intense pour le blessé. Arrivé là, il n'en peut plus et s'effondre. Très vite, on l'entoure. Les premiers venus examinent la blessure et font la grimace. C'est une vilaine fracture ouverte.

Comme le père de Christian arrive à son tour sur le lieu du drame, ce dernier tente aussitôt de le rassurer.

- Ce n'est rien. C'est comme si j'avais eu un accident de ski, murmure le jeune homme pour dissimuler sa douleur..

Malgré le tragique de la situation, les mots font sourire. Même sur les pentes les plus abruptes, on tombe généralement de moins haut. Tous les membres des deux clubs sont autour du jeune homme pour le soutenir, il y a les Vedel, Christian Rodier, et même des copains pilotes qui arrivent d'Avignon.

On appelle l'ambulance de l'aérodrome. Pas de chance... l'engin n'a pas été utilisé depuis très longtemps et le moteur refuse de démarrer...

L'essence continue à couler lentement du réservoir crevé. On craint que le feu ne prenne, on fait donc appel aux pompiers de l'aérodrome. Le camion de lutte contre l'incendie est vétuste. Il ne démarre pas non plus...

Alors Christian de la Baume prend son mal en patience pour attendre les secours. Le père de

Jackie est médecin. Il lui pose un garrot et lui fait une piqûre pour atténuer la douleur. Il faudra attendre plus d'une demi-heure avant qu'on évacue enfin le blessé sur l'hôpital de Montpellier...

L'addition est très lourde pour le jeune homme...

Fracture ouverte du tibia et du péroné avec perte de substance osseuse sur 18 centimètres. Une grande partie de l'os est irrémédiablement détruite. Irrécupérable... Dès son arrivée aux urgences, la sentence tombe : il faut couper la jambe sinon, c'est la gangrène assurée et la mort à brève échéance.

Par chance et c'est un nouveau miracle, le Docteur Picard passe par hasard dans le service des urgences. Le chirurgien travaille sur les premières greffes osseuses à Montpellier. On lui parle du blessé. Il l'examine et décide de le prendre en charge immédiatement.

On décide de ne pas amputer...

Avec le temps et beaucoup de compétence, le spécialiste réussira à reconstituer les 18 centimètres d'os manquants. Il faudra de nombreuses greffes osseuses et... de la patience.

Christian restera un an et demi à l'hôpital...

Chionno le légionnaire n'a eu que quelques égratignures sans gravité au moment où il a été éjecté de l'avion. Vraiment miraculeux... Loin d'être effrayé par son aventure incroyable, le bonhomme remontera dans un autre Stampe un mois plus tard pour reprendre les sauts en parachute. Qui dira que les légionnaires ne sont pas des hommes d'une trempe exceptionnelle ?

Sans sa présence d'esprit, il est probable que les deux hommes ne s'en seraient pas tirés.

Ironie de l'histoire, quelques années plus tard, son fils apprendra à piloter et volera dans un aéro-club de Montpellier.

Aujourd'hui, Christian de la Baume marche normalement. Il a 4 500 heures de vol. Il est toujours pilote d'avion mais également instructeur de planeur, pilote d'hélicoptère et même pilote-instructeur d'ULM.

Lorsqu'on a droit à une deuxième vie, il faut savoir en profiter au maximum...

FEU AU DÉCOLLAGE !

En mai 1996, un DC 9 de la compagnie ValuJet prend feu quelques instants après le décollage. La jeune femme commandant de bord ne peut maîtriser son appareil en flammes qui s'écrase dans les marécages des Everglades près de Miami. Tous les occupants de l'appareil périssent dans des circonstances particulièrement atroces. Suite à ce crash, la compagnie ValuJet est reconnue responsable d'avoir commis de nombreuses fautes techniques dans l'utilisation de ses appareils. Elle est obligée de déposer son bilan.

On aurait certainement pu prévoir et empêcher ce drame car un an plus tôt, cette même compagnie avait déjà été victime d'un incendie ravageur à bord d'un avion mais par miracle, cette quasi catastrophe n'avait alors fait aucune victime.

La similitude des deux crashs est frappante : même compagnie, même type d'avion, même moment du vol, même ligne aérienne (Atlanta Miami A/R). Seul le nombre de victimes a été très différent.

En 1996, il n'y a eu aucun survivant (vol ValuJet 592). En 1995, dans le cas décrit ci-dessous (vol ValuJet 597), il n'y a pas eu une seule victime.

Étant données les conditions de l'accident, c'est un véritable miracle...

8 juin 1995.
Atlanta
Aéroport international William B. Hartsfield.
19 heures...

L'avion roule doucement vers le point d'attente de la piste 27 droite. C'est un McDonnell DC 9-32 (numéro de série d'usine : 47321/455). Il appartient à la compagnie ValuJet et porte l'immatriculation civile N 908VJ.

Aujourd'hui, pour cette rotation à destination de Miami, il porte l'indicatif de vol : VJA 597.

Le commandant de bord a 45 ans et totalise 9 500 heures de vol dont 3 500 sur DC 9. C'est donc un navigant disposant d'une solide expérience. Comme beaucoup de pilotes travaillant pour ValuJet, c'est un ancien d'Eastern Airlines qui a été récupéré au moment de la faillite de la compagnie. Cette dernière a mis la clef sous la porte après que l'on ait découvert des fraudes graves dans la tenue des carnets d'entretien de ses avions. Aucun passager américain n'a admis qu'une compagnie aérienne triche sur le nombre d'heures de vol effectuées par ses appareils pour diminuer le coût des révisions.

Bien que le cas de ValuJet ci-après soit un peu différent, on va voir que la négligence dans la surveillance de l'entretien des avions peut avoir des conséquences dramatiques sur la sécurité des passagers.

En place droite, à coté du commandant de bord, se trouve le copilote. Il a 43 ans, c'est un ancien officier de l'US Navy. Avec un total général de 3800 heures de vol, il est également très expérimenté.

Il y a 57 passagers et trois hôtesses à bord. Un des passagers est un enfant de 3 ans que sa mère tient sur ses genoux[1].

La nuit ne va pas tarder à tomber sur Atlanta. Il fait très beau ce 8 juin 1995 et les couleurs superbes de cette fin d'après-midi déchirent l'ouest de la Géorgie jusqu'à l'horizon.

Juste devant le DC 9, un Boeing 757 aux couleurs de Delta Airlines est en train de s'aligner sur la piste.

Malgré les cloisons qui isolent les passagers du ValuJet de l'extérieur, ceux-ci peuvent entendre le grondement sourd du biréacteur qui se prépare à lâcher les freins... Encore quelques secondes et ce sera enfin le tour du DC 9 de décoller. L'attente est toujours très longue ici. On est loin d'être à Orly ou même à Roissy puisqu'Atlanta est le second aéroport du monde juste derrière Chicago. Il y a dix fois plus de mouvements que dans le plus grand des aéroports européens. Les équipages sont habitués à y subir des temps de roulage dépassant parfois 45 minutes avant de pouvoir décoller.

Pourtant, ce soir, les pilotes du DC 9 ne se plaignent pas trop. L'avion a quitté la passerelle d'embarquement à 18 heures 55. Il va décoller aux envi-

[1] La présence de l'enfant sur les genoux de sa mère sera reproché à la compagnie par les enquêteurs car un enfant de plus de deux ans doit obligatoirement avoir un siège et disposer d'une ceinture.

rons de 19 heures 08, ce qui ne fera que 13 minutes de roulage.

C'est presque un record pour Atlanta...

Dans le poste de pilotage, les deux hommes discutent calmement en attendant leur tour. Comme les check-list sont terminées depuis longtemps, les conversations portent essentiellement sur les pronostics de chacun pour la finale des Masters de tennis de New York.

La montre de bord indique 19 heures 06 minutes et 2 secondes lorsque la tour de contrôle contacte enfin le DC 9 sur la fréquence.

- Juliet 597, Atlanta tower line up runway 27 right taxi into position and hold[2].

Aussitôt, le copilote prend le micro de la radio pour accuser réception du message.

- Wilco 597, on pénètre et on maintient position sur la 27 droite.

Le commandant de bord lâche les freins et lentement, il quitte le point d'attente pour s'engager sur la piste d'Atlanta face à l'ouest. Au moment où il finit d'aligner son appareil sur la ligne centrale, il saisit le téléphone blanc du *Public Adress*[3] pour informer ses passagers de ce qui va se passer :

- Mesdames, messieurs, nous prévoyons le décollage dans 30 secondes, annonce-t-il d'une voix grave.

Puis à 19 heures 06 et 9 secondes à l'intention du personnel navigant :

[2] Ici la tour d'Atlanta, alignez vous piste 27 droite et attendez.

[3] Interphone de bord permettant au commandant de bord de s'adresser aux passagers.

- Flight attendants take your seats for departure.

Le commandant de bord effectue une rapide check-list au cours de laquelle, il vérifie notamment, l'antiskid, l'ignition et l'APU mais également que la porte du cockpit est bien verrouillée[4].

Au loin dans le ciel rougeoyant, la silhouette sombre du Boeing 757 de Delta Airlines diminue rapidement.

- Ben dis donc, c'est drôlement tranquille, ce soir, lance le copilote à l'intention de son commandant...

C'est vrai que, pour l'instant, tout respire le calme et la sérénité en ce début de soirée. Il y a peu de trafic, pratiquement pas de vent, pas de nuages et une météo sans histoire sur tout le trajet.

Par ailleurs, avec seulement 57 passagers sur les 115 places disponibles, l'avion est relativement léger. Logiquement, il ne devrait donc y avoir aucun problème pour le décollage.

Malheureusement, il va y en avoir un sérieux!

A 19 heures 07 minutes et 34 secondes la tour d'Atlanta contacte le DC 9 pour lui donner l'autorisation attendue.

- ValuJet 597, vous êtes autorisé à décoller 27 droite. Vent du 270 pour 4 nœuds. Virage à droite au middle Marker. Cap 250. Bon voyage.

Une fois encore, le copilote répète l'autorisation délivrée par le contrôle. C'est une procédure obli-

[4] Ce dernier point aura une grande importance sur la suite des événements.

gatoire que d'accuser réception des messages en collationnant les principaux paramètres.

Avant même qu'il ait terminé sa phrase, le commandant de bord a anticipé le départ. Il a bloqué les freins et commence à pousser les deux manettes des gaz à fond en avant.

Là-bas, derrière l'appareil, le hurlement des moteurs se fait soudain plus profond. L'avion vibre imperceptiblement sous la poussée des deux réacteurs Prat & Whitney JTD8D-9A.

Puis le pilote lâche les freins et l'avion commence à accélérer. Au tableau de bord, l'indicateur de vitesse commence à bouger : 30 nœuds... 50 nœuds.

Respectant la procédure, l'équipage jette un rapide coup d'œil aux instruments moteurs et constate que toutes les indications sont dans la zone verte. Tout va bien.

Apparemment, c'est un vol comme les autres qui commence...

En cabine, les passagers se laissent aller confortablement dans leur fauteuil. Dans quelques secondes, l'avion atteindra sa vitesse de sustentation. Ceux qui sont placés près des hublots se collent le visage contre le plexiglas pour suivre les premiers instants du vol.

Les nombreux habitués de la ligne savent que juste après le décollage, ils vont survoler *College Park* situé en bordure de *Rooswelt Highway*, puis l'avion virera à gauche vers *Union City* et *Jacksonville.* Dans une heure et 20 minutes, ils seront à Miami... Avec les couleurs exceptionnelles qui embrasent le ciel ce soir, ils ne veulent rien manquer du spectacle qui va suivre.

En fait, il va effectivement y avoir un spectacle avec de belles couleurs mais ce ne sera pas vraiment celui auquel ils s'attendent.

Alors que la vitesse de l'avion approche de 100 kilomètres à l'heure, une énorme explosion retentit.

Aussitôt, tous les passagers sursautent et les mains se mettent à trembler... Le choc est à la fois très fort et sourd comme un coup de canon dans le lointain. Ca vient de l'arrière...

Puis il y a une série de claquements secs qui cognent sur la tôle de l'avion. On dirait que quelqu'un au bord de la piste tire sur l'appareil avec une arme automatique. Une passagère pousse un cri de frayeur.

- Qu'est-ce que...

Instinctivement, les gens se redressent et se retournent pour voir ce qui peut provoquer un tel chahut. On dirait que ça vient des toilettes... Le spectacle qu'ils aperçoivent les fait frémir...

Tout au fond de la cabine se trouve une hôtesse en tailleur bleu. Normalement, celle-ci est assise sur un "siège de service". Une sorte de banquette rabattable qu'elle ne doit pas quitter tant que le commandant n'en a pas donné l'ordre. Or la jeune femme est effectivement à sa place près du « galley » mais elle est... entourée de flammes.

Affolée, la malheureuse est en train d'essayer de

déboucler le harnais d'épaule imposé par le décollage. Mais elle s'y prend mal. Visiblement, le feu la panique. Ses mains tremblent... Elle ne parvient pas à ouvrir la grosse boucle métallique. Juste à côté d'elle, un liquide clair gicle de la cloison et se répand à ses pieds.

Un passager, situé à proximité de l'hôtesse, avouera plus tard qu'il a pensé naïvement qu'il s'agissait d'eau sous pression destinée à éteindre le feu. Sans doute l'avion est-il équipé d'un système d'extinction automatique semblable à ceux qui équipent les grands hôtels américains ?

Puis, soudain, l'homme sent une odeur entêtante, il comprend alors que ce qui coule à flot dans la cabine n'est pas de l'eau mais... *du carburant*.

Incroyable... C'est du kérosène qui jaillit sous pression par la cloison et asperge l'arrière de la cabine.

Heureusement, il ne s'enflamme pas immédiatement[5].

Par contre, à 20 centimètres de hauteur à droite, une longue flamme sort de la cloison. On dirait qu'un gros chalumeau est en train de percer le fuselage par l'extérieur. Une intense chaleur atteint l'hôtesse qui tente de s'écarter mais son harnais la gène. Elle ne peut retenir un cri de douleur. Ses collants fondent sur sa jambe et la jeune femme est gravement brûlée au mollet droit.

[5] Le kérosène est un carburant dit "lampant". Il ne prend feu que lorsqu'il est porté à très haute température ou lorsqu'il est utilisé avec une mèche comme dans une lampe à pétrole.

Au niveau des rangées 15, quelqu'un se met à hurler.

- Faites quelque chose... il y a le feu dans l'avion.

Le ton de la voix, trop aiguë, traduit une terreur mal contenue. Des cris montent de partout. La panique est contagieuse... Les mains se précipitent sur les boutons d'appel au plafond. Les carillons retentissent de partout.

Sans se soucier des consignes lumineuses, certains passagers débouclent leur ceinture et foncent vers l'avant pour s'éloigner des flammes.

Des cris fusent de partout.

- Arrêtez l'avion... On va brûler...

- Prévenez le pilote...

C'est justement ce que tente de faire l'hôtesse assise à l'avant lorsqu'elle aperçoit les flammes qui montent du fond de la cabine. Sans hésiter, elle se lève et fonce vers le cockpit. Manque de chance, la porte du poste est verrouillée de l'intérieur et les deux hommes ne l'entendent pas. Ils sont concentrés sur le décollage.

Affolée, elle interpelle sa collègue toute proche et crie à toute vitesse.

- Il y a une clé de secours qui ouvre le poste... Elle est dans le galley... Amène-la moi vite. Il faut les prévenir de ce qui se passe...[6]

---

[6] La procédure de secours voudrait que si l'hôtesse ne parvient pas à ouvrir la porte du poste, en cas d'urgence, elle utilise le carillon d'appel six fois de suite pour prévenir l'équipage. Mais dans l'affolement, la navigante n'y pense pas ou elle ne connaît pas la procédure. Normalement, chaque hôtesse devrait avoir une clé du poste.

A l'arrière, les flammes grossissent.

Heureusement, l'hôtesse a enfin réussi à déboucler son harnais. Elle se lève mais elle n'a pas le temps de faire un pas qu'elle s'écroule aussitôt en hurlant de douleur. Elle vient d'être touchée par deux projectiles brûlants qui l'ont frappée à l'intérieur du genou gauche.

Son sang coule.

Pour la jeune femme, le drame est en train de tourner au cauchemar... En quelques secondes, la nappe de carburant se répand dans le galley et le feu se propage sournoisement dans la cabine.

Un passager qui avait fui vers l'avant revient à l'arrière. Sans hésiter, il attrape l'hôtesse sous les aisselles et la traîne au sol pour l'éloigner de l'incendie qui commence à ramper sur la moquette.

Et puis soudain, les claquements sonores se font plus forts. Sur le côté droit, on entend distinctement des impacts sur le fuselage. Des trous apparaissent un peu partout. Par endroits, on voit la lumière au travers. Des fragments de métal incandescent traversent la cabine d'une cloison à l'autre.

- Couchez-vous, hurle un passager en se baissant pour se protéger derrière le dossier précédent.

Au même moment, un énorme éclat métallique perfore l'accès aux toilettes. Il provoque une perforation de... 30 centimètres de diamètre. En plein centre de la porte. On dirait un trou fait par une décharge de chevrotine...

Contrairement à ce que croient certains passagers, aucun terroriste n'est en train de prendre pour cible le DC 9 de ValuJet. En fait, c'est le réacteur droit qui a un très grave problème... Le septième étage du compresseur haute pression a littéralement explosé dans le moteur. Le rotor qui tourne à près de 10 000 tours par minute transforme les ailettes en charpie. Celles-ci sont projetées dans toutes les directions et viennent de sectionner une conduite de carburant.

Le réacteur se désintègre... Des débris traversent le fuselage. Ils perforent la cloison, pénètrent dans la cuisine derrière les toilettes avant de retraverser la cloison opposée pour poursuivre leur trajectoire du côté gauche[7]. Incroyable... après avoir perforé la cabine de part en part, un fragment de rotor percute le second moteur. Il perce un énorme trou dans son capotage de protection...

Des éclats métalliques sont projetés tout autour de l'avion. On retrouvera des fragments un peu partout sur le ciment. Certains seront même projetés à plus de 100 mètres dans l'herbe qui borde la piste 27.

Dans le poste de pilotage, les pilotes ont bien évidemment entendu le bang sonore de l'explosion.

- *Tu as entendu ça*, demande le commandant de bord.

Le copilote hoche la tête. Il est sur le point de répondre lorsque les haut-parleurs de la VHF résonnent au-dessus de sa tête.

---

[7] Les enquêteurs réussiront à passer une corde à travers le fuselage pour matérialiser la trajectoire quasi rectiligne du débris.

- *ValuJet 597, vous avez le feu sur le réacteur droit...*

La voix est très inquiète... C'est le pilote d'un Boeing 737 de *United Airlines* qui les appelle. L'appareil vient de prendre la place du DC 9 au point d'attente et dans l'obscurité du soleil couchant, il a aperçu de longues flammes jaillir à l'arrière.

Au même moment sur le tableau de bord du DC 9, la grosse manette coupe-feu du réacteur droit se met à clignoter. L'alarme sonore retentit... Cette fois, pour l'équipage, il n'y a plus aucun doute. Les problèmes sont très sérieux.

- *Faites gaffe... Ca brûle très fort*, insiste le pilote de United.

Sans hésiter, le Captain du ValuJet ramène les deux manettes des gaz à fond en arrière. Dans un même mouvement, il enclenche les reverse.

- *On annule le décollage*, lance-t-il en écrasant les freins de toutes ses forces.

Aussitôt le nez de l'avion s'écrase sur son train avant, les disques des freins montent en température jusqu'à rougir.

En cabine, c'est l'affolement... Tout le monde a compris que le pilote freinait à mort et déjà, les gens n'ont plus qu'une idée en tête : s'échapper au plus vite de cet endroit qui risque de se transformer en fournaise...

Les amortisseurs talonnent bruyamment. Les freins hurlent et l'appareil commence à ralentir...

Alors que l'avion n'est même pas encore arrêté, un passager panique complètement. L'homme est assis du côté droit sur le siège 14E. Il est à proximité de l'issue de secours, mais c'est une ouverture qui n'est pas utilisable en temps normal puisqu'elle se trouve juste au-dessus de l'aile. Dans un geste complètement irraisonné, le passager se précipite sur le système de déverrouillage... Il ôte le cache de plastique et tire la poignée de largage.

Or, le DC 9 roule toujours... Avec la vitesse, la porte est arrachée par le vent. Elle se détache et tombe sur la piste. On la retrouvera sur le ciment à 366 mètres du seuil de la 27. Aussitôt, le toboggan automatique se déploie alors que l'avion roule encore. Par chance, comme la vitesse n'est plus très forte, le système d'évacuation de secours n'est pas arraché mais il flotte le long du fuselage comme un ballon au bout d'une ficelle.

Le passager ne peut évidemment pas sauter en marche. La tête à la fenêtre, les cheveux dans le vent, il attend donc que l'appareil s'arrête.

Mais son geste a une conséquence inattendue : l'ouverture crée un puissant appel d'air qui attise le foyer d'incendie à l'arrière de la cabine.. Par chance, grâce à son sauveur, l'hôtesse a été dégagée et se trouve maintenant en dehors de la zone en flammes.

Quelques secondes plus tard, le DC 9 parvient à s'arrêter. Il est alors à 457 mètres du seuil de la 27. L'équipage a parfaitement maîtrisé la trajectoire de l'appareil qui est resté exactement au milieu de la piste...

Loin de calmer les passagers, l'arrêt brutal les affole. Le feu prend de l'ampleur. La panique dégénère.

Affolés, les gens se ruent vers l'avant de l'appareil pour échapper aux flammes qui commencent à ronger les fauteuils près des toilettes. Il faut sortir à tout prix... Même si, pour cela, on doit bousculer, écraser ou même se battre.

Dans le poste de pilotage, le premier réflexe du commandant de bord est de stopper les deux réacteurs en coupant l'arrivée de carburant. Dans le même temps, une poudre d'extinction est injectée dans les chambres de combustion. Le sifflement du réacteur gauche s'arrête et on commence à entendre en arrière-plan, les cris des gens affolés.

Le pilote pousse un soupir de soulagement et se détend imperceptiblement.

- Bien joué, dit-il à son copilote.

A cet instant, il est loin d'imaginer qu'un incendie est en train de s'étendre rapidement à l'intérieur même de la cabine et que les passagers se ruent vers des issues qui sont pour la plupart encore verrouillées.

Il pense que tout va bien et que le personnel de cabine attend simplement son ordre pour canaliser les "pax" dans le calme vers les sorties... Et c'est ce qui se passe : en cabine, malgré le feu qui grossit rapidement, les hôtesses attendent les instructions du commandant de bord pour faire procéder à l'évacuation de l'appareil. Sauf que ce n'est pas vraiment dans le calme... Les gens hurlent et sont prêts à en découdre par tous les moyens pour sortir de l'avion.

Tranquillement, le pilote saisit alors le micro du *Public Adress*. Malheureusement, ça lui prend du temps. Le système de communication du poste ne fonctionne pas. Et pour cause : il n'y a plus de courant... Pour rétablir la communication avec les hôtesses, il branche donc le système d'alimentation de secours.

Les secondes passent...

Pendant ce temps, certains passagers se battent pour accéder à la seule issue de secours disponible : celle dégagée par le passager au niveau de la rangée 14. Grâce au branchement du système de secours, le *Public Adress* fonctionne de nouveau et le pilote peut enfin lancer un appel.

- Mesdames et messieurs, je vous demande d'évacuer l'appareil dans le calme en suivant les instructions du personnel de cabine.

Dans la cohue et la confusion générale, personne n'entend vraiment le message... Coïncidence, c'est à cet instant que l'hôtesse revient avec la clé du galley qui lui permet d'ouvrir la porte du poste, toujours verrouillée de l'intérieur.

Dans son désarroi, la navigante a bien du mal à trouver le trou de la serrure. Elle tremble et les passagers la bousculent sans retenue. Lorsqu'enfin elle réussit à entrer dans le poste, elle ne peut retenir ses larmes.

- Il y a le feu à l'arrière de la cabine, hurle-t-elle.

Le Captain ouvre de grands yeux... La porte ouverte laisse passer une épaisse fumée âcre et noire. Il entend les passagers qui hurlent. C'est seulement à cet instant qu'il réalise vraiment l'urgence de la situation.

- Évacuez par les portes avant, ordonne-t-il.

Sur ce dernier point, les enquêteurs reprocheront d'ailleurs au commandant de ne pas avoir suivi la procédure prévue par la réglementation qui lui impose d'utiliser le *Public Adress* pour répéter trois fois les consignes aux passagers : évacuez l'avion, évacuez l'avion, évacuez l'avion.

Aussitôt, l'hôtesse retourne en cabine pour aider sa collègue qui est en train d'ouvrir la porte avant gauche. Les deux femmes basculent le grand levier et rabattent la porte vers l'extérieur, déclenchant ainsi le gonflement du toboggan automatique.

C'est la ruée...

Tous se bousculent de plus belle pour franchir le seuil. Comme le nuage sombre commence à se répandre à l'arrière, les gens déboulent avec le visage dissimulé dans leurs vêtements. Bien que l'aménagement intérieur de l'avion soit normalement conçu en matériaux résistants au feu, ceux-ci fondent sous la chaleur. Ils se consument en dégageant des vapeurs noirâtres[8]. La bousculade est incontrôlable. Ceux qui sont à l'arrière veulent passer devant coûte que coûte. Il y a des coups de coude pour se frayer un chemin.

La fumée pique la gorge.

Au moment même où les portes se sont ouvertes, la fumée s'est encore épaissie. Étrangement, elle s'est stabilisée dans la moitié supérieure de la cabine entre les appuie-tête et le plafond. Vision singulière... On ne voit que les jambes de celui qui est devant. Pour ne pas respirer ces vapeurs âcres qui font tousser, beaucoup de passagers avancent courbés le long de l'allée centrale. Mais le niveau

---

8 En fait, le DC 9 datant de 1969, les tissus intérieurs ne répondaient plus aux nouveaux critères "anti-incendie" exigés depuis 1985.

de l'air respirable diminue rapidement. La fumée envahit tout... Certains ont alors l'idée de suivre la rampe lumineuse sur le plancher mais celle-ci s'éteint d'un coup, puis se rallume et s'éteint enfin... définitivement.

Comme l'incendie prend de l'ampleur à l'arrière, la foule pousse de plus en plus fort pour sortir. Des voix protestent dans l'obscurité.

- Plus vite, devant...

On ne voit plus rien. Les gens avancent à tâtons...

Plus tard, le commandant de bord expliquera que la fumée était si dense qu'il a eu lui-même des difficultés pour rejoindre l'extérieur. Or il n'y a guère plus de trois mètres entre le poste de pilotage et la porte la plus proche.

- N'ayez pas peur et restez calme, insiste l'hôtesse à chaque fois qu'elle fait passer un passager sur le toboggan.

Mais cela ne va pas assez vite au gré de ceux qui sont à l'arrière. Chacun a peur que l'avion explose.

- Laissez-moi passer, hurle une voix suraiguë perdue dans le nuage noir.

D'autres sorties de secours sont maintenant libérées par des passagers de part et d'autre de la rangée 20. Mais contrairement à la première issue ouverte pendant le roulage, les panneaux ne sont pas relâchés vers l'extérieur. Ils sont placés "soigneusement" entre deux rangées de sièges[9] ce qui

[9] Les issues de secours situées sur les ailes ne sont pas montées sur des charnières, elles se détachent complètement et doivent normalement être repoussées vers l'extérieur.

a pour conséquence de gêner considérablement la progression de ceux qui veulent emprunter ce nouveau chemin vers la liberté.

Dans l'obscurité, les gens trébuchent sur les portes. Ils se retrouvent à quatre pattes entre les fauteuils... C'est bien pratique pour ceux qui arrivent derrière car ils peuvent utiliser les malheureux qui sont par terre comme marchepied vers la liberté[10].

La jeune femme qui porte un bébé est la seule pour qui, les passagers semblent avoir un certain respect. Elle était assise sur le siège 21E près de l'issue de secours de l'aile droite. Un homme prend son enfant et le passe à un autre debout près du bord de fuite. Ce dernier se chargera de le ramener sain et sauf au sol.

Plus tard, les enquêteurs du NTSB souligneront dans leur rapport que les passagers n'ont absolument pas respecté les consignes du personnel navigant. En fait, chacun a fait n'importe quoi pourvu qu'il puisse se retrouver à l'air libre. Sauve qui peut... Scène sordide de foule paniquée avec tout ce que cela peut comporter de veulerie.

Avec les issues supplémentaires qui s'ouvrent sur les ailes, l'évacuation se fait maintenant plus rapidement et les rescapés se retrouvent hébétés sur la piste. Toussant... crachant... pleurant... Après

[10] Sur DC 9, les issues de secours situées au-dessus des ailes ne sont pas des portes mais des fenêtres. Leur seuil est donc placé à environ 60 centimètres du plancher.

quelques secondes d'hésitation, ils se mettent à courir pour s'éloigner de le plus rapidement de l'avion en feu. Une épaisse fumée noire s'échappe par les portes ouvertes et les derniers passagers arrivent les yeux pleins de larmes.

- Protégez-vous... Ca va exploser, crie une voix dans la cohue.

Sans réfléchir, certains se couchent dans l'herbe. Les plus malins sortent leur appareil photo et mitraillent le DC 9 immobilisé au milieu de la piste. Avec les ouvertures qui apportent de l'air frais, l'incendie se propage maintenant à toute vitesse. On voit déjà la partie supérieure du fuselage, près du cockpit qui se déforme. Dans quelques secondes, les flammes vont percer un énorme trou dans le métal.

Des sirènes retentissent dans le lointain...

Vers la tour de contrôle, on devine les gyrophares des énormes camions de pompiers qui arrivent en trombe. Les véhicules roulent hors des taxiways pour éviter les avions qui continuent à se suivre de plus en plus nombreux puisque la piste est devenue inutilisable.

C'est l'équipage et les hôtesses qui sortent en dernier de la carcasse. Ils transportent la jeune navigante qui a été touchée par les éclats du réacteur. Celle-ci est brûlée au second degré et saigne abondamment du genou.

C'est la seule blessée et il n'y a aucune victime à déplorer... Un véritable miracle.

En fait, au cours de cet accident, il n'y a pas eu un seul miracle, mais plusieurs...

Le premier est évidemment que l'explosion du réacteur s'est produite juste avant que l'avion ne soit en l'air. Si la mécanique avait cassé quelques secondes plus tard, l'avion aurait brûlé en vol. Comme il s'agissait d'un feu provoqué par du carburant, il se serait propagé en quelques secondes dans la queue et dans les gouvernes.

Dans ce cas, les pilotes n'auraient pas pu maîtriser l'avion. Avec un an d'avance, on se serait trouvé dans le cas du crash du ValuJet 592 de Miami. Il n'y aurait eu aucun survivant.

Le second miracle est que personne n'a été tué par les centaines d'éclats métalliques qui ont traversé le fuselage dans tous les sens... Seule l'hôtesse a été touchée et s'en est sortie avec deux grosses cicatrices à la jambe. Étant données les circonstances, on peut dire qu'elle a eu beaucoup de chance.

Le troisième miracle, c'est qu'il n'y a eu aucun blessé, ni brûlé, ni "oublié" dans la cohue indescriptible qui s'est produite au cours de l'évacuation.

Et puis enfin, il y a un quatrième miracle beaucoup moins évident mais encore plus extraordinaire...

On ne peut pas parler de cet accident sans chercher à comprendre les raisons qui ont provoqué l'explosion du réacteur, un Prat & Whitney JTD8D-9A de 6,575 tonnes de poussée.

Comme cela a déjà été dit, c'est le septième étage du compresseur "haute pression" qui s'est rompu d'un coup et a déchiqueté la mécanique.

C'est une panne tout de même relativement rare pour ne pas dire unique. En effet, bien que le régime de rotation de cet ensemble de "roues à ailettes" soit très élevé, celui-ci n'est pas soumis à des efforts tels qu'ils pourraient provoquer une rupture soudaine... Un compresseur, c'est relativement fiable.

Les enquêteurs ont bien évidemment voulu savoir comment cette pièce avait pu se briser sans prévenir.

En examinant soigneusement les débris du rotor, ils se sont rendu compte que celui-ci était déjà fissuré avant le jour de l'accident. Il ne s'agissait pas d'une "crique" minuscule mais d'une véritable fissure mesurant 1,2 centimètres de longueur, ce qui est énorme pour une pièce de cette importance... Mais le plus extraordinaire est que cette fissure était ancienne... Très ancienne même puisque les tests montrèrent qu'elle datait de plus 5 ans...

La première réaction des investigateurs fut donc de retrouver l'historique du DC 9 et surtout celle de son moteur droit.

Ils découvrirent que l'appareil avait été acheté par ValuJet l'année précédente. Trois mois avant cet incendie, la compagnie avait dû changer un moteur. Elle avait alors monté sur l'appareil un réacteur qu'elle avait acheté dans un lot de pièces détachées *d'occasion.*

Le vendeur était une société turque.

Ce moteur avait été révisé en 1991 par cette même société connue en Turquie sous la dénomination commerciale de TURK HAVA YOLLARI mais le réacteur n'avait jamais servi... Il avait été stocké pendant 4 ans dans un hangar d'Ankara avant d'être acheté par ValuJet pour équiper ses avions.

Comment était-il possible que ce moteur ait été révisé par THY et que personne n'ait remarqué une fissure d'une telle importance dans le disque du compresseur[11]. La révision d'un réacteur d'avion est une opération sérieuse réalisée par des professionnels qui ne laissent rien passer. Ce n'est pas une vidange effectuée à la hâte dans un garage de seconde zone.

Et pourtant... on découvrit très rapidement que la révision avait été complètement bâclée. L'atelier employait du personnel inexpérimenté, mal équipé, ne connaissant pas les procédures de contrôle. Aucune surveillance n'était exercée sur les employés et les documents de révisions étaient inexistants. En fait, la société TURK HAVA YOLLARI étant basée à l'étranger n'était pas soumise aux mêmes procédures de réparation que ses concurrentes se trouvant sur le territoire américain.

Évidemment, elle était aussi beaucoup moins chère...

Le résultat de ce laisser-aller incroyable a été que le DC 9 de ValuJet a volé pendant plus de 3 mois avec un réacteur équipé d'une pièce défectueuse et terriblement dangereuse... La probabilité pour que la panne survienne pendant un vol était énorme.

---

[11] Les inspections ne se font pas visuellement mais à l'aide d'instruments sophistiqués utilisant des ultra sons.

C'est une chance fantastique que le compresseur se soit rompu alors que l'avion était encore au sol...

PIÉGÉ DANS UNE LIGNE HAUTE TENSION

1976.

Il est 8 heures du matin...

On est en pleine campagne sur une route parfaitement rectiligne.

Malgré l'heure matinale, la chaleur est déjà intense. En ce début du mois de mai, la température doit approcher les 30 degrés à l'ombre.

Il n'y a pas un souffle d'air.

L'homme est debout au milieu de la chaussée. Pourtant, on ne risque pas de l'écraser. Sur cette route toute droite, on l'aperçoit à plus de deux kilomètres. Une drôle de silhouette sombre tremblant sous l'effet du mirage de chaleur qui monte de la route. Les jambes bien écartées, l'individu fait face aux voitures en brandissant une sorte de panneau circulaire sur lequel le mot STOP est écrit en grosses lettres à la peinture rouge.

La Mercedes freine et s'arrête. Son conducteur baisse la vitre d'un air étonné. Que peut bien lui vouloir cet homme qui lui barre le chemin d'un air autoritaire. Ce n'est pas un gendarme. Avec son bleu de travail délavé et ses vieilles pataugas, on dirait plutôt un ouvrier de chantier...

- Qu'est-ce qui se passe ? Pourquoi est-ce que vous arrêtez la circulation, il n'y a pas de travaux dans le coin...

Sans répondre, l'homme se plante bien devant le véhicule. Une main posée à plat sur le capot pour l'empêcher d'aller plus loin, il montre quelque chose derrière la voiture...

Le chauffeur de la Mercedes a beaucoup de mal à dissimuler son énervement. Il jette un rapide coup d'œil en arrière.

En vain...

- Et alors, je ne vois rien, proteste-t-il. Vous pouvez m'expliquer ce que c'est que ce cirque...

Toujours sans dire un mot, l'homme pointe obstinément le doigt vers l'horizon derrière le véhicule. Visiblement, il ne tient pas à quitter sa position juste devant le capot. Il semble avoir compris que s'il bouge d'un mètre, le chauffeur va en profiter pour lui filer sous le nez.

Par réflexe, ce dernier se déhanche complètement sur son siège. Il se tord le cou pour regarder au travers de sa lunette arrière. Mais il a beau plisser les yeux, il ne voit rien d'autre qu'un gros camion rouge qui vient de déboucher tout au bout de la ligne droite écrasée de chaleur.

A part cela, rien qui pourrait justifier de faire un barrage sur la route.

Les secondes passent et l'automobiliste sent une vilaine colère monter en lui. L'homme au "Stop" n'est tout de même pas planté en plein milieu de la chaussée pour permettre à un camion de le rattraper. Devant le mutisme de son interlocuteur, il explose.

- Bon sang, mais il n'y a rien... Dégagez immédiatement la route ou je...

Il n'a pas le temps d'en dire davantage... Une ombre menaçante recouvre soudain sa voiture. Ca va très vite. C'est comme un aigle gigantesque qui fondrait sur sa proie. Le pauvre automobiliste se demande ce qui arrive lorsqu'un puissant ronflement de moteur lui fait rentrer la tête dans les épaules.

Incrédule, il a le temps de voir deux grosses roues passer à quelques centimètres de son antenne radio et son véhicule frémit imperceptiblement au passage d'un souffle puissant.

Un avion...

Pendant une fraction de seconde, il se demande s'il n'est pas en train de rêver, mais il doit se rendre à l'évidence, c'est bien un avion qui vient de passer à moins d'un mètre du toit de sa voiture.

- Mais, il est complètement malade, ce type, hurle-t-il complètement affolé par cette apparition pour le moins inattendue.

Comme si de rien n'était, l'appareil poursuit tranquillement sa descente et se pose sur la route à quelques dizaines de mètres devant la voiture.

Aussi paisible que s'il venait d'atterrir à Roissy, l'avion roule sur la chaussée étroite et commence aussitôt à freiner. Comme par endroits, le revêtement est un peu bosselé, l'appareil a quelques sursauts mais ça ne l'empêche pas de rester parfaitement sur la ligne médiane pointillée qui lui sert d'axe de référence.

Immédiatement, l'homme au signal "stop" abaisse son panneau. Il jette un dernier coup d'œil dans la direction de l'avion, puis rassuré, il libère complètement la route pour laisser passer la voiture.

Comme l'automobiliste hébété semble hésiter à repartir, le préposé au panneau s'approche de la vitre ouverte.

- Vous pouvez y aller, déclare-t-il... Juste un petit truc... ne dépassez pas l'avion tout de suite. Il va se garer un peu plus loin à l'endroit où il y a un petit dégagement à gauche de la route.

- D'accord, réplique le chauffeur, la gorge un peu nouée.

Complètement abasourdi, ce dernier passe en première et suit de loin la machine volante qui roule maintenant à basse vitesse.

A mesure qu'il se rapproche de l'appareil, il se rend compte que les conseils de l'homme au "stop" sont ridicules : il est impossible de dépasser... La route est étroite et les ailes débordent très largement de part et d'autre sur les bas-côtés. Il lui faudrait un véhicule 4 x 4 pour passer à travers les champs et encore.

- Si je m'attendais à ça, murmure-t-il en faisant bien attention à ne pas s'approcher trop près de la queue de l'appareil. D'autant que le souffle de l'hélice semble puissant et envoie des jets de gravillons qu'il n'a aucune envie de recevoir dans sa belle calandre toute neuve.

L'automobiliste n'est plus seul à présent. Le gros camion l'a rejoint et le suit derrière à quelques mètres. C'est un Volvo rouge flambant neuf dont le conducteur semble plutôt amusé par le spectacle. Ca lui fait un peu de distraction dans ce trajet bien monotone. Quelques secondes plus tard, l'avion s'engage à gauche sur l'aire dégagée que l'homme lui a indiquée. D'un coup de moteur, il monte carrément sur le bas-côté et libère totalement la route. Aussitôt, un épais nuage de poussière ocre monte derrière lui. Vu de loin, on pourrait se croire à proximité d'un concurrent du Rallye de l'Atlas.

Puis à basse vitesse, l'avion fait pratiquement un demi-tour sur place et le pilote arrête son moteur.

Petit à petit, la file de véhicules s'allonge sur la route. Les usagers sont maintenant quatre à patienter derrière la Mercedes. Loin d'accélérer pour profiter de la voie qui se libère, les voitures passent à très faible allure pour observer cette machine qui vient de tomber du ciel pratiquement sous leurs yeux.

C'est un appareil étrange avec un poste de pilotage globuleux où il semble n'y avoir qu'une seule place. Un avion rouge et blanc avec de grandes ailes sous lesquelles sont placées des long tubes semblables à des arroseurs de jardin : des rampes d'épandage agricole. Tout le long des tubes se trouvent d'étranges petits ventilateurs rouges qui pour l'instant ne tournent pas...

A l'intérieur du cockpit, le pilote porte un masque qui lui protège la bouche et le nez. Une protection semblable à celle que portent les peintres en bâtiment pour ne pas inhaler de vapeurs toxiques.

L'aventure se passe au Maroc dans la région de Ksiri, près de Sidi Slimane. Depuis plusieurs années, le Royaume Chérifien a compris que l'autosuffisance en matière d'agriculture était une priorité absolue. Le gouvernement fait donc le maximum pour permettre aux paysans d'améliorer leurs rendements. Tout est bon pour cela : le matériel agricole est exonéré de toutes taxes, certaines terres sont distribuées gratuitement pour encourager les vocations et des moyens modernes sont mis à la disposition des agriculteurs.

Une des techniques les plus efficaces est le recours au traitement des cultures par épandage aérien. C'est la seule solution pour éradiquer les nombreux parasites qui se développent dans les régions très chaudes : criquets, pucerons, doryphores, insectes de tous ordres, il n'y a que l'embarras du choix.

La principale compagnie aérienne spécialisée dans l'épandage par avion s'appelle Agricolair. Basée à Casablanca Anfa, c'est une petite société dynamique qui utilise une flotte de Piper Pawnee et dont les pilotes sont habitués à travailler dans toutes les conditions de terrain et sur toutes les cultures.

Il est très difficile de trouver de bons pilotes d'épandage car c'est un job difficile et très technique. Et c'est surtout très dangereux. Nul besoin d'être un navigant expérimenté pour en comprendre les raisons : la plupart du temps, le vol se fait à une hauteur qui avoisine 1,50 mètre, parfois 2 mètres dans certains cas extrêmes. En effet, il faut larguer l'insecticide aussi près que possible de la plante pour éviter que le produit n'ait le temps de se diluer dans l'atmosphère. Un largage à 10 mètres de hauteur n'aurait absolument aucun effet. Ce pilotage à très basse altitude exige une attention de tous les instants et la moindre faute peut avoir des conséquences tragiques. Dans les campagnes, les obstacles qui dépassent 2 mètres de hauteur sont nombreux.

Il est facile de comprendre pourquoi les pilotes qualifiés en épandage sont très rares. De nombreux amateurs s'y sont essayés mais la plupart ont dû abandonner rapidement pour rejoindre le cimetière le plus proche.

En ce jour de mars 1976, Patrick C... vient donc de se poser avec son Piper Pawnee sur une route de campagne dans la région de Ksiri. Le pilote est en vol depuis le lever du jour et il commence à sentir une fatigue sournoise l'envahir. Ses yeux le brûlent imperceptiblement et il a des fourmis dans les jambes. Il se sent d'autant plus mal qu'il doit s'attaquer maintenant à la partie la plus difficile de sa tâche pour cette journée. Rien que d'y penser, il en a des crampes d'estomac...

Par réflexe, Patrick se baisse pour ramasser quelques brindilles légères. Il tend le bras à l'horizontale et lâche la poignée de plantes séchées toutes ensemble.

Il cherche le vent...

Les brindilles tombent parfaitement à la verticale sans dévier d'un millimètre.

En temps normal, l'absence de vent est plutôt un bon signe pour le travail. Dès que le vent atteint une certaine force, il balaye les micro gouttelettes et le rendement d'un traitement devient alors très faible. D'ailleurs, au-delà de 15 nœuds, il ne sert à rien de traiter un champ. Mieux vaut rester au sol.

Patrick devrait donc être satisfait de ce calme météo. Pas vraiment... Exceptionnellement, aujourd'hui, il aurait bien aimé que le vent se lève et qu'il soit obligé de cesser le travail...

Pas de chance.

Alors que le pilote se dirige vers l'ombre d'un arganier pour prendre quelques minutes de repos, les automobilistes continuent à passer au ralenti sur la route.

Certains s'arrêtent un peu plus loin et descendent même de leur véhicule pour observer le spectacle inattendu de cet avion stationné au bord de la chaussée.

Les mécaniciens quant à eux ne perdent pas de temps. Juste à côté de l'appareil se trouve une Estafette Renault de couleur ocre de laquelle ils ont sorti des fûts de 200 litres. Des tuyaux courent jusqu'à l'avion, on ajuste une pompe à main dans l'orifice de remplissage. Etrange spectacle que ces techniciens en bleu de travail qui s'affairent sans un mot autour de l'appareil...

Les hommes doivent procéder le plus vite possible. Pour l'avion, chaque seconde passée au sol représente des dizaines de mètres carrés de cultures non traitées. Et beaucoup d'argent perdu... Cette fois, il n'y a pas besoin de rajouter du carburant dans le Pawnee, c'est seulement le réservoir de pesticide qui est vide.

L'avion est équipé d'une cuve en fibre de verre renforcée de 600 litres. Comme il faut compter à peu près 25 litres de produit à l'hectare, l'avion doit atterrir très fréquemment pour remplir sa cuve. A l'intérieur, on y met un produit, généralement très toxique : désherbant et autre DDT... Il y a le choix. Des poisons puissants qui détruisent systématiquement tous les parasites et souvent malheureusement quelques autres formes de vie bien moins nuisibles, à commencer par les poumons de ceux qui en respirent les vapeurs.

Allongé sous son arbre, Patrick reprend peu à peu des forces. Il ne peut cependant s'empêcher d'observer son avion d'un air inquiet.

Avec son moteur Lycoming de 235 chevaux, le Pawnee est un véritable tracteur volant. C'est un bon avion. Même s'il est bruyant, très lent et bien peu confortable, il a été conçu dans le seul but de répandre des pesticides et il remplit parfaitement sa mission.

Décidément, Patrick n'a pas envie de repartir en vol...

- Il me reste combien d'hectares à traiter, demande-t-il à l'intention d'un homme debout à quelques mètres de l'arbre.

L'interpellé sort un cahier à spirale de sa sacoche de cuir. C'est le propriétaire de la ferme en cours de traitement. Il est là depuis l'aube pour surveiller attentivement comment son argent est dépensé. Après une seconde d'hésitation, le client consulte les fiches sur lesquelles il tient soigneusement la comptabilité des passages de l'avion dans les différentes parcelles de sa propriété.

- Il doit rester encore dans les 150 hectares mais c'est terminé pour ce secteur. A présent, il faut bosser sur les terres vers le Sud.

Patrick regarde sa montre et fait un rapide calcul : 150 hectares, c'est beaucoup pour le reste de la journée. Il sera très difficile de terminer tous les champs de betteraves[1] avant le coucher du soleil. Dans le meilleur des cas, un bon pilote agricole peut traiter jusqu'à 400 hectares de cultures par jour. Mais aujourd'hui, pour Patrick, les conditions sont loin d'être idéales. D'abord, il fait très chaud et il est probable qu'il faudra arrêter les vols en milieu de journée à cause de la canicule. Et puis surtout, dans le secteur Sud, les terres à traiter sont quadrillées de lignes haute tension. Un détail non négligeable qui gêne considérablement les pilotes.

Quelques minutes plus tard, l'avion est prêt à repartir.

Aussitôt, les mécaniciens se précipitent avec leur panneau stop pour barrer la route aux voitures.

Avec précaution, Patrick ajuste son masque respiratoire et retourne s'installer dans le cockpit de son appareil. Un poste de pilotage assez vaste pour un monoplace mais bien peu confortable si l'on considère que le pilote doit parfois y passer plus de 12 heures par jour.

Lorsqu'il arrive au niveau du propriétaire de la ferme, ce dernier lui adresse un sourire forcé.

- Soignez bien le boulot, mon vieux. Vous me coûtez très cher.

---

[1] La principale culture de la région de Ksiri est la betterave à sucre. Les raffineries de la région absorbent la totalité de la production locale.

- Ne vous inquiétez pas, réplique Patrick en grimpant sur l'aile du Pawnee. Je vais faire de mon mieux.

Après avoir sanglé son harnais de sécurité, Patrick enfonce le bouton rouge du démarreur et la grosse hélice du Pawnee commence à tourner au rythme des compressions.

Une épaisse fumée jaillit de l'échappement et le moteur démarre dans un grondement sourd. Au bord de la chaussée, le mécanicien lève le pouce pour lui faire signe qu'il peut y aller. La route est de nouveau coupée. Patrick est sur le point de refermer la grande glace latérale du cockpit lorsque Brahim un des mécaniciens, court jusqu'à l'avion.

Le Marocain a les cheveux ébouriffés par le vent de l'hélice. Il doit hurler pour couvrir le bruit du moteur.

- Faites gaffe aux lignes haute tension, monsieur Patrick. Il y en a beaucoup dans les parcelles Sud.

Puis, visiblement inquiet, il ajoute :

- Dans le coin, c'est du 225 000 volts.

Le pilote écarte une seconde son masque pour sourire au jeune mécanicien.

- T'inquiète pas, j'ai l'habitude.

Patrick ne dit pas la vérité... En réalité, ce pilote professionnel de 34 ans n'a qu'une expérience encore modeste du travail agricole. C'est vrai qu'il arrive tout droit du Soudan où il a fait de l'épandage pendant une année entière, mais il n'y a aucune comparaison entre les conditions de vol dans ces deux pays...

Le travail aérien au Maroc est plus difficile que partout ailleurs. Davantage de cultures à traiter, des conditions météo changeantes, des pluies plus fréquentes et un relief tourmenté rendent l'épandage plus complexe... Et puis justement, il y a toutes ces lignes à haute tension qui strient les cultures dans tous les sens et Patrick n'aime pas ça. Malgré la grosse lame acérée qui barre le pare-brise de son avion pour couper les câbles et éviter que le pilote ne soit décapité, au cas où... il n'y a pas de quoi se sentir rassuré de voler dans la région.

Surtout aujourd'hui...

En fait, c'est la première fois de sa vie que Patrick va devoir traiter au milieu des lignes électriques.

Et il ne se sent pas vraiment à l'aise. Car, contrairement à ce que pensent les néophytes, lorsqu'on travaille dans ce type de champs, il faut passer en dessous des câbles et surtout pas au-dessus. En effet, si l'avion passait par-dessus des lignes électriques, il devrait voler à plus de 30 mètres de hauteur. Dans ce cas, pas une seule goutte de produit n'atteindrait le sol.

Ce serait du gâchis pur et simple. Autant ne pas décoller.

Par ailleurs, pour Patrick, il n'y a aucun moyen de tricher en larguant le pesticide n'importe où dans la nature. Il y a beaucoup trop de témoins qui surveillent l'avion. Outre le client qui compte et recompte chaque passage le long des sillons, il y a les "jalonneurs" équipés de drapeaux à l'aide desquels ils montrent le bon sillon à traiter. Ils ne comprendraient pas...

Pour la première fois de sa vie, Patrick va donc

devoir passer sous les lignes électriques et ça ne l'enchante pas.

Mais alors pas du tout.

Lentement, il sort son avion du parking improvisé au bord de la route et vient le placer au centre de la route.

Un kilomètre plus loin, au bout de la ligne droite, un autocar a été arrêté pour lui laisser le champ libre au décollage. Malgré la distance, le pilote aperçoit les rayons du soleil qui se reflètent dans le pare-brise du bus.

La longueur de la ligne droite est tout à fait suffisante pour permettre au Pawnee de décoller. Même à pleine charge, il ne lui faut pas plus de 600 mètres.

D'un mouvement précis, la main gauche du pilote pousse la manette des gaz en avant. Sous le capot, les 235 chevaux délivrent toute leur puissance et l'avion s'élance sur la route. Sur le tableau de bord, toutes les aiguilles sont dans les zones vertes. L'avion est à son poids maximum d'une tonne et demie, il est un peu lourd aux gouvernes.

Lorsque l'aiguille du badin[2] atteint 70 nœuds, le pilote exerce une légère traction en arrière sur le manche et les roues du Pawnee quittent le goudron surchauffé. Encore quelques dizaines de secondes pour accélérer, puis Patrick vire à droite vers les nouvelles parcelles sud qu'il doit traiter.

Cette fois, les choses sérieuses vont commencer...

---

2 Instrument indiquant la vitesse.

Et ça ne va pas être du gâteau. Avant de partir pour cette nouvelle campagne, Patrick a demandé quelques conseils à René Boguin, le meilleur pilote de la compagnie. C'est certainement celui qui a le plus d'expérience de l'épandage dans toute l'Afrique. L'un des rares au monde a être capable de traiter dans toutes les conditions. Lorsqu'il y a des oliviers à flanc de collines, on fait appel à lui.

Boguin a été parfaitement clair :

- Pour traiter dans les lignes à haute tension, c'est pas difficile, mon gars : tu fais comme d'habitude.... Tu te colles les roues au ras du sol et tu ne regardes surtout pas les câbles. Tu voles exactement comme s'ils n'existaient pas. Regarde devant toi et ne lève pas la tête. Au début, c'est pas facile de passer en dessous mais tu y arriveras.

A mesure que Patrick approche de la nouvelle parcelle de betteraves, il se répète les paroles du vétéran : "Faire comme si les câbles n'existaient pas".

Facile à dire...

Heureusement que Patrick ne va pas être obligé de travailler dans les lignes haute tension dès les premières minutes de vol. Il va avoir le temps de se chauffer un peu avant d'attaquer les choses sérieuses.

Un coup d'œil rapide vers le sol lui permet de constater que le premier "jalonneur" du champ est déjà en place.

Quelques mètres plus bas, l'homme dresse un drapeau rouge pour lui montrer à quel endroit, la première passe de pesticide doit être larguée.

Les jalonneurs sont indispensables au pilote

pour se repérer dans les champs. Grâce à eux, il est possible d'opérer à la manière d'un laboureur et faire des aller et retour dans des champs immenses. Sans les jalonneurs, le pilote ne pourrait pas prendre des repères dans la verdure pour faire des sillons parfaits.

Sans hésiter, Patrick descend au ras du sol et s'aligne avec l'homme qui tient le drapeau rouge.

Une fraction de seconde après être passé à la verticale du jalonneur, il survole le début du champ de betteraves. Sans hésiter, il pousse sur la manette qui libère les freins des micronairs[3].

Aussitôt, un épais nuage blanc tombe derrière l'avion. Sous les ailes du Pawnee, les petits ventilateurs rouges se sont mis à tourner pour pulvériser le produit en minuscules gouttelettes. Le pesticide pulvérisé va lentement se nicher jusque dans les moindres replis des feuilles.

Une minute plus tard, le Pawnee arrive au niveau du second jalonneur à l'autre extrémité du champ. Virage à plat très légèrement en montée. Le temps de retour sur le champ ne doit pas dépasser une quinzaine de secondes, c'est un maximum pour ne pas gaspiller des heures de vol inutilement.

L'idéal c'est 13 secondes pour faire demi-tour.

Pendant le virage, les jalonneurs n'ont pas perdu de temps non plus. Ils se sont déplacés vers le sud d'une longueur correspondant à l'envergure de l'avion et ils ont pointé de nouveau leur drapeau vers le ciel..

---

[3] Petits ventilateurs entraînés par le vent relatif pour pulvériser le produit.

Et le Pawnee repart en sens inverse pour un nouveau "sillon".

Pour le moment ce n'est pas trop difficile. Patrick travaille normalement, le champ est parfaitement dégagé de tout obstacle.

Tout change vingt minutes plus tard, lorsque le premier jalonneur se déplace une fois de plus vers le sud. Car maintenant, la trace au sol qu'il définit avec son collègue se trouve barrée de biais par les quatre gros câbles d'une ligne de 225 000 volts...

Patrick n'a pas le temps de se poser de questions pour savoir s'il doit y aller ou non. Chaque minute de vol est facturée au propriétaire du champ et celui-ci n'apprécierait pas de voir le pilote aller se promener pour réfléchir sur ses capacités à travailler.

Il faut y aller et tout de suite...

Nouveau virage à plat "en table de bistrot". Alignement avec le jalonneur.

Patrick sent de grosses gouttes de sueur qui lui coulent sur le front. Et cette fois, il sait que la température extérieure n'y est pour rien. Son estomac est noué par une sourde angoisse. Sans s'en rendre compte, il mordille nerveusement sa lèvre inférieure.

Légère pression sur le manche pour plonger vers le sol.

Altitude : 10 mètres, 5 mètres, 2 mètres...

Le Pawnee survole le drapeau du jalonneur. Action sur la manette des freins de micronairs. C'est reparti... Une nouvelle fois, le pesticide se répand en un nuage toxique derrière l'avion.

Ne pas regarder les énormes câbles tout au bout là-bas qui lui barrent le chemin. Faire comme s'ils n'existaient pas... Facile à dire, même René Boguin, le vétéran, a accroché tant de lignes à haute tension au cours de sa carrière que les mécaniciens l'ont surnommé monsieur 100 000 volts.

L'avion traverse la parcelle à près de 200 kilomètres à l'heure... L'instant critique arrive à une vitesse folle.

Le cœur de Patrick bat à toute allure.

De part et d'autre, les énormes pylônes métalliques se dressent comme des tours de garde menaçantes.

Le pilote ne regarde plus le champ de betteraves. A mesure qu'il approche de la ligne, ses yeux remontent vers les câbles qui s'approchent de lui à toute vitesse.

Ne pas bouger. Garder la basse altitude...

La ligne haute tension est tout près...

C'est à la dernière seconde que Patrick va craquer...

Au moment où le Pawnee va s'engager sous les énormes câbles d'acier, le pilote change brusquement d'avis. Il tire sur le manche pour passer par-dessus. A cet instant précis, il a l'impression de commettre une des plus grosses erreurs de sa vie.

Il ne se trompe pas...

Le pilote a la sensation que la suite des événements se déroule comme dans un film au ralenti et pourtant, tout se joue en une fraction de seconde.

Le Pawnee est encore lourd... Il réagit mal aux

commandes. Le capot se dresse péniblement vers le ciel comme s'il était pris dans de la colle. L'air est terriblement chaud, ce qui diminue considérablement les performances de la machine.

Au lieu de grimper par-dessus les câbles, l'avion se met aux grands angles et fonce dessus. Du coup, Patrick voit avec effroi les tresses de métal qui se précipitent vers son hélice.

Cette fois, il est fichu...

Dans un ultime réflexe de survie, le pilote tire de toutes ses forces sur le manche, bloquant carrément la profondeur contre son ventre. L'appareil se cabre encore davantage mais ne monte pas pour autant. C'est seulement l'angle d'incidence qui augmente jusqu'à déclencher l'avertisseur de décrochage.

Ca va passer...

Pendant un millième de seconde, Patrick a la sensation d'être tiré d'affaire. Il croit être passé de justesse par-dessus.

Ce n'est pas le cas.

Un violent craquement retentit dans la structure de l'avion. Dans le même instant, le pilote est projeté en avant sous l'effet d'un freinage d'une puissance terrible. S'il n'y avait pas les gros harnais rouges pour le maintenir collé sur son siège, il serait projeté à travers le pare-brise.

Dans sa tête, Patrick a immédiatement réalisé ce qui lui arrive. Il vient d'accrocher le câble. Il est perdu.

Il hurle.

- Quel con...

Au même moment, le nez de l'avion plonge vers

le sol. Les feuilles de betteraves semblent se précipiter vers le visage du condamné. L'avion va toucher la terre du champ et être pulvérisé.

Le pilote serre instinctivement les dents en attendant le choc qui va le détruire.

Mais étrangement, rien ne vient et les choses prennent soudain une tournure totalement inattendue...

Au moment où l'hélice entre en contact avec le sol, elle fait gicler dans tous les sens un magma de mottes de terre et de feuilles vertes. Aussitôt, le moteur cale mais le crash est beaucoup moins violent que Patrick ne l'aurait cru.

C'est presque doux.

Le pilote n'a pas le temps de se demander s'il est mort qu'il se produit un phénomène incroyable. Dès que le gros capot en polyester a touché le sol, le Pawnee commence à reculer.

D'abord lentement, puis de plus en plus vite.

Le bruit de raclement sur le sol est effarant. Comme s'il roulait en voiture à fond sur un chemin de graviers avec les quatre pneus crevés

Patrick ne peut retenir un hurlement. Sur le moment, il ne comprend pas ce qui lui arrive. Il a la sensation désagréable d'être un Lilliputien happé par une main de géant qui l'aurait attrapé par le fond de son pantalon pour l'examiner.

Malgré ses cris, l'avion recule de plus en plus vite...

Puis tout à coup c'est le silence... Ce n'est pas que le mouvement de marche arrière a cessé, ça recule toujours, mais à présent, le capot ne touche plus terre. Puis le mouvement cesse et ça repart brusquement vers le sol. Un temps d'arrêt, puis ça repart en sens inverse dans un mouvement de va et vient impressionnant.

Il ne lui faut pas bien longtemps à Patrick pour réaliser que son Pawnee a accroché la ligne électrique et qu'il est maintenant pendu par la queue comme un vulgaire jambon. La position est à la fois extraordinaire et complètement ridicule.

Ce sont les jalonneurs qui se précipitent les premiers sur le lieu du drame. Puis les mécanos arrivent, suivis du propriétaire du champ dans son superbe 4 x 4. Tous sont médusés par le spectacle de cet avion accroché par sa roulette de queue à un câble haute tension.

- Ca vous arrive souvent ce genre d'accidents, demande le fermier aux mécaniciens éberlués.

Les hommes d'Agricolair ne savent trop que répondre... Ils sont partagés entre l'inquiétude pour le pilote et un énorme fou rire qui commence à leur chatouiller doucement les côtes.

Peu à peu, le mouvement de balancier se calme.

- Est-ce que ça va, demande alors un des mécanos à l'intention de Patrick.

Là-haut, il y a un claquement sec... La vitre de plexiglas s'ouvre brusquement et une voix lointaine réplique.

- Ca pourrait aller mieux...

Les spectateurs ont tous la tête en l'air pour examiner la position incroyable de l'appareil. Le capot de l'avion pend à deux mètres au-dessus de leur tête. Il semble assez abîmé. Tout le nez est cabossé et l'hélice s'orne d'une paire de moustaches consécutives à l'impact dans le champ de betteraves.

Chacun ressent un immense soulagement en comprenant que le pilote n'est pas blessé même si la position qu'il occupe est loin d'être une situation d'avenir. Ce serait même plutôt le contraire car des craquements menaçants prouvent qu'il ne faut pas rester là à rêver.

L'appareil ne tiendra pas ainsi éternellement. D'autant que la cellule en a pris un sacré coup pendant son "retour en vol" en marche arrière. Elle pourrait bien se briser en deux morceaux.

- Il faudrait peut-être essayer de descendre, conseille sagement Brahim au moment où de nouvelles vibrations inquiétantes secouent la machine.

Au sol, tout le monde approuve aussitôt... Les deux pylônes métalliques qui soutiennent les câbles sont tordus en direction de l'avion. Si la torsion s'accentue le Pawnee va toucher le sol, cela créera un court-circuit qui grillera l'occupant de l'appareil.

- Tu devrais sauter, conseille Brahim. Il n'y a rien d'autre à faire...

Nouvelle approbation générale. Les spectateurs sont de plus en plus nombreux à accourir de partout dans le champ mais chacun sait que, quoi qu'il arrive, on ne pourra pas toucher l'avion sous peine d'être électrocuté.

Avec précaution, le pilote sort alors de la carlingue. D'une main, il s'accroche au montant du pare-brise et de l'autre, il s'agrippe au hauban de l'aile gauche. A ce moment, il se trouve à environ 3 mètres de hauteur.

Du sol, on n'aperçoit que ses semelles qui se balancent dans le vide au-dessus des têtes.

Lentement, Patrick se laisse glisser le long du capot moteur puis reste pendu aux pales de l'hélice.

Il semble hésiter à se lâcher lorsque de nouvelles vibrations dans le câble font bouger la cellule de manière inquiétante. Soudain, il y a un nouveau gémissement de métal et l'avion descend de quelques centimètres supplémentaires.

- Saute, bon sang, insistent tous les spectateurs avec un bel ensemble.

Terrorisé à l'idée de voir le Pawnee se décrocher du câble, le pilote finit par ouvrir les mains pour se laisser tomber.

Bien que la hauteur de la chute ne représente pas plus de deux mètres, il atterrit plutôt durement sur la terre durcie et pousse immédiatement un cri de douleur.

On se précipite vers lui.

- Je crois que je me suis foulé la cheville...

Mais personne ne prend le temps de le plaindre. La brusque diminution de poids de l'avion a provoqué de nouvelles oscillations dans le câble et l'ensemble se remet à monter et à descendre comme un ascenseur soutenu par un élastique.

Une fraction de seconde plus tard, il y a un nouveau craquement et le Pawnee descend encore de 50 centimètres.

- Vite, il faut t'écarter de là, hurle Brahim, d'une voix affolée... Il va te tomber sur la gueule.

Le Marocain a vu juste... Il y a un nouveau grincement sonore dans le pylône de droite. Cette fois, c'est la structure métallique toute entière qui semble donner des signes de faiblesse. Les vibrations se répercutent à travers le câble comme dans une immense corde de guitare. Tous les bruits sont amplifiés car l'avion agit comme une caisse de résonance.

Un nouveau cri retentit .

- Il va tomber...

Quelqu'un montre le pylône. Aucun doute, celui-ci est en train de plier. Le câble se détend et l'appareil descend d'un coup d'un bon mètre vers le sol. Le métal crisse comme si on forçait une vieille porte rouillée.

- Attention, on va le prendre sur la tête, hurle Brahim en pointant un doigt vers le Pawnee.

Tout à coup, c'est la panique... Dans un réflexe remarquable, les mécaniciens saisissent le pilote sous les aisselles et le tirent hors de portée.

Nouvelle descente d'un étage...

A présent, l'hélice est à moins de 20 centimètres du sol. Pour les spectateurs, il suffirait de tendre la main pour toucher le capot du Pawnee, ce que personne ne se risque à faire, bien entendu. Dans quelques secondes, le contact va s'établir avec la terre. Vu le voltage, ça risque de provoquer des grosses étincelles.

Par prudence, les gens s'éloignent sur la pointe des pieds.

Patrick est maintenant à plus de 200 mètres du lieu du crash. Il est totalement hors de danger.

- Bon sang, tu l'as échappé belle, murmure Brahim sans pouvoir détacher les yeux de l'avion.

La cheville du pilote enfle à vue d'œil. On l'installe rapidement sur le plateau d'un pick-up 404 et on le transporte à l'hôpital

Ce n'était pas vraiment nécessaire... L'homme est un peu choqué mais il est vivant et c'est le principal. Une simple foulure pour quelqu'un qui vient de rester pendu à une ligne de 225 000 volts, ce n'est pas cher payé...

Étrangement, le Pawnee ne poursuit pas sa lente descente vers la terre. Il reste plusieurs heures accroché à son fil à linge jusqu'à ce que la compagnie d'électricité fasse savoir que de toute façon, il n'y a absolument aucun risque : la ligne haute tension n'est pas terminée. Sa mise en service n'est prévue que pour le mois suivant...

MON CRASH

Les moteurs tombent parfois en panne en plein vol... Quand l'avion n'en a qu'un seul, le pilote doit alors tenter de se poser n'importe où...

Alors qu'il est Leader de Patrouille acrobatique, l'auteur de cet ouvrage en a fait l'expérience[1].

OVAR
30 juin 1993...
7 heures du matin.

C'est l'été... La saison des meetings aériens bat son plein. Chaque week-end, en compagnie de la Patrouille de France et des autres grandes formations mondiales, notre patrouille exécute des shows aériens avec ses sept avions attachés. Comme chaque année, le succès est au rendez-vous... La demande des organisateurs est si forte que les patrouilles acrobatiques ne peuvent satisfaire tout

[1] Ce crash a déjà été raconté succintement dans un ouvrage précédent: FRISSONS DANS LE CIEL (éditions Altipresse) mais les circonstances dans lesquelles il s'est produit lui confèrent un caractère miraculeux.

le monde. En ce qui nous concerne, il nous arrive parfois de faire jusqu'à trois présentations par week- end dans des endroits différents.

Dans ces conditions, les moteurs de nos appareils sont très sollicités et ils souffrent. Notre équipe de maintenance fait des merveilles. Elle nous assiste en permanence. Quel que soit l'endroit, les mécaniciens suivent la patrouille dans un avion cargo avec du matériel et des pièces détachées, mais les conditions de travail sont très difficiles pour eux. Les hommes doivent souvent veiller tard la nuit pour assurer l'entretien des machines.

Un travail formidable...

Ce 30 juin 1993, nous sommes au lendemain d'un meeting aérien au Portugal. Tout s'est parfaitement bien passé. La manifestation a attiré plus de 100 000 spectateurs et grâce aux cordes qui attachent nos avions pendant le show[2], notre formation a obtenu son succès habituel... Maintenant, il faut partir.

Le soleil se lève...

Dernière cérémonie d'au revoir de la part des officiels et du Commandant de la base, puis nous décollons à destination de Biarritz où dès le lendemain, nous devons faire un autre show aérien.

Un dernier passage en formation serrée au-dessus de la base aérienne et puis nous mettons le cap vers le nord-est.

---

[2] La patrouille Acrobatique "Marche Verte" dont l'auteur est pilote Leader présente un Show de voltige aérienne avec 7 avions attachés par des cordes. Le public apprécie !

Avant le décollage, nous avons eu un contact téléphonique avec les organisateurs de la prochaine manifestation qui va avoir lieu sur l'aéroport d'Anglet. Ils nous attendent. Tout est déjà prêt là-bas pour recevoir nos avions... Des dizaines de milliers de spectateurs passionnés sont pressentis pour le meeting et les média locaux ont mis le paquet sur la présence de plusieurs patrouilles acrobatiques célèbres.

Nous pensons que Biarritz sera un show supplémentaire dans une saison déjà bien remplie.

Nous nous trompons... Nous n'arriverons jamais à Biarritz.

Ce jour-là, la météo est très mauvaise sur l'Espagne. A la dernière minute, j'ai décidé de changer l'itinéraire de notre plan de vol. Au lieu de prendre une route directe vers la France, à partir du Portugal, je prévois d'éviter le plus gros des orages en remontant jusqu'à Saint Jacques de Compostelle. De cette manière, nous couperons les reliefs de la Galice par le nord-ouest de la Péninsule et rejoindrons ensuite Asturias sur la côte nord de l'Espagne.

Cette route est un peu plus longue mais d'après les dernières photos des satellites météo, le temps y semble un peu moins mauvais.

Nous sommes maintenant en vol depuis une demi-heure. Nous venons de franchir la frontière entre le Portugal et l'Espagne... Ce n'est pas très brillant. Nous traversons en permanence des grosses averses de pluie qui s'écrasent bruyamment sur nos pare-brise. Par moments, de puissantes rafales de turbulences nous secouent violemment, puis tout redevient calme... Ces phénomènes sont la preuve d'une instabilité grandissante qui va se développer au cours de la journée... D'ailleurs, sur notre droite, vers l'Est, les reliefs sont déjà très accrochés par des nuages noirs. Malgré l'heure matinale, des éclairs frappent les sommets.

Aucun avion, même le plus solide, ne pourrait traverser ces énormes cumulonimbus en évolution rapide.

Du fait de la météo médiocre, nous ne pouvons pas voler très haut. En temps que patrouille acrobatique, nous nous déplaçons en régime VFR[3] et nous n'avons qu'un seul plan de vol pour nos appareils. Nous volons donc en formation "relaxe" à une dizaine de mètres les uns des autres. Pour les convoyages, il serait inutile et fatigant d'adopter des positions aussi rapprochées que celles que nous prenons au cours de nos shows acrobatiques devant le public. Dans ces cas-là, nous sommes à moins de deux mètres les uns des autres, parfois même moins, lorsque nous attachons les avions.

Depuis le décollage d'Ovar, mon moteur semble tourner normalement. Pourtant à mesure que le temps passe, je réalise que quelque chose ne va pas dans ma machine... Bien que j'affiche la même

[3] Visual Flight Rules : Vol à vue.

puissance que lors des autres convoyages, la consommation paraît beaucoup plus importante.. Cela ne fait qu'une demi-heure que nous sommes en vol et j'ai déjà consommé près d'un tiers de plus que la normale.... Si ça continue, je ne vais pas pouvoir atteindre Biarritz.

Je pense tout d'abord que c'est moi qui ai fait un mauvais réglage du mélange, mais ce n'est pas le cas. Je suis loin de m'imaginer qu'une durite d'alimentation de carburant est fendue et que la rupture totale est sur le point de survenir.

Vers 7 heures 40, la patrouille est à peu près à 800 pieds au-dessus des sommets de la Galice, lorsque soudain mon moteur émet un drôle de claquement. Un bruit sec qui ressemble à un morceau de métal qui se briserait quelque part sous le capot.

Sur le tableau de bord, l'aiguille du fuel flow se met tout à coup à battre follement. Bien sûr, il peut s'agir d'un simple défaut de l'instrument mais mon instinct me souffle que c'est plus grave.

Quelques secondes plus tard, le moteur se met à vibrer.

J'ai à peine le temps de jeter un coup d'œil à la pression d'admission que le Lycoming a un hoquet plus violent que les autres et qu'il s'arrête...

Un silence brutal envahit le cockpit. Il n'y a plus que les sifflements des filets d'air glissant autour de mon appareil.

Mes équipiers ont compris immédiatement qu'il se produisait quelque chose d'anormal. Au moment de l'arrêt du moteur, ils ont eu l'impression que mon avion se bloquait sur place... un peu comme si j'avais brusquement sorti les aérofreins sans les prévenir. Emportés par leur propre vitesse, ils sont tous passés devant moi.

Avant même que j'aie eu le temps de parler, le numéro 6 m'interroge d'une voix très inquiète :

- Leader, vous avez un problème ?

- Je crois que oui...

- Grave ?

- Stand Bye... Je cherche, dis-je en tentant d'analyser à toute vitesse l'origine de l'arrêt de mon moteur.

Mes mains courent sur la tableau de bord : je pousse la manette sur plein riche, je branche la pompe électrique et procède à un changement de réservoir.

Il faut faire vite... Étant donnée ma faible altitude, je sais que je ne dispose que de très peu de temps avant de me retrouver par terre.. Malgré tous mes efforts, rien n'y fait. La machine ne repart pas.

Aucun doute, c'est vraiment la panne...

Mon cœur bat un peu plus fort dans ma poitrine... Depuis que je vole sur des avions monomoteurs, je sais bien que je suis à la merci de ce type d'incident. Je m'y suis entraîné souvent. En tant qu'instructeur, j'ai toujours obligé mes élèves à travailler ce genre d'exercice. Nous le pratiquons en simulant toutes sortes d'avaries techniques... Même les pannes moteur en vol sur le dos ou au cours de figures acrobatiques sont étudiées. Ce sont les plus difficiles à gérer pour tout le monde. L'avantage en entraînement, c'est que, quand ça se passe mal, il suffit de remettre les gaz et on recommence autant de fois qu'on le veut... Puis on en parle au débriefing, on analyse ce qui a cloché et on apporte des corrections.

Aujourd'hui, ce n'est plus un exercice... Je travaille sans filet... Avec les reliefs qui pointent sous mes ailes, j'ai soudain conscience que si je loupe mon coup, je n'aurai pas de seconde chance...

A la moindre erreur... je suis mort...

En effet, en dessous, c'est loin d'être un paradis pour pratiquer ce genre d'entraînement. L'endroit est très montagneux... Il y a des lignes haute tension qui traversent les vallées de part et d'autre. Des forêts épaisses le long des pentes. Et dans les rares endroits où les bois sont moins denses, ce ne sont que des blocs rocailleux impressionnants qui empêchent tout atterrissage d'urgence. Absolument pas l'endroit dans lequel un instructeur pourrait emmener ses élèves pour s'entraîner aux pannes moteur.

J'annonce sur la fréquence à l'intention de mes équipiers :

- En panne moteur. Il faut que je me pose...

Et puis je rajoute la traditionnelle petite phrase qui donne toute son intensité aux messages radios quand les choses vont vraiment mal :

- Ceci n'est pas un exercice...

A partir de cet instant, personne n'a posé la moindre question, ni donné de conseils inutiles. D'ailleurs, dès que mon avion s'est freiné, tout le monde avait déjà compris que c'était grave. Jamais un leader n'aurait réduit les gaz de cette manière sans prévenir ses équipiers. Chacun sait que je suis dans le pétrin. Dans l'équipe, tous les pilotes sont des navigants exceptionnels aussi bien que de vrais amis... Ils tournent autour de moi comme des oiseaux protecteurs sans trop se rapprocher pour ne pas me gêner... A cet instant, je sais qu'ils se font beaucoup de souci pour moi.

La voix d'un de mes équipiers résonne brièvement sur la fréquence.

- Bonne chance, Leader...

Je n'ai pas le temps de laisser libre cours aux sentiments mais l'encouragement me fait du bien.

Les choses vont très vite à présent... Freiné par sa grosse hélice tripale, mon avion chute comme un pavé.

Le sol se rapproche...

Je bats des ailes à droite et à gauche pour choisir un terrain. Il faut prendre une décision à toute vitesse. Faire comme pendant l'entraînement : repérer le vent, venir se placer en vent arrière. Travailler l'ouverture du dernier virage. Glisser, juste ce qu'il faut.

Et surtout choisir le bon emplacement pour l'impact...

En fait, ce jour-là, je n'ai pas vraiment le choix... A part une minuscule clairière en montée sur ma droite, il n'y a absolument aucun autre endroit où je pourrais tenter de me poser.

Vu du ciel, le champ me paraît terriblement court. Il l'est encore plus que je le crois... Plus tard, l'enquête établira que le terrain mesurait exactement 149 mètres. Heureusement, il est vraiment très en pente. Il faut que je me pose dans le sens de la montée, c'est la seule solution pour me freiner. Le problème, c'est que l'approche est malsaine à cause des arbres. Il y en a surtout deux qui m'inquiètent. Beaucoup plus hauts que les autres, juste dans l'axe de mon terrain de fortune.

Ca ne va pas être une mince affaire de réussir à atteindre cette minuscule piste improvisée...

Chaque seconde qui passe me rapproche inexorablement de la planète et de mon destin...

L'avion n'est pas un modèle de finesse... Tout va très vite, je chute comme un caillou.

Tout en travaillant mon approche, je resserre mon harnais au maximum. Ces sept grosses sangles de voltige qui me permettent de faire corps avec ma machine dans les positions acrobatiques les plus folles... Dans quelques secondes, au moment de l'impact, elles me seront de la plus grande utilité.

Dans ma tête, les paramètres d'approche tournent à toute vitesse... J'ai une pensée fugace pour ma mère... Je ne voudrais pas la faire pleurer... Cette fois, ça ne va pas être du gâteau. Le CAP 231 est un avion de voltige qui possède d'énormes qualités sauf celles de pouvoir se poser facilement sur une piste non préparée. Sa vitesse d'approche est beaucoup trop rapide pour ces plaisanteries.

Je me place en dernier virage.

Respirer calmement...

Avoir la bonne trajectoire. Evaluer l'altitude... Maintenir exactement la bonne vitesse car c'est là que tout va se jouer. Si ma finale est trop rapide, je vais effacer mon champ en un clin d'œil et me retrouver dans les rochers tout au bout. Au contraire, si je suis trop lent, je vais décrocher et me planter dans les pins en bordure...

Le versant approche...

Je fais une glissade pratiquement entre les deux grands arbres pour tenter de gratter quelques mètres en moins vers le point que j'ai choisi comme impact à l'entrée de la clairière. Mes ailes frôlent les résineux. Au passage, j'aperçois distinctement les branches qui battent sous le souffle de mes filets d'air.

Fais attention à toi... Pas de mouvements trop brusques... Ma vitesse est à la limite du décrochage

Incliné à 50 degrés en glissade, l'avion a plongé dans le trou entre les arbres.. Ouf, c'est passé juste où il fallait.

La clairière arrive devant mon capot...

Je bloque la glissade à la dernière seconde. Avant de toucher le sol, je remets l'avion juste dans l'axe du champ. Bon sang, mon terrain est encore plus court que je ne l'imaginais vu de là-haut... C'est tout juste un petit bout de clairière plantée à flanc de montagne

Cette fois, c'est l'instant de vérité.

J'arrondis... davantage pour plaquer le fuselage de l'avion parallèle à la pente que pour soigner l'impact de l'atterrissage.

L'avion touche à la limite de la perte de vitesse. Le choc n'est pas violent. C'est presque un Kiss...

Au moment où la machine prend contact avec le sol, je respire un peu mieux. Maintenant, il faut que je m'arrête le plus vite possible, autrement, je vais me prendre ces rochers là-bas de plein fouet... L'extrémité de la clairière se précipite devant mes yeux à toute vitesse.

Par chance, il a beaucoup plu récemment. Le sol est complètement détrempé... Le train d'atterrissage s'enfonce immédiatement dans une énorme plaque de boue qui imprime un violent freinage à la machine.

Ca bloque plus fort que si j'avais un ABS... Je ne peux rien faire pour retenir mon avion. Le freinage est si fort que l'appareil a comme un sursaut de cheval rétif... Je sens qu'il va se retourner. Je bloque le manche au ventre de toutes mes forces mais rien n'y fait... le freinage de la boue est trop brutal...

D'un seul coup, la planète bascule devant mon pare-brise comme dans une boucle inversée. Je suis projeté en avant. Par bonheur, les sangles de voltige me maintiennent collé à mon siège et m'empêchent d'être plaqué contre le tableau de bord.

Tout s'inverse. Les arbres prennent la place du ciel...

Aie ! Cette fois, ça va faire mal...

Dans l'impact, la verrière se brise et les montants latéraux du cockpit s'enfoncent dans la terre meuble, ne laissant qu'un minuscule rai de lumière de part et d'autre. Puis tout s'arrête d'un coup.

Plus un bruit.

Je me retrouve dans une demi-obscurité, pendu dans mes bretelles, la tête en bas. Il ne me faut que quelques secondes pour analyser la situation. Nul besoin de tâter mes membres... je suis indemne. Le problème, c'est que je suis prisonnier sous l'avion. Mon cockpit est devenu une minuscule geôle de laquelle, je ne vois pas comment je vais pouvoir m'échapper.

Toujours la tête en bas, je réfléchis à toute vitesse..

Le silence soudain contraste avec la brutalité du retournement. Maintenant, je suis tout seul comme un rat pris dans un piège. Comment est-ce que je vais me sortir de ce guêpier?

Je reste quelques instants parfaitement immobile pour reprendre mes esprits, mais ça ne dure pas...

Au-dessus de moi, il se passe quelque chose qui me fait frémir.

Quelque chose de froid me coule dans le dos. Je n'ai pas besoin de me poser la question très longtemps pour comprendre ce que c'est :

De l'essence...

Je sens le liquide qui descend du creux de mes reins et arrive rapidement jusque dans mes cheveux... Puis le carburant s'écoule de ma tête en un mince filet dans la verrière brisée. Pas question de rester à rêver en me posant des problèmes existentiels. Le cœur bat un peu plus vite mais l'instinct de survie est là.

Il faut que je m'échappe de ce piège mortel... Agir vite, mais surtout ne pas faire n'importe quoi.

Primo : ne toucher à aucun interrupteur. La moindre étincelle me serait fatale.

Secundo : Oter mes ceintures sans essayer de me retourner. Surtout pas. Ce serait une erreur. Le poste de pilotage du 231 est trop étroit pour cela et de toute façon, ça ne servirait à rien. S'il existe une sortie, c'est vers le sol qu'elle se trouve, pas vers le haut.

Tertio : Comme il n'y a pas d'issue apparente,

pour me dégager, il n'y a qu'une solution : creuser. Toujours à l'envers, la tête en bas, je me transforme immédiatement en véritable chien de chasse à la poursuite d'un lapin dans un terrier profond.

A toute vitesse, je m'use les ongles pour dégager un passage. La terre gicle dans tous les sens à l'intérieur du cockpit. Je mets toute mon énergie pour ouvrir un tunnel sous le montant du fuselage.

Il ne faut pas penser à cette odeur terrible. Ne pas paniquer quand je lève la tête et que l'essence me dégouline sous le menton puis remonte jusque sur mon front..

Le liquide coule toujours à un rythme régulier. J'entends les bulles d'air qui remonte quelque part dans le réservoir à mesure que le carburant s'écoule sur moi. L'odeur devient entêtante. Je suis complètement trempé... Malgré mon calme, j'ai très peur de ce qui peut arriver.

Les pieds en l'air toujours à demi enfilés dans les sangles du palonnier, je creuse comme un chien fou. Quand je pense que je râlais après X-Ray, ma chienne Berger Allemand, lorsqu'elle faisait des trous dans les jardins. A cet instant, je donnerais n'importe quoi pour qu'elle soit là à mes cotés pour me donner un coup de pattes..

Peu à peu, la fente vers la lumière se fait plus large. Du coup, je m'acharne de plus belle pour agrandir le trou. En quelques minutes, je réussis à me frayer un passage sous le fuselage.

La tête passe...

A cet instant, l'air frais a un parfum que je n'oublierai jamais. Je rampe comme un ver de terre.

Les épaules... Je retiens ma respiration pour passer le torse en me tortillant par à-coups.

Enfin, je suis libre.

Couvert de boue, les cheveux et le dos imbibés de carburant mais sain et sauf, je me retrouve en pleine nature à agiter les bras pour rassurer mes équipiers qui tournent toujours en rond au-dessus du champ.

Ils sont fous d'inquiétude.

Tout va bien les gars...

Je les entends parler sur mon poste VHF, toujours branché dans l'épave. Ils appellent notre avion de logistique qui se trouve quelque part en altitude. D'une voix bouleversée, le numéro 6 transmet l'information que le Leader de la patrouille vient de se crasher. Il lui dit qu'il me voit debout à côté de l'épave mais qu'il ne sait pas si je suis blessé.

J'agite les bras de plus belle. Tout va bien... Ne brûlez pas votre carburant inutilement. Je suis vivant.

Par liaison H.F., le commandant de bord de l'avion de transport appelle l'état-major à plusieurs centaines de kilomètres. Dans quelques secondes, tout le monde sera au courant de l'accident. Puis mes équipiers passent une dernière fois au-dessus de moi pour se rassurer et ils retournent sur la base d'Ovar au Portugal.

La disparition des mes camarades crée comme un vide soudain...

Le silence brutal de la montagne me tombe dessus comme une chape de plomb. Je regarde autour de moi. Je suis entouré de grands arbres, des pins qui sentent bon la nature sauvage. Je fais le tour de l'avion pour évaluer les dégâts. A l'exception du cockpit qui a été défoncé au moment du retournement, l'appareil n'a pas grand chose. Si on parvient à le sortir de ce trou perdu, il devrait pouvoir revoler un jour.

Soudain, il y a un craquement sur ma droite.... je me retourne. Un paysan s'approche une grosse scie sur l'épaule. Il a vu l'avion tomber et il s'est aussitôt précipité.

L'homme me regarde à peine. Son premier réflexe est de tourner autour de l'avion en cherchant par où j'ai bien pu m'extraire de ce piège. L'essence continue à couler dans la terre provoquant une mare à l'intérieur du trou.

Au bout de quelques secondes, le paysan porte son index à sa tempe. Il me demande dans un espagnol rapide.

- Pourquoi vous êtes venu atterrir à cet endroit? C'est pas un aéroport ici...

Je n'ai pas envie de lui donner de détails. D'ailleurs mes connaissances en espagnol ne sont pas assez bonnes pour lui expliquer que j'ai eu une panne moteur. Et puis, pour le moment, mon principal souci est d'ouvrir ma combinaison de vol et de la rouler sur ma taille pour ne plus sentir cette terrible odeur de carburant qui m'entête.

Un peu las, je lui murmure :

- Je ne comprends pas...

Visiblement, ma réponse ne le satisfait pas. Il veut en savoir plus sur mon crash et m'interroge de nouveau. Je ne parviens pas à savoir s'il râle parce que je me suis planté à cet endroit ou si c'est sa façon de parler. Finalement, sans plus écouter ses questions, je m'assois sur un rocher entre deux arbres et je regarde la vallée qui se déroule à mes pieds. Le paysage est magnifique et je ne peux m'empêcher de regarder la nature avec des yeux nouveaux.

Je suis vivant...

Un moment plus tard, une Land Rover de la Guardia Civile me récupère au bord d'un chemin de terre. Intrigués, les policiers veulent voir l'avion... Une fois sur place, ils font les cent pas autour de l'épave retournée. Ils se demandent comment j'ai pu sortir vivant de là-dessous. A leurs yeux, je suis un miraculé. Fournir des explications n'est pas mon souci principal pour l'instant. Il faut que je téléphone au contrôle régional espagnol pour donner de mes nouvelles et surtout indiquer ma position exacte. C'est cela la priorité...

Apparemment pour les trois Gardes Civils, rien ne presse de ce côté-là. Ils n'ont qu'une idée en tête : me conduire à l'hôpital car je dois forcément être blessé. Impossible de leur faire admettre que je puisse être indemne après m'être crashé dans la montagne avec un avion.

Je sais parfaitement que je n'ai nul besoin de me faire soigner... A part quelques éraflures sans gravité sur le visage et des ongles un peu trop usés, je n'ai absolument rien.

Dans mon esprit, le plus important, c'est justement de faire savoir à mes équipiers que je suis sain et sauf.

- Hôpital, répète le chef des gardes-civils.

- Téléphone, insiste le miraculé qui sent toujours l'essence.

Je tiens bon.

Après une longue tergiversation, les gardes-civils finissent par céder. En bougonnant, ils me conduisent dans une de leurs permanences perdue au fond d'un petit village planté à flanc de vallée. Ils ne me quittent pas des yeux... Visiblement, ils craignent que j'aie un traumatisme caché quelque part et que je leur reste sur les bras... Finalement, d'un air un peu excédé, ils me désignent un poste téléphonique équipé d'un cadran datant d'une autre époque.

J'obtiens le standard de l'aéroport de Vigo. L'opérateur me laisse en attente et je dois rappeler. Après plusieurs tentatives difficiles, il finit par me passer le contrôleur de service à la Tour.

Il se passe alors une scène étonnante :

Avant que j'aie pu placer le moindre mot, le contrôleur m'apostrophe d'une voix autoritaire :

- Désolé... Pas le temps de prendre un appel extérieur. J'ai un avion qui vient de se crasher dans la région. Vous patientez un moment...

Et sans attendre ma réponse, il pose le téléphone à côté de lui et continue son travail à la tour. Stupéfait, je l'entends alors donner des directives à des hélicoptères qui sont visiblement en train de me chercher...

- Est-ce que vous avez fouillé à cet endroit ?

- Et vous, qu'est-ce que ça donne dans ce coin-là, il faudrait plutôt vérifier qu'il n'est pas tombé par là, etc.

J'ai beau crier dans le combiné que je suis au bout

du fil et que je peux fournir tous les renseignements qu'il désire, rien n'y fait. Le gars m'oublie complètement et j'attends pendant... 25 minutes.

Le temps passe et je reste le combiné à l'oreille sans dire un mot. Du coup, les policiers espagnols qui passent et repassent à côté de moi finissent par me regarder d'un œil soupçonneux.

C'est seulement au moment où je suis sur le point de raccrocher que le contrôleur semble brusquement se souvenir qu'il a quelqu'un sur une ligne extérieure. Il me lance alors un "*digame*"[4] agacé, à la limite de la politesse. Dans un espagnol hésitant mais ravi, je lui annonce :

- *Soy el piloto que usted busca...*[5]

A l'autre bout du fil, il y a un moment de silence incrédule. Je ne peux m'empêcher de jubiler en imaginant les yeux stupéfaits de mon interlocuteur. Puis soudain, avec un véritable cri de joie, le bonhomme reprend le micro de sa radio et lance sur la fréquence à l'intention d'un hélicoptère.

- Manuel, Manuel... C'est moi qui l'ai retrouvé...

Une heure plus tard, un hélicoptère Bell 212 vient me récupérer. Après une demi-heure de vol, il me dépose directement sur l'aéroport de Vigo où notre avion de support logistique m'attend.

Soulagement intense des copains. Peur rétrospective... Accolades chaleureuses. Retour à la vie...

Le lendemain, la presse espagnole publie des

---

[4] Allo.

[5] Je suis le pilote que vous cherchez...

photos de cet avion qui s'est écrasé dans la montagne. Les journalistes s'en donnent à cœur joie pour parler du pilote miraculé qui a certainement droit à une deuxième vie.

L'avion accidenté a été récupéré quelque temps plus tard par notre équipe technique. Travail long et difficile effectué par tous les mécaniciens pour le transporter par camion à travers la montagne.

En peu de temps, l'appareil a été entièrement réparé et remis en service au sein de notre patrouille.

Il y vole encore aujourd'hui sous le numéro 9...

SOMMAIRE

Du même auteur

Frissons dans le ciel

Pourquoi ils sont tombés.

Les chevaliers du ciel

avec François Besse, Germain Chambost et Frederic Lert

Technique du vol Acrobatique

ouvrage pour professionnels de la voltige aérienne.

Catastrophes aériennes
Les passagers ont le droit de savoir...

Gangsters du ciel
Histoires de pirateries aériennes...

Le secret des boîtes noires
Enregistrements avant le crash...

Les miraculés du ciel
Histoires de survies extraordinaires...

Les fous du ciel
Que s'est-il vraiment passé dans les avions du 11 septembre ?

Erreurs de pilotage
Ces accidents qu'on aurait pu éviter...

Pilotes dans la tourmente
Secret défense...

Canadair
Ces héros qui nous protègent...

Urgences à bord
illustré par François Bousseau

Carnet de vols
illustré par François Bousseau
Charters
Pour ne plus voyager en mauvaises compagnies

Collection Alti-Polar

Omega point
Le piège

Impression réalisée sur CAMERON par

BUSSIÈRE

GROUPE CPI

à Saint-Amand-Montrond (Cher)
en janvier 2008

N° d'impression : 080313/1.
Dépôt légal : septembre 2004.

Imprimé en France